에스더

어떻게 설교할 것인가

두란노 HOW주석 시리즈 15

에스더 어떻게 설교할 것인가

엮은이 | 목회와신학 편집부

펴낸곳 | 두란노아카데미
등록번호 | 제302-2007-00008호
주소 | 서울시 용산구 서빙고로 65길 38 두란노빌딩

편집부 | 02-2078-3484   academy@duranno.com http://www.duranno.com
영업부 | 02-2078-3333   FAX 080-749-3705
초판1쇄발행 | 2009. 6. 20. 6쇄 발행 | 2019. 12. 4

ISBN 978-89-6491-065-8   04230
ISBN 978-89-6491-045-0   04230(세트)

책값은 뒤표지에 있습니다.

두란노아카데미는 두란노의 '목회 전문' 브랜드입니다.

에스더
어떻게 설교할 것인가

• 목회와신학 편집부 엮음 •

두란노 **HOW** 주석

HOW
COMMENTARY
SERIES
15

두란노아카데미

설교는 목회의 생명줄입니다

설교는 목회의 생명줄입니다. 교회 공동체를 향한 하나님의 음성입니다. 그래서 목회자는 설교에 목숨을 겁니다. 하나님의 말씀을 가감 없이 전하기 위해 최선을 다합니다.

이번에 출간한 「두란노 HOW주석 시리즈」는 한국 교회의 강단을 섬기는 마음으로 설교자를 위해 준비했습니다. 「목회와신학」의 별책부록 「그말씀」에 연재해온 것을 많은 목회자들의 요청으로 출간한 것입니다. 특별히 2007년부터는 표지를 새롭게 하고 내용을 더 알차게 보완하는 등 시리즈의 질적 향상을 추구하였습니다. 독자 여러분의 끊임없는 관심과 격려를 부탁드립니다.

「두란노 HOW주석 시리즈」는 성경 본문에 대한 주해를 기본 바탕으로 하면서도, 설교에 결정적으로 중요한 '적용'이라는 포인트를 놓치지 않았습니다. 또한 성경의 권위를 철저히 신뢰하는 복음주의적 관점을 견지하고자 노력했습니다. 또한 성경 각 권이 해당 분야를 전공한 탁월한 국내 신학자들에 의해 집필되었습니다.

학문적 차원의 주석서와는 차별되며, 현학적인 토론을 비껴가면서도 고밀도의 본문 연구와 해석이 전제된 실제적인 적용을 중요시하였습니다.

이 점에서는 목회자뿐만 아니라 성경공부를 인도하는 평신도 지도자들에게도 매우 귀중한 지침서가 될 것입니다.

오늘날 교회에게 주어진 사명은 땅 끝까지 이르러 예수 그리스도의 복음을 전파하는 것입니다. 사도행전적 바로 그 교회를 통해 새롭게 사도행전 29장을 써나가는 것입니다. 이 시리즈를 통해 설교자의 영성이 살아나고, 한국 교회의 강단에 선포되는 말씀 위에 성령의 기름부으심이 넘치기를 바랍니다. 이 땅에 말씀의 부흥과 치유의 역사가 일어나고, 설교의 능력이 회복되어 교회의 권세와 영광이 드러나기를 기도합니다.

바쁜 가운데서도 성의를 다하여 집필에 동참해 주시고, 이번 시리즈 출간에 동의해 주신 모든 집필자들에게 이 자리를 빌어 감사의 뜻을 전합니다.

두란노서원 원장

발간사

I. 배경연구

II. 본문연구

I. 배경 연구

01

에스더서의
신학과 구조, 역사적 배경

책 제목

에스더서는 여주인공 '에스더'의 이름을 따서 제목을 붙였다. '에스더'는 에스더서에 55회 나온다. 그 이름은 페르시아식으로 '별'(star)이라는 뜻이 있다. 또한 히브리어 이름은 '하닷사'(2:7 myrtle)인데, '도금양나무'라는 식물과 그 뜻이 연결되어 있다.

바빌론의 여신 '이슈타르'(Ishtar)에서 연유된 이름이라고 보기도 하는데 그 이유는 '사랑과 전쟁의 여신' 이슈타르의 모습이 에스더서의 주인공 에스더가 맡은 역할과 비슷하기 때문이다. 에스더는 아하수에로 왕에게 '사랑'을 받아 왕후로 발탁되었고(2:17), 유다인을 보호하기 위해 도성 수산에서의 전쟁을 하루 더 연장하여 300명을 추가로 도륙할 정도로 하나님 백성의 적을 진멸하는 전쟁의 여신으로 변모한다(9:13). 그렇기 때문에 '에스더'가 실제 이름이라기보다는 그녀의 별명이라고 보기도 한다.

구약성경 중에서 여성의 이름으로 제목이 붙은 책이 두 권이 있는데, '룻기'와 '에스더'이다. 룻과 에스더는 여러 면에서 서로 대조를 이룬다. 룻은 이방 여인이면서 하나님의 백성이 되어 유다 베들레헴에 거주하려고 약속의 땅으로 들어온다. 반면 에스더는 유다인이지만 이방 땅에서 디아스포라로 산다. 룻은 이방 여인이지만 보아스라는 유다인과 결혼한다. 반면 에스더는 유다인이지만 이방 땅에서 이방 왕과 결혼한다. 룻은 자원해서 나오미를 따라 나섰으며 자원해서 시어머니를 돌보는 적극적인 여성이다. 그러나 보아스를 만나는 문제에 있어서는 시어머니의 지시를 따른다. 반면 에스더는 민족의 어려움에 대해 처음에는 수동적인 자세를 취하지만 모르드개의 강한 요청으로 인해 왕을 만나기로 결단한다. 그러나 일단 왕 앞에 나아가서 왕을 설득하는 일을 적극적이고도 독립적으로 진행시킨다. 반면 룻과 에스더의 공통점은 '구원'의 대열에 참여했다는 점이다. 룻은 다윗의 조상이 되고 또한 메시아의 조상이 됨으로 전 인류를 구원하는 데에 일조한다. 그리고 에스더는 자기의 민족을 구하는 데에 큰 공을 세운다. 둘 다 위대한 여인들이다.

역사적 배경

에스더서의 시기적인 배경은 다리우스 1세의 뒤를 이은 아하수에로 왕(크세르크세스 1세; 주전 486~465년)의 치리 기간이다. 고레스 대왕으로부터 건립된 (주전 539년) 바사 왕국은 아케메네스를 시조로 하기 때문에 아케메네스 페르시아 제국으로도 불린다. 이 제국이 가장 팽창했을 시기에 동쪽으로는 아프가니스탄, 파키스탄의 일부에서 이란, 이라크 전체 지역과 소아시아 전체 지역에 이르기까지, 서쪽으로는 현재의 팔레스타인 전역과 아라비아 반도 이집트와 리비아에 이르기까지 광대한 지역을 지배했다.

아하수에로 왕이 치리하던 때에 바사는 세계를 향해 팽창하고 있었는데 세계도 많은 변화를 겪고 있었다. 중국에는 공자가 있었고(주전 551~479년), 아테네에서는 민주 정치의 기초를 마련한 정치가 페리클레스(주전 약 495~429년)가 활동하면서 전성기를 맞고 있었다. 시인이자 극작가인 소포클레스, 역사가 헤로도토스, 철학자 프로타고라스도 동시대에 활동했다. 유명한 철학자 소크라테스도 이 시기의 사람이다(주전 469~399년). 철학자며 수학자인 피타고라스도 이름이 알려져 있었으며, 고대 올림픽이 시작된 지 이미 200년

이상 지난 시기였다.[1]

　서양의 모든 정치, 철학, 수학, 운동, 예술, 문학의 유산이 아테네를 중심으로 꽃을 피우는 동안 당시 동양의 거대 제국이었던 바사 왕국도 그리스 지역으로 지경을 넓히기 위해 끊임없이 도전하고 있었다.

　페르시아와 그리스의 전쟁 중 유명한 것이 몇 가지 있는데 그중 하나가 마라톤 전투이다. 아하수에로의 아버지 다리우스 1세는 아테네에 사신을 보내 무조건 항복하기를 권고하나 그들은 사신을 우물에 매장시켜 버린다. 그러자 주전 490년에 다리우스 1세는 아테네 공략에 나선다. 아테네는 스파르타에 원정을 청했지만 종교적 규칙에 따라 보름달 이전에는 출병하지 않겠다는 이유로 거절당한다. 아테네는 할 수 없이 1만 명 정도의 병사로 페르시아 군을 맞이하여 마라톤 평야에서 싸우게 되는데 그때 극적으로 승리하면서 페르시아는 후퇴한다. 이 승전보를 알리기 위해 한 병사가 완전 무장한 상태로 마라톤 평원에서 아테네까지 뛰어가 "만세! 우리 아테네 군이 승리했다"고 외치고 숨졌다는 일화가 있어 이것이 마라톤의 유래가 되었다. 마라톤 평원에서 아테네 올림픽 스타디움까지가 대략 42km라고 한다. 그런데 1908년 제4회 런던 올림픽에서 윈저 궁을 스타트 라인으로 변경함에 따라 윈저 궁에서 올림픽 스타디움까지가 42.195km였는데 그 후부터 이 거리가 마라톤 정식 거리로 공식화 된다.

　다리우스 1세가 죽고 그의 아들이며 에스더의 남편으로 등장하는 아하수에로가 왕이 되는데 그는 아버지의 숙원을 이루기 위해 주전 480년에 페르시아 대군을 이끌고 그리스 원정에 나서게 된다. 이 전쟁을 위해 그는 3년에 걸쳐(주전 484~481년) 꼼꼼히 준비를 했다고 한다. 여기에 맞서 그리스 측은 아테네, 스파르타를 중심으로 연합군을 형성하여 대치한다. 연합군의 지휘관인 아테네의 테미스토클레스는 넓은 테살리아 평원에서의 전투가 불리하다고 판단하여 좁고 험한 산악 지역인 테르모필레(Thermophlae '뜨거운 문'이라는 의미로 이 지역에 온천이 있었음)를 제1차 방어선으로 설정한다. 이곳은 해안가 협곡으로 배를 타고 온 페르시아 군이 그리스로 진격하기 위한 유일한 통로이다. 이 방어선에서 스파르타의 레오니다스가 이끄는 300명의 스파르타 전사와 그리스 각지에서 모여든 연합군들이 합세하여 전쟁을 치른다. 페르시아 대군은 협곡에서 이틀 동안 저지를 당하여 엄청난 군사적 손실을 입는다.

삼 일째 되는 날, 이 고장 출신의 배신자가 페르시아 군에게 협곡을 우회하는 샛길을 알려 주어 페르시아 군은 비로소 그리스 연합군을 우회 공격할수 있는 기회를 얻게 된다. 스파르타의 왕 레오니다스는 스파르타의 300명을 제외한 다른 그리스인들을 철수시키고 그곳에서 300명의 전사들과 장렬하게 싸우다 전원이 전사한다. 그 덕분에 그리스 군은 전열을 정비할 시간을 벌게 된다. 전사자들은 칼이 없으면 맨 주먹으로 싸워 스파르타 특유의 전술, 훈련, 용기를 발휘하여 페르시아 군에게 치명적 손상을 입히는데 그들의 용맹은 전설로 자리 잡았으며 레오니다스는 그리스의 영웅으로 기록된다. 2007년 할리우드 액션 블록버스터로 박스 오피스를 뜨겁게 달군 〈300〉은 이 주제를 영화로 만들어 흥행에 성공했다. 이 영화에 등장하는 페르시아 왕이 바로 아하수에로다(비록 필자는 그 영화를 아직 보지 못했다).

테르모필레에서 승리한 스파르타 군은 아테네에 입성하는데 아테네는 전략상 텅 비어 있었고 그리스 군은 페르시아 군을 살라미스로 유인하여 그 해전에서 큰 승리를 거두게 된다. 그 후 플라타이아 전쟁에서의 패배를 끝으로 아하수에로 왕은 원정에서 돌아와 수사, 엑바타나, 페르세폴리스 등에서 향락으로 세월을 보내다가 주전 465년에 후궁들 간의 음모로 암살 당하게 된다.[2]

에스더 1장은 아하수에로 왕이 그리스 원정을 떠나기 전의 준비 과정과 일치하며 에스더를 왕후로 뽑은 시기는 그가 그리스 원정에서 패배하여 돌아왔을 때의 시기와 일치한다. 많은 여인들을 전국에서 모으는 장면도 아하수에로가 하렘에서 세월을 보냈다는 역사적 정황과 일치한다.

이렇게 세상이 변화를 겪고 발전해 가고 있을 때에 페르시아라는 거대한 제국 속에서 많은 인종들 가운데 섞여 본국으로 돌아가지 않고 흩어져 살던 유다인들은 그야말로 어느 누구도 기억하지 않는 미미한 족속에 불과했다.

에스더서는 본국으로 돌아가지도 않고 약속의 땅을 떠나 사는 이러한 이름 없는 민족에게 일어난 비극을 다루고 있으며 과연 하나님은 그들에게 관심이 있는지에 대한 의문을 던지고 있다. 하나님은 디아스포라에게도 먼 옛날 하신 언약을 지키실 것인가에 대해 질문한다.

또한 에스더서는 유다인들이 이방 땅에서 어떤 모습으로 살았는지, 그 한 단면을 엿보게 하는 동시에 그 당시 대단한 위세를 떨쳤던 페르시아라는 한 나라의 왕궁의 모습을 들여다볼 수 있는 흥미까지 더하고 있다. 이를 통하여 한 시대를 호령했던 페르시아 왕의 가치관과 리더십의 모습을 평가할 수 있는 역사적 가치까지 더해 주고 있다.

디아스포라 유다인들은 위기 상황에서 무엇을 할 수 있었는가의 질문도 던지고 있다. 에스더서에 하나님의 이름이 전혀 언급되지 않는 것은 그러기에 더욱 의미가 있다. 과연 에스더의 하나님은 존재하는가? 이스라엘의 하나님께서 여전히 그의 백성을 기억하고 계시다면 에스더서의 어디에서 그분을 발견할 수 있는가? 저자는 독자로 하여금 이런 의문들에 대한 해답을 이야기의 내용을 통해서 스스로 발견하도록 유도하고 있다.

유다인들은 에스더서의 하만을 잘 기억하고 있다. 매년 부림절을 기념하며 에스더서를 읽을 때마다 '하만'이라는 이름이 나오면 야유를 보낸다. 그들은 뼈아픈 역사를 통하여 에스더서의 하만뿐 아니라 유다인들을 괴롭힌 많은 '하만'들을 기억하고 있다. 물론 그중에서도 으뜸은 히틀러라는 하만이다. 오늘날도 세계에 흩어져 사는 디아스포라 유다인들은 언제 어디에서 또 나타날지 모르는 또 다른 하만이 있을지라도 '유다인은 놓임과 구원을 얻을 것'이라는 에스더서의 구원과 부활의 역사에 희망을 걸며 부림절을 기억하고 있다.

페르시아 제국의 왕들

페르시아를 통치했던 왕들을 정리해 보면 다음과 같다.

왕	연대(주전)	사건
고레스 대왕	559~530	고레스 칙령; 바빌론 포로 귀환
캄비세스	530~522	
다리우스(다리오) 1세	522~486	학개, 스가랴 활동; 성전 완성(515년); 마라톤 전투 패배
아하수에로 (크세르크세스 1세)	486~465	에스더, 모르드개; 테르모필레(300), 살라미스, 플라타이아 전투
아닥사스다 1세 (롱기마누스)	464~424	에스라, 느헤미야 활동
다리우스(다리오) 2세 (노투스)	424~404	
아닥사스다 2세 (므네몬)	404~358	
아닥사스다 3세 (오쿠스)	358~338	
아닥사스다 4세 (아르세스)	338~336	
다리우스(다리오) 3세 (코도마누스)	336~330	알렉산더에게 멸망

저자

에스더서는 저자를 밝히지 않고 있다. 유대인 역사가 요세푸스(*Antiquities* 11.6.13)와 2세기경 초대 교부인 알렉산드리아의 클레멘스(Clemens)는 모두 모르드개가 저자라고 생각했다. 탈무드의 기록에는 '위대한 회당의 사람들'

(the men of the Great Synagogue)이 쓴 것으로 기록되어 있다(*Baba Bathra* 15a). 에스라나 느헤미야가 저자일 가능성도 제시되어 왔다. 확실한 것은 저자는 분명히 페르시아의 관습이나 당시 궁전의 사정 그리고 수산 궁의 지리에 매우 익숙한 인물로, 페르시아 궁중 기록을 입수할 수 있었던 유다인일 것으로 간주된다.

정경에서의 에스더서의 위치와 정경 논란

첫째, 에스더서는 히브리 성경 중 제3부(성문서)에 속한다. 특히 '메길롯' (Megillot) 혹은 '축제 사본'이라고 불리는 다섯 권의 책(룻기, 아가, 전도서, 애가, 에스더)에 속해 있으며 아달월(2~3월) 부림절에 읽혔다.

둘째, 에스더서는 또한 애가서와 다니엘서 사이에 위치해 있다. 애가서가 예루살렘의 멸망을 애도한 책이라면 에스더서는 그와 대조적으로 이스라엘의 원수들이 멸망당하는 책으로써 그 의미가 있다. 또한 애가서가 애도의 책이라면 에스더서는 애도가 변하여 기쁨이 된 것을 축하하는 책으로 대조적이다. 에스더서와 다니엘서가 나란히 위치해 있는 것도 의미가 있다. 에스더와 다니엘 모두 이방인의 궁전에서 높은 위치에 오르는 유다인의 모습과 그 속에서 역사하시는 하나님의 섭리를 그리고 있다.

셋째, 개신교 정경은 에스라서, 느헤미야서와 함께 에스더서를 위치시킴으로 바사 왕국 시대의 책들을 묶어 놓았다.

넷째, 에스더서는 신약과 구약에서 한 번도 인용되지 않는다.

다섯째, 쿰란 공동체의 사해사본에서는 에스더서가 발견되지 않았으며 그들이 부림절을 지켰다는 기록도 없다. 탈몬(Talmon)이라는 학자는 쿰란 공동체가 에스더서를 보존하지 않았으나 다른 기록에서 에스더의 구절을 암시한 부분을 지적함으로 그들이 에스더서의 존재를 알았을 것으로 결론을 내리고 있다. 벡윗(Beckwith)은 쿰란 공동체에서 에스더서를 받아들이지 않은 이유가 그들의 달력에 의하면 부림절이 늘 안식일과 일치하기 때문에 거기에서 오는 충돌을 피하기 위해 배제한 것으로 결론을 내렸으며 모두 타당한 이론들로 받아들여지고 있다.[3]

여섯째, 유다인 랍비들 사이에서 에스더서는 극단적인 반응을 일으켰다. 랍비 시므온 벤 라키쉬(Simeon ben Lakish; 주후 300년)는 에스더서를 토라와 같은 권위로 인정했으며, 중세의 철학자 마모니데스(Maimonides; 약 1204년)는 메시아가 오시는 날에 구약의 모든 책들이 사라질지라도 토라와 에스더서는 남아 있을 것이라고 주장했다. 그런가 하면 어떤 랍비들은 부림절이 토라에 기록되어 있지 않다는 이유로 부림절을 지키기를 거북스러워 했다. 그러나 이것도 '아말렉을 도말하라'는 출애굽기 17:14을 인용하여 아말렉의 후손인 하만을 물리침으로 토라에서 부림절을 인정한 것으로 해석하여 부림절을 지키는 자신들의 입장을 정당화하였다. 근대에 와서도 유다인 작가 샬롬 벤 고린(Shalom ben Chorin; 1938년)은 부림과 에스더서를 가치가 없는 것으로 표현했다.[4]

일곱째, 교부들 사이에서도 에스더서에 대한 정경 시비의 논란은 있었다. 2세기 소아시아 살디스의 멜리토(Melito of Sardis) 주교는 에스더서를 정경에 포함시키지 않았으나, 오리겐(Origen)은 포함시켰다. 종교 개혁 시대를 넘어오면서, 루터는 그의 유명한 책 「식탁 좌담」(Table Talk)에서 에스더서가 너무나 유다인 성향이 강하고 이교적인 왜곡성이 강하다는 이유로 아예 존재하지 않았으면 좋았을 것이라고까지 했다.[5]

여덟째, 그럼에도 불구하고 에스더서는 요세푸스에 의해서 정경으로 인정되었으며(Antiquities 2. 6), 얌니아 회의에서도(주후 90년) 랍비들에 의해 정경으로 인정되었고, 주후 397년 카르타고 회의에서도 정경으로 인정받았다. 다양한 의견에도 불구하고 에스더서는 항상 정경으로 남아 있었으며 앞으로도 계속 남아 있을 것이다.

에스더서의 역사성[6]

첫째, 에스더서는 아하수에로 왕의 치리 영토 범위를 인도에서 구스까지로(1:1; 8:9) 정확하게 묘사하고 있다.

둘째, 아하수에로 즉위 3년에 연회를 베푼 것은 그리스 연합군과의 거대한 전투를 3~4년 앞두고 전쟁 준비를 의논하기 위해 바사 제국 내의 모든 방백들과 장수들을 모은 것으로, 이것은 그리스 역사가 헤로도토스의 기록(Herodotus 7.8)과 일치한다.

셋째, 에스더 1:3(연회를 베풀 때; 즉위 3년)과 2:16(에스더가 왕궁에 불려갔을 때; 즉위 7년)의 4년간의 간격은 아하수에로가 그리스 원정에 실패한 후 돌아와 환락에 빠졌다고 전하는 헤로도토스의 기록과 일치한다.

넷째, 저자의 수산 궁에 대한 묘사와 관습들에 대한 지식이 상당히 세세하고 정확하다(1:6; 2:9, 14, 19; 4:11; 6:4 등)는 것도 고고학에 의해 사실성이 입증되었다.

다섯째, 에스더서의 많은 페르시아 이름들과 용어들은 구페르시아 문서들에서 발견되는 것들이다.[7]

에스더서의 역사성에 대한 의문점들[8]

에스더서는 바사 왕국의 삶과 관습에 있어 놀라울 만큼 자세하고 정확한 정보력을 보여 줌으로 많은 찬사를 받는 반면, 또한 역사성에 많은 의문이 제기되어 왔다. 이에 대해 정리하면 다음과 같다.

첫째, 에스더서에 보면 '127도를 다스린다'고 나와 있는데 헤로도토스에 의하면(Herodotus 3.89) 약 20개 정도만 기록되어 있다. 그러나 에스라 5:8과 느헤미야 1:3을 보면 '유다'가 더 작은 단위임에도 '유다도'로 표현되어 있다. 그렇게 본다면 127도는 20도보다 훨씬 작은 단위를 가리킨다고 볼 수 있다.

둘째, 헤로도토스의 기록에 의하면 바사의 왕은 그의 여왕을 일곱 명의 특별한 직위에 있는 자들의 가문에서 뽑아야 했다(Herodotus 3.84). 그러므로 학자들은 에스더가 여왕이었을 가능성이 없음을 제시했다. 그러나 이것에 예외적인 두 왕이 있었는데 바로 다리우스와 아하수에로 왕이었다. 오히려 에스더서를 더 뒷받침하는 정황이라 볼 수 있다.

셋째, 가장 심각한 의문점이 있다. 역사가 헤로도토스와 또 다른 역사가 테시어스(Ctesius)[9]에 따르면, 당시 아하수에로 왕 때의 왕후는 아메스트리스 (Amestris)라고 기록되어 있고(Herodotus 7.114; 9.112), '와스디'나 '에스더'는 성경 이외에 전혀 기록이 없다는 점이다. 이 점에 대해서는 여러 가지 가능한 설명들이 제시되어 왔다. 즉 아하수에로 왕의 아버지인 다리우스 왕 시대에도 그가 세 명의 왕후를 거느린 기록이 있으므로 아하수에로도 여러 명의 왕후를 거느렸을 가능성이 높고 헤로도토스는 그중에서 한 명만을 명시했을 가능성이 높다. 또 헤로도토스의 기록 자체에도 정확성이 떨어지는 부분이 많기 때문에 그의 기록 자체가 절대적인 것은 아니다. 또한 '아메스트리스' (Amestris)라는 이름은 페르시아 이름이고, 성경에 언급된 '와스디'는 히브리어 이름일 가능성도 배제할 수 없다. 그것은 아하수에로라는 이름도 히브리어 이름이라는 점에서도 가능한 설명이다. 그러나 헤로도토스의 기록에 따르면 그리스 원정 때 아메스트리스를 대동하고 갔다고 기록되어 있다. 라이트(Wright)는 와스디처럼 강한 여왕은 한 번에 제거되는 것이 아니고 그리스 원정에서 돌아와서야 비로소 그녀의 위치가 정리됐을 것이라 설명한다.[10]

넷째, 모르드개라는 이름도 페르시아 당시의 문헌에는 없던 이름으로 알려졌다. 그러나 1904년에 발견된 서판(tablet)과 문헌에 따르면 이미 모르드개와 철자가 비슷한 '마두카'(Marduka)라는 이름이 아하수에로 왕 당시 높은 위치에 있던 관원의 이름으로 나온다. 이 역시 모르드개일 가능성을 시사해 주고 있다. 후에 발견된 30개 이상의 문헌에서 '마두카'라는 이름이 네 명의 개인들을 가리키고 있다. 그중에 한 명이 모르드개였을 가능성도 배제할 수 없다.[11]

구조

에스더서에서 중요한 모티브 중의 하나는 '잔치'인데, 무려 20회나 사용된다.[12] 특히 '두 번의 잔치'라는 독특한 문학적 구조를 통해 저자는 부림절의 축하 분위기를 띄우면서 동시에 두 날을 지키는 부림절의 유래를 설명하는 효과를 노리고 있다. 에스더서는 '두 번의 잔치'로 시작하여 '두 번의 잔치'로 마치고 중간에 '두 번의 잔치' 사이에서 반전이 일어나는 이야기를 삽입함으로 극적인 효과를 더하고 있다. 무엇보다 각 잔치가 반전을 중심으로 서로 대비를 이루는 것도 주목할 점이다.

1. 잔치로 본 문학적 구조[13]

> A1 귀족들을 위한 잔치(1:2~4)
>   B1 도성 수산인들을 위한 잔치(1:5~8)
>   C1 에스더의 왕후 즉위식을 위한 잔치(2:18)
>   D1 왕과 하만을 위한 에스더의 첫 번째 잔치(5:1~8)
>   D2 왕과 하만을 위한 에스더의 두 번째 잔치(7:1~9)
>   C2 모르드개의 등극을 축하하는 잔치(8:17)
> A2 전국 유다인들의 첫 번째 날 부림 잔치(9:17, 19)
>   B2 수산 유다인들의 두 번째 날 부림 잔치(9:18)

2. 반전을 보여 주는 교차 대구법

어떤 문학 작품이든 극적인 반전이 있을 때에 흥미를 더한다. 에스더서에서도 그러한 기교를 사용하는데, 하만과의 적대 관계가 해결 국면에 이르자마자 모든 것이 역전으로 전환된다. 그것을 극대화하기 위하여 저자는 다음과 같이 '교차 대구법'(Chiastic structure)을 사용한다.[14]

3:10 왕이 하만에게 반지를 줌	8:2 왕이 모르드개에게 동일한 반지를 줌
3:12 하만이 왕의 서기관을 소집함	8:9 모르드개가 왕의 서기관을 소집함
3:12 조서를 쓰고 반지로 인침	8:10 조서를 쓰고 동일한 반지로 인침
3:13 유다인들, 그들의 처자까지 죽이도록 함	8:11 대적들, 그들의 처자까지 죽이도록 함
3:14 하만의 조서가 법으로 선포됨	8:13 모르드개의 조서가 법으로 선포됨
3:15 역졸이 급히 나감	8:14 역졸이 빨리 나감
3:15 도성 수산이 어수선함	8:15 도성 수산이 기뻐함
4:1 모르드개가 굵은 베를 입고 재를 무릅씀	8:15 모르드개가 왕실의 조복을 입음
4:1 모르드개가 성중에 나가 대성통곡함	6:11 모르드개가 성중 거리로 다니며 존귀케 됨
5:14 세레스가 모르드개의 처형을 충고함	6:13 세레스가 하만의 엎드려짐을 예언

3. 에스더의 문학적 구조

여기에 '반전'이라는 단어를 계속 사용했는데 그렇다면 '에스더서에서는 과연 어느 부분에서 극적인 반전이 일어나는가'라는 의문이 제기된다. 에스더서의 클라이맥스는 에스더가 하만을 왕 앞에서 정식으로 고발하는 7장이다. 대개 문학 작품에서 보면 이러한 극적인 장면과 반전이 일치하게 되는데 에스더서는 다음과 같은 묘한 문학적 구조를 보여 준다.[15]

왕의 잠 못 이루는 밤(6:1)

에스더의 첫 번째 잔치(5:4)　　　　에스더의 두 번째 잔치(7:1)

왕이 베푼 두 번의 잔치(1:4, 5)　　　　유다인들의 이틀 동안의

절기 축하 잔치(9:16~18)

위의 구조에서 볼 수 있듯이 에스더서에서 진정한 반전은 에스더의 첫 번째 잔치와 두 번째 잔치 사이의 '왕의 잠 못 이루는 밤'(6장)에 일어난다. 지극히 평범하고 사소한 듯한 이 사건은 에스더서에서 가장 중요한 역할을 한다. 이때부터 모든 것이 무너져 내리며 사건이 역전되기 시작한다. 6장에서

는 주인공들인 에스더와 모르드개의 활약이 일체 없다. 단지 모르드개가 보상을 받기 위해 수동적으로 등장하는 것 외에 직접적인 개입은 없다. 이것을 통하여 저자는 이 사건의 뒤에는 '보이지 않는 섭리'에 의해 모든 것이 움직여지고 있음을 간접적으로 그러나 위의 구조에서 보듯 강력히 시사하고 있다. 6장이 없는 사건 해결은 생각할 수도 없고 6장 속에 나오는 '우연의 연속들'을 보면 이것이 다 '우연'이라고만 넘기기에는 너무나 '우연'이 많음을 느낄 것이다('본문연구' 참고).

에스더서의 중요한 신학적 관찰

에스더서에 나타난 몇 가지 중요한 신학적 주제들을 살펴보고자 한다.

첫째, 하나님의 주권과 섭리이다. 과연 에스더서에 신학이 있는가를 묻는 사람들이 있다. 왜냐하면 '신학'이라는 의미 자체가 '하나님을 연구'하는 학문인데 에스더서에는 하나님에 대한 언급도 없고 종교적인 색채도 거의 없기 때문이다. 그럼에도 불구하고 에스더서는 하나님의 임재하심에 대한 강력한 메시지를 전달하고 있다. 그것은 하나님의 주권과 섭리라는 주제이다. 앞에서 언급한 것처럼 디아스포라의 유다인들은 자신들이 아직도 하나님의 언약 백성인가에 대한 질문이 있었다. 에스더서에서 제사, 성전, 토라, 여호와의 이름 등을 언급하지 않은 것은 그들이 살고 있는 이방 땅에서의 처지를 반영한 것이다. 그들의 질문에 대해 저자는 분명하고 명쾌하게 답을 주기보다는 책의 이야기를 통해 답을 생각해 보게 한다.

금식했다든가 유다인의 구원을 언급하는 부분에(4장) 약간의 종교적 힌트가 있지만 그렇다고 그것이 하나님이 직접 개입하셨다는 분명한 정체를 드러내지는 않는다. 다만 그들의 일방적인 표현일 뿐이다. 그렇기 때문에 에스더서가 세속적인 책인지 종교적인 책인지를 애매하게 만드는 부분이 있다. 폭스(Fox)는 이것을 저자의 의도적인 '불확정'(indeterminacy)이라는 말로 표현했다.[16] 모르드개가 "누가 아느냐"(4:14)라고 했을 때에 저자는 그의 말을 빌려 유다인들이 구원을 받을 것에 대한 확신은 있지만 어떻게 그러한 일이 벌어질 것인가에 대해서는 불확정함을 표현하고 있다고 분석한다. 우리도 이와 비슷한 경험을 하며 살아간다. 하나님의 돌보심은 확신하지만 어떻게 하실 것인가에 대해서는 불확정함 속에서 살아간다. 그기에 바로 이러한 '불확정'한 요소가 에스더서를 읽는 독자로 하여금 더 동질감을 느끼게 하며, 위기의 상황을 만나면 믿음을 잃지 않고 하나님의 섭리와 주권을 신뢰하도록 오히려 더 강하게 우리 모두를 초대하고 있다. 이것이 에스더서를 읽는 매력 중의 하나이다.

둘째, 인간 행위의 중요성이다. 하나님의 이름을 기록하지 않은 또 다른 신학적 목적은 인간의 행위의 중요성을 강조하기 위함이다.[17] 위에서 언급한 '불확정'은 모르드개와 에스더의 행위 속에서도 계속 나타난다. 그들의 신앙에 대해서 저자는 뚜렷이 밝히지 않는다. 그러나 위기의 상황에서 그들은 일이 어떻게 진행될지 모르는 '불확실'(uncertainty) 속에서 용기 있는 행동을 선택한다. 에스더서는 이 두 사람의 기여도를 부각시킨다. 동시에 에스더서 속에 나오는 너무도 많은 '우연'의 요소들('본문연구' 참고)은 이들의 컨트롤 밖에 있는 영역임을 보여 준다. 아무리 이 두 사람이 열심히 머리를 맞대고 계획해도 잘못될 가능성은 너무도 많기 때문에 에스더서 속에서 하나님의 간섭하심을 느끼지 않을 수 없도록 유도한다. 동시에 너무도 미묘하게 이러한 메시지를 전달하기 때문에 여기에도 애매한 부분이 있다. 이것 또한 저자의 의도적인 시도이다. 우리 모두는 믿음이 있어도 사실 날마다의 생활 속에서 우리가 하는 일에 대해 불확실하게 느낄 때가 많다. 지금 신학교를 다니는 것이 올바른지, 선교사로 나갈 때가 바로 지금인지, 직장을 옮겨도 되는지 등 우리는 그때그때 하나님의 음성이나 계시를 듣고 행동하는 것이 아니다. 대부분의 그리스도인들은 이러한 종류의 불확실 속에서 살아간다. 그러나 그 속에서도 하나님의 인도하심에 대한 확실한 믿음을 가지고 날마다 결정을 하고 살아간다. 에스더서는 하나님과 인간의 역할에 대한 시너지 효과와 서로의 역할을 보완하는 영역을 잘 보여 준다. 에스더서야말로 "우리가 알거니와 하나님을 사랑하는 자 곧 그 뜻대로 부르심을 입은 자들에게는 모든 것이 합력하여 선을 이루느니라"(롬 8:28)는 말씀의 좋은 실례이다.

셋째, 반유대주의(Anti-Semitism)와 하나님의 구원이다. 에스더서는 반유대주의 정서를 잘 보여 주며 그 속에서 구원 받은 유다인들의 이야기를 들려주고 있다. 에스더서는 강대국의 힘과 무력 앞에서 하나님께서 어떻게 자기 백성을 보호하셨는지를 잘 보여 준다. 모든 열방 위에 임하시는 하나님의 주권도 함께 부각되어 있다. 이것은 단순히 그들만의 이야기가 아니다. 이것을 통하여 에스더서는 하나님의 백성들에게 그들을 적대시하는 자들로부터 구원해 주시는 하나님을 믿고 신뢰하도록 격려하기 위해 쓰인 것이다. 세상의 반기독교 정서를 이기고 극복하는 신앙의 유산을 물려준 것이다. 바로 이 시대에 우리에게도 용기와 희망을 주는 책이다.

넷째, 부림절의 역사적 배경이다. 에스더서의 중요한 주제와 목적 중의 하나는 부림절의 기원과 제정에 대한 역사적 배경을 제공해 주는 데에 있다. 모세 오경에 기록되지 않은 유일한 절기를 지킴에 있어 신학적인 권위를 부여해 주고 있다. 부림의 목적은 유다인이 전쟁에 승리했다는 데에 있는 것이 아니다. "유다인이 대적에게서 벗어나서 평안함을 얻어 슬픔이 변하여 기쁨이 되고 애통이 변하여 길한 날이 되었으니"(9:22). 이것이 부림절을 축하하는 이유이다. 이것은 또한 모든 하나님의 백성들에게 종말론적 희망의 메시지를 주고 있다. 즉 마지막 때에 우리 모두는 대적에게서 벗어나 영원한 기쁨과 평안과 안식을 누리고 영원한 부림절을 축하하게 될 것이라는 사실 말이다.

02

에스더서 등장인물에 대한 심리 분석

에스더서의 등장인물

에스더서는 역사적 배경 속에서 쓰였지만, 표현 방식을 보면 이야기 식으로 전개된다. 이야기에는 당연히 주요 인물들이 있으며 엑스트라가 등장한다. 에스더서의 주요 등장인물은 에스더, 모르드개, 하만이다. 그다음으로 아하수에로 왕이다. 그리고 와스디 왕후는 엑스트라지만 많은 성경학자들의 관심을 끄는 인물이다. 그 외의 인물들로 방백 중의 하나인 므무간, 궁녀를 주관하는 내시 헤개, 에스더의 내시 하닥, 하만의 아내 세레스, 하만의 친구들, 왕의 내시 하르보나, 그리고 하만의 열 아들이 있다.

이 글의 목적은 에스더서를 이해하는데 중요하다고 생각되는 다섯 인물(에스더, 모르드개, 하만, 아하수에로 왕, 와스디 왕후)의 행동과 말, 태도가 나타내는 심리적 특성과 이슈를 분석함으로써 에스더서의 행간에 깔려 있는 숨은 의미를 포함하여 에스더서를 더 풍성하게 이해하는데 도움을 주는 것이다. 그러나 이 작업이 쉽지 않은 것이 사실이다. 왜냐하면 에스더서를 기록한 저자는 등장인물들에 대해 구체적으로 묘사하려는 의도성을 갖고 있지 않기 때문이다. 예를 들면, 와스디 왕후의 경우 그녀가 왕의 부름에 거절한 이유가 무엇인지에 대해 구체적으로 밝히지 않는 것이다. 약 2500년 전이라는 시간적·문화적 차이 속에서 등장인물들의 심리적 특성과 이슈들을 언급한다는 것이 쉽지 않지만 인간의 공통적인 특성은 아담 이후로 여전하다는 점을 전제하면서 현대적 관점에서 추정하는 수준에서 심리적 분석을 시도하고자 한다. 그 순서는 에스더서에서 등장하는 대로 아하수에로 왕, 와스디 왕후, 모르드개, 에스더, 그리고 하만이다.

아하수에로 왕의 심리 분석

아하수에로 왕은 자신의 생각이 별로 없는 왕처럼 보인다. 그는 생각하기를 귀찮아하는 인물이다. 그런 왕을 하만이나 모르드개가 허수아비 왕으로 만들기는 어렵지 않았을 것이다. 아니, 그는 스스로 허수아비가 되기를 자청한 왕처럼 행동한다.

밑에서 무슨 일을 하고 있는지 잘 모르는 아하수에로 왕은 에니어그램의 관점에서 볼 때 병리적인 9번(평화주의자)의 치명적인 죄인 게으름(나태)의 이슈를 갖고 있다. 폭스는 아하수에로 왕의 핵심 이슈로써 게으름을 지적하였다(Fox 173). 그는 아하수에로 왕이 생각하는 일에 에너지 쏟기를 싫어하는 사람이었다고 보았다. 예를 들면, 모르드개가 모반 소식을 에스더를 통해서 전해 주었을 때 에스더와 모르드개의 관계에 대해 궁금했을 수 있는데 그냥 넘어간 것으로 보인다. 물론 에스더서의 관심이 아닐 수 있겠지만 드러난 모습에서 그는 생각하기 싫어하는 왕이었다. 폭스는 아하수에로 왕에 대해 다음과 같이 그 인격을 평가하였다(Fox 171).

> "아하수에로는 어느 면에서나 표피적인 사람이다. 다른 등장인물들
> 은 개인적인 생각이 있다. 하만은 자신의 영화를 계획하고 품고 환
> 상을 즐긴다. 모르드개는 조심스럽게 계획을 세운다. 에스더는 두
> 려워하는 가운데 용기를 내며 자신만의 전략을 고안해 낸다. 그러나
> 아하수에로는 다른 그 누구에게도 드러나지 않는 어떤 생각이 있다

고 상상하기가 힘들 정도의 인물이다. 그의 성격은 몇 가지 분명한 감정과 충동으로만 구성되어 있다. 참으로 그의 가장 위험한 결점은 그가 생각할 줄 모른다는 점이다."

에니어그램에서 아하수에로 왕은 주 유형인 9번의 날개(wing) 기능인 8번 (리더)의 기능이 위기의 순간에 5번의 병리적 특성인 편집증적 태도로 변하는 것을 보여 준다. 모르드개가 왕후를 강간까지 하려고 한다는 엉뚱한 생각이 들어오자 그는 이것을 말로 내뱉고 말았다. 격노가 질투심으로 바뀌는 순간이었다. 이와 비슷한 역동성을, 보디발이 아내의 말을 듣고 요셉에게 격노하였을 때 질투심까지 느낀 것에서도 찾아볼 수 있다. 100% 믿었던 자가 100% 불신의 대상으로 바뀌는 순간이다.

방어 기제의 관점에서 아하수에로 왕의 행동을 살펴보면 그가 주로 사용한 방어 기제는 '회피'와 '억압'이었다.

그의 경우, 대인 간의 갈등을 직면하기보다 회피하는 것이 두드러지는데 이 회피하고 싶은 욕구가 '너그러움'(generosity)으로 표현된다. 레이드는 '나라의 절반이라도 주겠다'는 말이 왕의 너그러움을 드러내는 일반적인 표현일 수 있다고 보았다(Reid 107). 그러나 레이드는 이 표현이 아하수에로 왕의 정신세계를 보여 주는 말이기도 하다면서, '좋을 대로 하라'는 식의 너그러운 듯이 보이는 태도는 하만에게 종족 학살을 허락하는 부분에서 이미 드러난다고 지적하였다(Reid 107). 폭스는 아하수에로의 너그러운 모습이 사실은 무책임에 가까우며 그것 때문에 다른 사람의 뜻이 곧 법률화되는 결과를 가져왔다(므무간 1:21; 하만 3:12; 모르드개와 에스더 8:9)고 지적한다(Fox 173).

아하수에로 왕은 존경과 인정을 받기 위해 너그러운 사람으로 보이기를 원했다. 이런 모습은 1장부터 잘 나타난다. 그는 "어주가 한이 없으며 마시는 것도 규모가 있어 사람으로 억지로 하지 않게"(1:7~8) 하는 모습을 보이며 "각 사람으로 마음대로 하게"(1:8) 하는 명령을 내린다. 그리고 자신의 인장 반지를 하만에게 **빼어** 주며 나중에는 모르드개에게도 **빼어** 준다. 하만의 청에 따라 자신이 입었던 왕복을 내어 주고 자신이 타던 말도 모르드개가 타도록 내어 준다. 이런 모습을 보면 그가 한없이 너그러운 왕이 아닐 수 없다. 그리고 하만이 엄청난 돈을 희사하겠다고 할 때에도, 그 돈을 다시 하만에게 돌려주면서 하만이 좋을 대로 모든 일을 처결하라고 용인하는 행동에 이런 모습이 드러난다(참고 3:11). 에스더에게는 왕국의 절반이라도 요구하면 주겠다는 입술 서비스(lip service)까지 한다.[1]

아하수에로 왕의 두 번째 방어 기제는 '억압'(repression)이다. 그는 자신의 내면 깊은 이슈를 들여다보지 않는다. 그는 많은 갈등과 고통을 무의식화시킨다. 아리따운 왕후, 많은 백성들과 방백들에게 자랑하고 싶었던 왕후 와스디를 잃고도 그는 별로 고통스러워하지 않는다. 얕은 수준의 애도 과정을 거쳤던 것으로 보인다. 2:1에서 와스디를 기억할 때에는 적어도 2~3년의 시간이 흘렀을 것이다. 니디치는 아하수에로 왕이 기억하고 그리워한 것은 와스디가 '그를 위해'(for him) 해 주던 것이었으며 사람이나 성품을 그리워한 것이 아니라 기능을 그리워한 것이라고 통찰력 있게 지적하였다(Niditch 34).

에스더가 부름을 받은 시기는 왕의 통치 7년 10월이었다. 즉 아하수에로가 아내를 잃은 지 약 3년 10개월 만에 부름을 받은 것이다. 이 정도라면 어느 정도 아하수에로의 애도 과정이 마무리될 수 있는 기간이다. 그러나 만약 그가 애도 과정을 정상적으로 거치지 않았다면 와스디와 에스더 사이에 전이(transference) 역동성이 있었을 가능성이 높다. '에스더'(Esther)와 '와스디'(Vasti)의 이름은 한글의 발음상 비슷하다. 필자의 개인적인 추론이지만 왕이 에스더에게 이름이 무엇이냐고 물었을 때 와스디의 이름이 연상되었을 가능성이 높다. 이 외에도 와스디나 에스더는 모두 MBTI의 관점에서 보면 '사고형'(thinking)이자 '판단형'(judging)으로 보인다는 점에서 성격 유형에서도 비슷하다. 2:17을 보면 왕이 에스더를 만났을 때 바로 왕후의 왕관을 씌워 주고 왕후로 삼았다. 아마도 '감정형'(feeling)이자 '인식형'(perceiving)[2]인 아하수에로 왕은 에스더를 보았을 때 '내 뼈 중의 뼈요 살 중의 살'이라고 외쳤을지 모른다. 그는 외모로 와스디 왕후의 아름다움을 대체할 대상을 찾고 있었을 것이다.

　부모 경험이 거의 없는 에스더를 보았을 때 한눈에 반했던 것은(물론 에스더가 다른 사람들에게도 좋은 평가를 받는 여성이었지만), 아하수에로 왕도 진정한 의미에서 자신의 모습을 있는 그대로 품어 줄 수 있는 엄마 경험이 내면에 제대로 없었을 가능성이 있음을 보여 준다. 같은 이슈가 있는 사람들은 무의식적으로 확 끌리는 역동성이 있기 때문이다. 필자는 이 사실을, 부모 경험이 별로 없이 성장한 성인아이이며 자기 개별화의 수준이 낮았던 여성 에스더에게 마음에 끌린 아하수에로 왕도 자기 개별화 수준이 비슷한 성인아이였을 것이라고 추론한 바 있다(참고 이관직 196~97).[3]

　폭스는 아하수에로 왕을 감정이 크게 분노와 즐거움으로 나뉘는 단순한 인간이라고 평가하였다(Fox 171). 화날 때(1:12하, 7:7)와 화가 가라앉을 때(2:1상; 7:10하), 즐거워할 때(1:21, 2:4하, 9상), 그리고 에스더를 마음에 들어 할 때(2:17상) 아하수에로 왕의 내면세계가 표현된다고 보았다. 또한 그를 심리가 쉽게 노출되는 사람이라고 보았다. 1장에서는 방백에게, 2장에서는 가까이 모시는 신하에게, 3장에서는 하만에게, 그리고 5~9장에서는 에스더에게 그의 마음이 다 읽혀지는 사람이었다고 지적하였다(Fox 171).

　클라인은 아하수에로 왕이 자신의 인장 반지를 빼어 주는 것을 소극적이며 여성적인 행동으로 보았다(Klein 161). 그리고 폭스는 그가 한번도 '안 돼'라고 말한 적이 없다고 지적하였다(Fox 173). 자신이 결정하는 것을 두려워하거나 거절하지 못하는 것은 의존성 성격 장애의 주요 증상인데 그에게 이런 모습이 잘 드러난다. 그는 거절 받는 것에 대한 두려움 때문에 자신 역시 거절하지 못했던 것이다. 그가 와스디로부터 거절당했을 때 격노하고 극단적인 행동까지 결정하게 되었던 것도 자신의 거절에 대한 두려움의 이슈가 건드려졌기 때문이다.

　아하수에로 왕이 갖고 있었던 또 다른 성격 장애적 요소는 자기애성(narcissism)이다. 레이드는 왕이 살고 있는 수산 궁의 백성들에게 혼돈과 불안이 휘몰아치고 있음에도 불구하고 아하수에로 왕이 정상적인 삶의 모습을 보여 주고 있다고 지적하였다(Reid 96). 이것은 그의 성격을 잘 보여 주는데, 자신보다 약한 자에 대한 진정한 공감력이 없음을 말해 준다. 자기중심적이며 쾌락적인 삶에 취해 백성들의 안위에는 별 관심이 없는 모습이 두드러진다.

또한 경계선(borderline) 성격 장애적 증상도 추론해 볼 수 있다. 와스디 왕후의 거절에 대해 격노한 행동에 잘 드러나듯이 그렇게 좋아하고 자랑스러워하던 왕후가 자신의 청을 거절할 때 그는 와스디를 100% 나쁜 대상으로 가치 절하(devaluation) 하는 대인 관계를 보였다. 에스더가 두려워했던 부분도 이 부분이었다. 그의 성격은 에스더가 허락 없이 다가올 때 극단적으로 대하는 면이 있었던 것이다. 즉 완전히 좋게 보거나(idealization) 아니면 완전히 싫게 보는 것이다. 기분(mood)이나 정체성이 안정적이지 못하고 급변하는 특성이 있었다. 아하수에로 왕의 출생과 성장에 대해서는 잘 알 수 없다. 하지만 불안정한 대상관계 경험이 내면화될 때 이와 같은 성격 장애적 요소를 갖는다고 보기에, 그는 품어 주는 환경 경험을 제대로 하지 못했을 것이다. 하만을 향한 그의 태도에서도 불안정하며 급변하는 모습이 잘 드러난다. 즉 아하수에로 왕은 발달 단계의 관점에서 볼 때 유아기 또는 유년기에 고착되어 있었던 인물이라고 볼 수 있다.

아하수에로 왕의 연극성(histrionic) 성격 장애의 증상은 통치 3년 만에 "일백 팔십 일 동안에 그 영화로운 나라의 부함과 위엄의 혁혁함을 나타내"(1:4)려고 하는 그의 무의식적 동기가 드러나는 1장에 잘 묘사되어 있다. 인정과 칭찬, 주목받고 싶은 욕구가 이와 같은 행동을 하게 한 것이다. 놀랍게도, 이런 모습은 뒤에 등장할 하만의 모습과도 많이 닮아 있다.

심리 분석에서 불안이라는 이슈는 핵심적인 부분인데, 불안에 대처하는 수준을 보면 그 사람의 심리적 수준을 어느 정도 알 수 있다. 아하수에로 왕의 경우에도 불안을 야기하는 경험이 여러 번 있었는데 와스디 왕후가 자신의 청을 거절했을 때, 그리고 하만이 엄청난 음모를 꾸미고 있음을 깨닫게 된 때이다. 에스더가 하만의 실체를 드러냈을 때 아하수에로 왕은 충격감과 당황감, 분노감을 어떻게 처리할 줄 몰라 잔치 자리를 박차고 나가 후원으로 간다. 이 행동을 지혜로운 것으로 볼 수도 있고 회피하는 행동으로도 볼 수 있다. 지혜로운 것은, 당황스러운 상황 속에서 충동적으로 행동하지 않고 머리를 식히고 불안을 감소시키면 이성의 기능이 좀 더 활성화된다는 점에서이다. 그러나 아하수에로 왕의 전체적인 모습을 비추어 볼 때 이 행동 역시 회피하는 방어적 행동이었다고 볼 수 있다. 왕의 반응은 중요한 것이나 중요한 사람을 잃었을 때 나타나는 애도의 초기 과정과 유사하다. 충격, 부인, 분노, 혼란 등의 감정들을 짧은 시간에 다 경험했을 것이다.[4]

와스디 왕후의 심리 분석

왕후 와스디는 잠시 그 이름이 등장하지만 그녀의 행동이 미친 파장은 전 페르시아 제국에 영향을 주는 것이었다. 와스디는 보는 관점에 따라서 정반대의 모습으로 이해된다. 그녀는 아주 악한 여인으로 묘사되는가 하면 아주 당당하며 자신의 품위를 지켜 낸 여성으로 이해되기도 한다. 전자는 주로 유대교 랍비들의 해석이나 자료에서 나타난다. 탈무드 전승에 따르면, 와스디는 유다 여인들에게 안식일을 범하도록 했으며 이것 때문에 결국 벌을 받았다고 하며 그녀가 안식일에 이스라엘 여인들로 하여금 벌거벗고 일하게 해서 결국 자신이 벌거벗고 나타나라는 명령을 받았다고 전해진다(Bronner 188~89. 재인용). 그러나 폭스는 초기 유대교 학자들이 와스디를 부정적인 이미지로 이해하려고 여러 가지 임의적인 모습을 그리려 했다고 보았다(Fox 165). 그는 그녀가 악하다든지 병이 있다든지 하는 모습을 에스더서의 저자가 전혀 암시하지 않고 있으며 오히려 그녀가 아리따운 여성이라고 말하고 있음을 지적하였다.

폭스는 와스디 왕후가 왕의 부름에 거절한 것은 아마도 그녀의 지위와 관계가 있을 것이라고 보았다(Fox 168). 후궁이면 몰라도, 왕후로서 남자들만 있는 술자리에 부름을 받는 것을 모욕적으로 받아들였을 것이다. 그는 페르시아에서는 부인들이 잔치에 동참할 수 있지만 술 마시기 전에 자리를 뜨는 것이 관습이었다고 말하면서, 다니엘 5:2에 나오는 벨사살 왕의 잔치에서도 후궁들만 참여했고 왕후는 벽에 쓰인 글씨를 보기 위해 나중에 온 행동에서 이 사실이 드러난다고 주장하였다.

여성주의자들에게 와스디는 성경의 인물 중에서 자신의 인격을 지키며 남성주의 문화 속에서 자신을 당당하게 드러낸 사람으로 평가되는 반면 에스더는 때로는 부정적인 이미지로 평가되어 왔다. *The Women's Bible*(1898)에서 엘리자베스 스탠턴(Elizabeth Stanton)과 루신다 챈들러(Luccinda Chandler)는 와스디에 대해 매우 긍정적으로 평가하였다(Beal 42. 재인용). 특히 챈들러는 와스디가 여성 해방 운동의 선구자와 같은 역할을 했다고 보았다(Beal 43. 재인용).

일반적으로 왕의 청을 거절한 와스디 왕후의 행동을 자기 패배적이라고 볼 수 있다. 그녀는 결과가 뻔한 싸움을 한 것이다. 모르드개의 행동 역시 마찬가지다. 공개적인 수치심을 야기한 결과가 궁정에서는 무엇을 의미하는 것인지를 그녀는 잘 알고 있었을 것이다.[5] 와스디가 한마디 대변할 수 있는 기회조차 주어지지 않고 폐위되었던 것처럼, 유다인들은 찍소리 못하고 죽임을 당할 처지에 놓이게 되었다고 레이드는 통찰력 있게 주석하였다(Reid 95).[6]

레이드는 와스디 왕후와 모르드개 사이에 평행 과정(parallel process)이 있음을 지적하였다(Reid 90). 둘 다 모든 사람들이 존경을 표현하는 대상 아하수에로 왕과 하만에게 존경을 표하기를 거절함으로써 개인적인 인품을 지켰지만 제국 전체에 위기감을 가져왔던 사실에서 닮았다.[7] 거절하는 것을 두려워했던 아하수에로 왕과는 대조적으로 와스디 왕후는 심각한 불안을 야기하는 상황 속에서도 자신이 원치 않는 것을 분명히 거절할 수 있는 심리적 성숙을 가진 여성이었음에는 틀림없다.

와스디 왕후의 폐위를 주장한 방백 므무간의 심리도 주목할 만하다. 그는 아하수에로 왕의 수치보다는 자신의 불안을 드러내어 와스디 왕후의 행동을 과잉 일반화(overgeneralization)하는 비합리적인 사고를 한다. "왕후 와스디가 왕에게만 잘못할 뿐 아니라 아하수에로 왕의 각 도 방백과 뭇 백성에게도 잘못하였나이다"(1:16). "왕후의 행위의 소문이 모든 부녀에게 전파되면 저희도 그 남편을 멸시할 것인즉"(1:17). 아마도 므무간은 자신의 부부 생활에서 아내에게 제대로 인정받지 못하는 불안의 이슈를 다른 방백들과 모든 백성들에게 투사하여 "와스디로 다시는 왕 앞에 오지 못하게 하는 조서를 내리되 바사와 메대의 법률 중에 기록하여 변역함이 없게 하고 그 왕후의 위를 저보다 나은 사람에게 주소서… 모든 부녀가 그 남편을 존경하리이다"(1:19~20)라고 왕에게 조언한다. 문제는 왕과 방백들이 '그 말을 선히 여겼다'는 점에 있다. 모든 남성들이 와스디 왕후의 행동에 충격과 위기감을 느낀 것이다. 자신들의 내적 취약성을 와스디에게 투사하여 희생양을 만듦으로써 자신들의 불안을 감소시키고 현재의 지위를 유지하려는 불의(injustice)한 행동을 했다고 볼 수 있다.

모르드개의 심리 분석

모르드개는 예루살렘 성이 함락되는 처참함을 경험하는 심리적 외상(trauma)을 간직한 유다인이었고, 이방 나라에서 왕의 문에 앉을 정도의 사회적 지위를 확보한 사람이었다. 흥미로운 사실은 그의 아내에 대한 언급이 전혀 없다는 것이다. 빌은 그가 환관이었을 가능성도 있다고 보았다(참고 Beal 52). 환관 시위대 소속 사람들의 모반 소식을 우연히 들은 것에서도 이 사실을 유추해 볼 수 있다.

에니어그램의 관점에서 볼 때 모르드개는 하만과 마찬가지로 3번(지위 추구형)으로 볼 수 있다. 하만이 병리적인 3번이라면 모르드개는 건강한 3번이다. 9번인 아하수에로 왕이 성장하려면 건강한 3번의 특성을 추구해야 하는데 그런 점에서 모르드개는 아하수에로의 기능을 보완해 주는 충신이었다. 융의 심리학의 관점에서 본다면 모르드개와 하만은 동일한 사람의 두 면을 상징한다고도 해석할 수 있다. 모르드개의 모습은 보다 공적으로 드러나는 페르소나(persona)적인 모습인 반면, 하만의 모습은 무의식화되며 드러내기를 두려워하는 그림자(shadow)에 해당한다고 볼 수 있다. 에스더서는 모르드개와 에스더를 부각시키는 관점에서 쓰인 역사서이기 때문에 모르드개와 에스더의 장점을 부각시키고 있다고도 볼 수 있다. 심리학적인 관점에서 볼 때 모르드개 안에도 하만의 요소가 있는 것이 인간이라고 할 수 있겠다. 신학적인 관점에서도 그리스도인들은 의롭다 함을 받은 의인이지만 동시에 내면적으로는 여전히 죄성이 있으며 죄와 갈등하며 싸워야 하는 죄인이라는 점에서 이 같은 해석이 가능하다.

왕의 명대로 왕의 모든 신복들이 하만에게 꿇어 절하였지만 모르드개는 꿇지도 아니하고 절하지도 아니한 이유에 대해서 에스더서는 침묵하고 있다. 단지 그는 자신이 유다인이라는 사실을 밝힌다(참고 3:2~4). 에스더에게는 유다인의 신분을 노출하지 말 것을 신신당부한 그가 대궐 문에 있는 왕의 신복들에게는 자신이 유다인임을 밝히는, 이해할 수 없는 행동을 한다.[8] 이방 나라에서 그 나라의 행정 관료로서 왕의 대궐 문에 앉는 위치에 있었을 때 하만에 대한 행동은 모르드개의 수동 공격성의 모습으로 해석할 수도 있다. 하만에 대한 공격성은 곧 하만을 인정한 왕에 대한 공격성을 의미하는 것이기 때문이다. 왕의 명령에 모르드개는 불복종하는 행동을 취한 것이다. 자신의 행동이 어떤 결과를 가져올지를 예측했던 와스디처럼 모르드개 역시 자신의 행동이 파국적인 결과를 가져올 것을 예측했다고 볼 수 있다. 예측할 수 있는 결과가 실제로 드러났을 때 그는 금식하면서 베옷을 입고 에스더에게 해결책을 강구하라고 요청한다. 다니엘의 세 친구의 경우처럼 신앙적인 양심으로 인하여 하만에게 절하지 않은 이유가 아니었다면, 그의 행동은 유연성이 부족한 것으로 해석할 수도 있겠다.

에스더가 후궁으로 들어가는 과정에서 모르드개가 적극적으로 간여했는지는 드러나지 않는다. 수치심을 야기할 수도 있는 상황에 에스더가 들어가는 것에 대해 적극적으로 반대하는 모습도 보이지 않는다. 아무튼 양녀로 키운 매력적인 여성을 다른 남자에게 보낸다는 것은 모르드개에게 쉽지 않은 감정을 야기했을 것이다. 클라인은 유다인의 가치관 속에서는 후궁으로 들어갈 수도 있는 자리에, 그리고 왕후로 간택 받는 수많은 처녀들 속에 딸처럼 기른 에스더를 보낼 수 있는지 그 연결이 쉽지 않다고 지적하였다(Klein 157).[9] 클라인은 모르드개의 어느 정도의 개입을 인정하면서 와스디와 에스더의 대조점을 매우 통찰력 있게 표현하였다(Klein 157).

> "모르드개는 에스더의 몸과 얼굴의 아름다움을 평가받는 상황에 들어가는 것을 용인했을 것이라는 사실이다…. 아마도 와스디 왕후처럼 완전히 나체로, 아니면 그보다 더 심한 모습으로. 차이점은 와스디는 많은 남성들이 심판이 되는 자리에 한 여성으로 들어가야 했다는 사실이고, 반면 에스더는 한 남성이 심판이 되는 여성들의 공간에 직면한 많은 여성들 중에 하나였다는 사실이다."

모르드개의 행동에서 그의 연약한 부분을 굳이 찾으라고 한다면 강박성 성격 장애적 부분이다. 앞에서도 지적하였지만 종교적 이유가 아니라면 그는 유연성이 부족하며 사소한 일에 집착하여 큰일을 그르칠 뻔했던 점에서 완벽 주의적 특성이 있다. 에스더의 초기 모습에서 볼 수 있듯이 에스더를 양육함에 있어서도 엄하게 양육한 반면 에스더와 정서적으로 많이 밀착된 모습을 보여 준다. 요즘 '헬리콥터형 부모'라는 용어가 있는데, 날마다 후궁 뜰 앞으로 왕래하며 에스더의 안부와 어떤 일이 벌어지는지를 확인하려는 모습 속에서 모르드개를 헬리콥터형 양아버지라고 부를 수도 있겠다.

모르드개가 수산 시내를 지나가면서 크게 소리 질러 우는 행동을 어떻게 볼 수 있을 것인가? 하만이 생각했던 퍼레이드와는 정반대의 모습이다. 화려한 옷 대신에 베옷을 입고 미친 사람처럼 울부짖는 모르드개의 모습은 선지자적 모습을 연상케 한다. 레이드는 요나가 니느웨 성이 무너질 것이라고 외쳤을 때 사용했던 동사가 똑같이 사용되고 있음을 지적하였다(Reid 99). 재를 쓰고 금식하고 베옷을 입고 회개할 것을 외쳤던 요나처럼 유다 백성들에게도 같은 행동을 요청하고 있다. 니느웨가 멸망당할 위기에 봉착했던 것처럼 유다인들도 같은 상황에 처해 있음을 알리고 있다. 이 두 사건의 차이점을 지적하면서 레이드는 유다인들이 어떤 죄를 회개해야 할 상황에 있다는 것은 아니라고 말하였다(Reid 99). 백성들의 관심을 집중시키며 또한 왕후 에스더의 관심을 이끌어 내는 시청각적인 지혜였다.

모르드개는 유다인들을 학살하라는 법령을 공포한 하만을 보았을 때 일어서지 않았고 두려움의 기색도 없었다(참고 5:9). 그의 태도는 다니엘의 세 친구들의 반응과 같았다. 보이는 권력자보다 보이지 않는 하나님을 의지하는 신앙이 놀라울 따름이다.

모르드개는 마침내 상황이 역전되어 하만이 자기 앞에서 왕의 말을 이끌며 수행했을 때 다윗이 노래한 시편 23:5을 기억했을 것이다. "내 원수의 목전에서 내게 상을 베푸시고 기름으로 내 머리에 바르셨으니 내 잔이 넘치나이다." 베옷을 입었던 그가 청색과 백색의 옷에다 왕복까지 입고 금 면류관까지 쓰게 된 것은 보이지 않는 하나님의 인도하심 때문이었다.

에스더 심리 분석

에스더는 모르드개와 마찬가지로 예루살렘 함락 과정에서 심리적 외상을 경험한 여성이다. 그녀는 모르드개보다 훨씬 어린 나이에 이 경험을 했다. 그리고 아마도 그 과정에서 부모를 잃었을 가능성이 높다. 누적된 외상 경험은 에스더의 성격 발달에 부정적인 영향을 주었을 것이다. 그녀는 부모 밑에서 자라는 정상적인 발달 과정을 겪지 못한 채 성장기를 보냈다. 특히 그녀에게는 엄마 경험이 별로 없었다. 흥미롭게도 에스더서에서 엄마의 모습은 나타나지 않고 오히려 남성화된 모습이 더 나타난다.

이런 남성적 이미지는 아버지 역할을 했던 모르드개의 모습을 내면화한 것일 가능성이 있다. 일차 대상(primary object)인 양아버지 모르드개와의 대상 경험이 내적 대상(inner object)으로써 자기화(self) 된 것으로 볼 수 있겠다. 모르드개의 공격성과 에스더의 공격성은 닮아 있다. 열 아들을 교수대에 달아 줄 것을 요청하며, 수산 궁에서 하루 연장해서 원수를 갚게 해 달라고 요청하는 에스더의 모습에는 융이 말한 아니무스(animus)의 모습이 나타난다.[10] 마치 여성이 중년기를 거치면서 여성 호르몬이 줄어들고 남성화되는 것처럼 말이다.

에스더는 모르드개에게 입양되었지만 어떤 의미에서는 다시 한 번 아하수에로 왕에게로 입양된 것이라고도 볼 수 있다. 선택을 받는 수동적 입장, 선택하는 자의 전적인 은혜에 의존할 수밖에 없는 무력한 존재였다.

하닷사라고 불리던 이름이 에스더로 바뀌면서 그녀는 정체성의 혼란을 겪었을 것이다.[11] 어떤 때는 부모님을 예루살렘에서 잃은 슬픔을 지닌 소수 민족 유다인 하닷사로서, 어떤 때는 왕궁에서 왕후 에스더로서 살아가면서 꿈인지 생시인지 혼란스러운 경험도 했을 것이다. 유다인의 정체성을 드러내지 못하고 살아야 하는 왕실의 삶은 자신의 정체성에 늘 도전을 주었을 것이다. 안식일을 지킬 수 없고 왕실에서 사용하는 제사 음식도 먹어야 하고 이방 신상에 절해야 했을지도 모른다.[12] 에스더의 삶은 정체성의 혼란과 방어적인 대인 관계로 특징지을 수 있다. 특히 유다인으로서 왕궁에 소속되었으나 소속되지 않은 양가감정, 유다인으로서 이방 왕과 결혼한 것, 그리고 유다인으로서의 정체성을 개방할 수 없는 환경으로 인하여 참 자기(true self) 발달을 계속 이루어 내기 힘들었을 것이다. 모르드개의 집에서 자랄 때 경험했던 '품어 주는 환경' 대신, 살아남아야 하는 편집증적 환경 속에서 여러 방어 기제를 대인 관계에서 사용하느라 갈등과 긴장이 연속되는 삶을 살았을 것이다. 한 달이 지나도 불러 주지 않는 왕에게 왕후로서 자유롭게 나아갈 수도 없는 환경에서 속으로 삭히며 살았을 삶이 어렵지 않게 연상된다(참고 4:11).

왕실에서 에스더가 유다인이라는 신분을 드러내지 않는 것은 참 자기 발달을 저해하는 것이었다. 그녀는 페르소나(persona)의 모습으로 주로 기능해야 했다. 왕과 침실을 같이하면서도 자신의 진정한 내면을 노출할 수 없었던 그녀였다. 그녀가 아하수에로 왕과 3년 이상의 결혼 생활을 했을 시점까지 자신에 관련된 이야기를 거의 하지 않고 출신에 대해서도 비밀로 했을 때 왕이 과연 친밀감을 어느 정도 느꼈을 것인지는 의문이다.

에스더는 그녀를 보는 모든 사람들로부터 관심을 끄는 충분한 자질이 있었다. 환관 헤개는 에스더를 특별 대우한다. 이것은 요셉이 보디발의 집에서 은혜를 입은 것과 다니엘과 세 친구가 환관장에게 은혜를 입은 것과 비슷하다. 아무튼 그녀는 객관적 외모와 내적 아름다움을 겸비한 여성이었다.

여기서 에스더의 출신에 대한 기본적인 조사가 이루어지지 않았다는 것은 하나의 미스터리다. 가려짐(hiddenness)이 특징인 에스더서에서 그녀의 출신은 철저하게 숨겨졌으며 이러한 사실은 뭇 사람들의 눈이 가려진 것으로 볼 수 있다. 후궁으로 간택된 여성들의 신원 조회가 철저히 이루어질 법도 하다. 그런데 에스더의 출신이 가려졌던 것이다. 예컨대 에스더가 거짓말로 자신의 신분을 숨겼을 가능성도 배제할 수는 없다. 따라서 에스더에게는 자신의 가족과 본국 배경이 노출되는 것에 대한 두려움과 편집증적 요소가 있었을 것이다.

모르드개의 행동을 보고받은 에스더에 대해 '심히 근심했다'(was in great distress)고 표현한다(4:4). 당시 에스더는 아직 구체적인 상황에 대한 이유를 모르고 있었던 것으로 보인다. 5절에 가서야 "이것이 무슨 일이며 무슨 연고인가 알아보라"고 내시에게 지시하는 것에서 이 사실이 드러난다. 그녀는 매우 불안한 상황에서 일단 베옷을 벗기고 자신이 보낸 의복으로 갈아입도록 지시한다. 이 모습에서 에스더의 대응 방식은 일단 증상을 경감시킴으로써 자신의 불안을 감소시키려고 했음을 알 수 있다. 근본적인 원인을 알아보는 대신 우선 문제점을 덮고 무마하려는 행동이라고 볼 수 있다.

모르드개가 그 옷을 받지 않는 태도를 보일 때 에스더 왕후는 교착 상황에 처한다. 그 후에 에스더는 모르드개의 급작스런 행동의 변화가 무엇인가 중대한 일이 일어나고 있음을 상징하는 것임을 알아차렸던 것 같다. 그래서 그녀는 내시 하닥을 불러 무슨 이유인지를 물어보게 했던 것이다.[13] 4:5~9부터 수동적이었던 에스더의 태도가 능동적으로 바뀐다.[14] 그녀는 모르드개에게 옷을 보내면서 상황이 어떤지를 환관 하닥을 통해 알아보게 함으로 위기의 전면에 모습을 드러낸다.

레이드는 자신이 30일 동안 왕의 부름을 받지 못했고 또 부름 없이 나아갈 때에는 죽을 수도 있는 상황임을 이야기한 것은 그녀가 모르드개의 지혜와 전략에 대해서 처음으로 감히 의문을 제기하는 시점이라고 지적하였다(Reid 103). 에스더는 왕이 홀을 내미는 경우라는 예외적인 경우가 있음을 말하면서 일말의 희망을 비추지만 모르드개의 말에 늘 순종하던 모습에서, 자신의 생각이 있는 여성으로서의 모습으로 바뀐 것이다. 이런 에스더 왕후의 행동은 극심한 불안 상황에서 모르드개와 용해(fusion)되어 있었던 관계에서 서서히 '자기 개별화'(self differentiation)를 시도한 것으로 볼 수 있다. 이전까지는 모르드개의 지시를 따랐던 에스더 왕후가 스스로 계획을 세우며 행동에 옮기는데 이것은 그녀가 이제는 모르드개로부터 건강한 개별화가 되었음을 보여 주는 것이다.

이어지는 행동에서 나타나는 에스더의 지혜와 책략은 나이에 비해 뛰어난 것이었다. 그녀의 정치적인 능력과 심리적인 수준이 놀라울 정도다. 이것은 다니엘에게 지혜를 주신 하나님이 금식 과정을 통해서 그녀에게 구체적인 지혜를 주신 것이라고 볼 수도 있다.

레이드는 에스더 왕후의 모습과 모세의 모습 사이에 일종의 평행 과정이 있음을 통찰력 있게 지적하였다(Reid 103~104). 유다인을 해방하는 모세와 부름을 받았을 때 주저했던 모세, 유다인을 자유케 하는 에스더와 모르드개의 청을 받고 주저했던 에스더의 모습이 닮아 있다는 점에서 말이다.

위기 상황 속에서 에스더 왕후의 정체성은 분명해진다. 아하수에로 왕의 왕후가 일차적인 정체성인지 아니면 유다인의 뿌리를 가진 신앙인으로서의 자신이 우선적인 정체성인지를 확인하고 그녀는 고난 받는 유다인들과 자신을 동일시한다. 모르드개는 에스더에게 유다인으로서의 뿌리에 대해 4:13, 14에서 두 번이나 반복 확인시킨다. 레이드는 그녀의 '죽으면 죽으리라'는 표현과 야곱이 취한 행동(창 43:14) 사이에는 비슷한 면이 보인다고 지적하였다(Reid 105).

에스더 왕후는 구원자의 역할을 감당한다. 그녀는 모든 유다인들을 대표하며 대신해서 금식한 후에 왕에게 나아간다. 백성들의 삼일간의 금식은 죽음을 상징하며 에스더의 금식 역시 죽음을 상징한다. 고난과 죽음 그리고 부활의 주제가 에스더의 모습에서 나타난다. 이것은 예수님과 함께 죽고 예수님과 함께 살아나는 부활과 평행 과정을 이룬다. "죽으면 죽으리라"의 선언과 삼일간의 금식은 십자가의 고통과 대칭을 이룬다.

에스더 왕후가 유다인들을 구하기 위해 왕에게 나아가는 장면은 왕과의 처음 만남과는 대조를 이룬다. 그녀는 더 이상 외모나 유혹적인 자세로 나아가는 것이 아니었다. 특히 삼일간 금식한 후의 모습이 그리 매력적이지만은 않았을 것이다. 그러나 그녀가 용감하게 왕의 내전 앞에 '섰다'고 저자는 기록한다.

경계선을 넘는 에스더 왕후의 모습은 마치 룻이 보아스의 타작마당에서 발치에 눕는 것과 비슷한 면이 있다고 빌은 통찰력 있게 지적하였다(Beal 76). 두 경우에 모두 여자가 먼저 접근한다. 내전에 들어서는 것과 타작마당에 들어서는 것은 금지된 선을 넘는 행동이라는 점에서 비슷하다. 두 경우 모두 성적인 뉘앙스를 풍기는데 왕이 홀을 내어 밀 때 홀을 잡는 것과 보아스의 드러낸 발밑에 눕는 것에서 닮아 있다. 그리고 힘을 가진 남성이 여성에게 그녀의 관심사가 무엇인지를 물어 주는 것, 마지막으로 여성이 대답하고 일련의 과정을 거쳐서 그들의 운명이 뒤바뀌는 것에서 평행 과정이 있다고 보았다(Beal 76~77).

금식하는 불안한 상황에서 에스더 왕후의 지혜가 빛이 난다. 위기 상황에서 그녀의 전두엽이 활성화되며 지적인 기능이 탁월하게 작동된다.[15] 심리적 차분함도 나타난다. 에스더 왕후는 바로 첫 대면에서 유다인들을 살려 달라고 청원할 것이라고 하는 독자들의 예상을 뒤엎고, 하만과의 잔치를 베풀게 해 달라고 청원한다. 레이드는 이런 에스더의 청원을 극적인 반클라이맥스라고 표현하였다(Reid 107). 왕의 호기심을 자아내는 대답을 하는 모습과 왕을 가지고 놀 수 있는 차분한 능력은 놀라울 따름이다.

에스더 왕후의 청에서 잔치를 베풀게 해 달라고 한 것은 아하수에로 왕과 하만의 이슈를 꿰뚫고 있는 에스더의 통찰력에서 비롯된다고 볼 수 있다. 아하수에로 왕은 잔치를 좋아하며 기분이 좋아지면 방어 기제가 해제되는 특징을 보이기 때문이다. 에스더 왕후는 또한 하만이 자기애적 욕구가 강한 사람임을 간파하는 인간 이해 능력이 있었다. 하만은 왕후로부터 두 번이나 잔치에 초대받았다는 사실을 자랑했고, "모르드개가 대궐 문에 앉은 것을 보는 동안에는 이 모든 일이 만족하지 아니"(5:13)했다. 왕후의 단독 잔치에 자신이 초대받았다는 것 자체가 하만의 자기애적 욕구를 한껏 충족시켜 주는 것이기에 하만의 가장 취약한 부분을 건드리는 낚싯밥과 같은 것이었다. 이는 마치 헤롯과 같다. 아무런 의심이나 의혹을 하지 않고 초대에 기쁘게 응했던 하만의 모습에서 이 사실을 찾아볼 수 있다.

에스더 왕후는 하만의 행동이 겁탈은 아님을 밝혀 주지 않는다. 에스더는 보다 큰 목적을 위해서 밝힐 수도 있는 부분에서 침묵하고 있다(Reid 128). 이러한 에스더 왕후의 행동과 보디발의 아내의 행동은 대조와 유사점을 보인다. 보디발의 아내는 적극적이면서도 거짓으로 남편에게 요셉을 고발한 반면, 에스더 왕후는 소극적으로 남편 아하수에로 왕에게 진실을 밝히지 않는다. 에스더 왕후의 청원은 헤로디아의 딸의 청원과도 좋은 대조를 이룬다. 헤로디아의 딸은 생명을 죽이는 악한 청원을 하지만, 에스더는 생명을 살리기 위해 청원한다. 동시에 유다인의 적을 살해할 수 있도록 해 달라는 에스더의 청원은 헤로디아의 딸의 청원과 비슷하다.

하만의 심리 분석

하만의 출신에 대해 에스더서 저자는 그가 아각 자손이었음을 의도적으로 반복한다(3:10; 8:3, 5; 9:24). 아각 왕은 아말렉 족속의 왕이었다(참고 출 17:8~16; 신 25:17~19; 대상 4:43). 에스더서 저자는 하만의 출신에 대한 언급을 통해 모르드개와의 갈등이 오랜 역사적 뿌리가 있음을 암시한다고 레이드는 지적하였다(Reid 89. 재인용).[16] 모르드개는 사울의 후손이었으며 아각 왕의 후손인 하만과 조우하게 된 것이다. 마고넷은 모르드개와 하만을 사울과 아각의 관계와 대조하면서 하만의 성격을 다음과 같이 통찰력 있게 분석하였다(Magonet 175; Beal 57~58. 재인용).

> "우리는 그가 아각 자손이라는 정보를 통해 이스라엘의 적대 국가 출신이라는 점을 알 수 있을 뿐만 아니라 그 또한 페르시아 제국에서 아웃사이더였다는 사실을 알 수 있다. 그가 흩어져 사는 백성들 중에 다른 백성들과 다른 법을 갖고 살아간다는 말을 하였을 때(3:8), 그는 또한 자기 자신의 **아웃사이더로서의 신분을 투사하여 묘사하고 있었다**는 사실이다. 하만 역시 소수 민족의 일부로서 안정적인 삶을 살지는 않았던 것이다. 비록 그가 부유했고 그의 지위를 유지할 수 있는 파워가 있었지만 그의 파워를 확실히 지속시키기 위해서는 희생양을 만들 마음의 준비가 되어 있었다는 것이다. 그런 의미에서 볼 때 하만은 모르드개의 또 다른 모습, 즉 동일한 인물의 왜곡된 모습을 반영하는 것이다."[17]

마고넷의 분석은 정신 분석학적으로 볼 때 하만이 자신의 내면에서 만족스럽지 못한 모습을 모르드개에게 투사하였다고 볼 수 있다는 점에서 통찰력이 있다.

레이드는 '하만'(הָמָן)의 이름이 '헤마'(חֵמָה 분노)라는 히브리 단어의 발음과 비슷한데, 이것은 구약에서 재난을 불러오는 어리석은 자를 지칭하는 표현에 사용된다고 말하면서(참고 잠 19:19; 27:4, 22), 이것이 그의 성격을 암시하고 있다고 에스더서 저자의 문학적 기술을 지적하였다(Reid 91). 그는 어리석을 뿐만 아니라 참 자기 대신에 거짓 자기가 너무 발달된 사람이었다. 성공의 사다리를 올라가기에 혈안이 되어 있는 모습으로 묘사된 것이다.

하만의 자기애성 성격 장애적 요소와 연극성 성격 장애적 요소를 통해 볼 때 그는 아마도 성장 과정에서 인정과 칭찬, 공감을 제대로 받지 못했을 가능성이 높다. 특히 페르시아 제국에서 소수 민족으로 성장하면서 자신의 능력에 비해 인정을 제대로 받지 못했을 가능성이 있다. 역으로 그가 어른이 되어 열심히 노력해서 자신의 능력을 주변 사람들로부터 인정받았을 가능성도 높다. 그러나 그런 인정과 칭찬은 그의 유아기 및 유년기 시절의 기본적인 욕구가 채워지지 않은 것을 치료할 만큼 효과적이지 못했을 것이다.

에니어그램의 관점에서 볼 때 하만은 3번이다. 그는 목적을 위해서는 수단 방법을 가리지 않는다. 병리적인 3번이 갖고 있는 거짓과 기만, 술수를 이용해서라도 성공과 인정의 사다리를 올라가서 최고의 위치에 오르고 싶어 하는 모습이 그에게 잘 나타난다. 하만이 아하수에로 왕에게 제시한 뇌물 금액은 전체 페르시아 제국의 1년 경상비의 3분의 2에 해당하는 금액이라고 레이드는 지적하였다(Reid 93). 레이드는 소요되는 돈 때문에 왕이 유다인 학살을 머뭇거릴까봐 하만이 거액의 돈을 제시한 것으로 보았다(Reid 93~94).

아하수에로 왕의 분노와 하만의 분노는 닮았다. 즉 자기애적 욕구가 상처를 입을 때 오는 공격적인 분노였다. 보복하며 정도가 지나칠 정도로 분노하는 것이다. 해가 지도록 분을 품을 때 마귀에게 발판을 줄 수 있다는 말씀 그대로였다(참고 엡 4:26~27).

헤로디아의 질투는 선지자를 죽인 반면, 하만의 질투와 분노는 모르드개뿐 아니라 종족 전체를 살상하려는 엄청난 것이었다. 하만의 종족 학살 계획은 헤롯이 예수님 출생 당시 두 살 아래의 남자아이들을 모두 죽인 사건과 연결된다.[18] 하만의 계획은 장차 오실 메시아를 방해하는 마귀의 공작 정치라 해도 틀린 말은 아닐 것이다. 남자아이들을 나일강에 던져 죽게 하라는 바로 왕의 명령도 같은 맥락에서 이해할 수 있다.

하만의 유다인 학살 계획에는 전이(transference)의 역동성이 나타난다. 유다인인 모르드개에 대한 개인적 분노가 모든 유다인에게 전이된 것이다. 유다인이라는 단어만 들어도 분노가 올라오는 것과 같다. 이것은 마치 시댁과 갈등이 있는 며느리가 '시'자가 들어가는 단어만 들어도 열 받는 것과 같은 역동성이라고 할 수 있다.

하만은 살인을 교사하는 이런 제안을 듣고 기뻐하며 식사를 한다. 교수대를 세워 놓고 잔치에 가라는 아내와 친구의 조언이 그의 마음을 기쁘게 했다는 표현에서 그가 '악을 행함에서 기뻐하는' 성격의 소유자였음을 알 수 있다. 스코트 펙(Peck)은 이런 사람을 악(evil)의 심리를 가진 사람이라고 진단하였다. 인정과 칭찬, 영예의 이슈가 있는 하만에게 수치심은 발달되어 있었다. 그러나 죄책감은 잘 발달되어 있지 않았다. 한 종족을 완전히 멸절시키려는 계획을 갖고서도 일말의 죄책감이나 양심의 거리낌이 없었음은 그의 수퍼 에고 기능이 잘 발달되지 않았음을 보여 준다. 이것이 악의 심리를 소유한 사람들의 특징이다. 정신병질(psychopath) 수준이라고 볼 수 있다. 이런 사람의 경우, 일반적 기능을 어느 정도 수행하지만 양심은 거의 발달되지 않아 상대방과 공감할 수 있는 능력이 전혀 없다.

하만은 이미 명예를 얻었지만 그 명예에 만족할 줄 모르는 탐식가였다고 레이드는 지적하였다(Reid 118). 흥미롭게도 왕이 하만에게 이야기할 때 모르드개의 이름도 밝히지 않았을 뿐 아니라 승진(promotion)이라는 용어를 쓰지 않았다고 레이드는 통찰력 있게 파악하였다(Reid 118). 만약 그 단어를 썼더라면 이미 왕 다음으로 최고의 위치에 올라 있었던 하만은 왕의 이야기가 자신과는 관계가 없음을 금세 알아차렸을 것이기 때문이다.

하만이 심중에 한 말은[19] 그가 자기애적 성격의 소유자임을 다시 보여 준다. 자신이 세상의 중심인 줄로 착각하고 있었던 것이다. 그의 제안은 평소에 그가 갖고 있었던 인정의 환상을 구체적으로 표현한 것이다. 왕이 입었던 왕복을 입혀 달라는 것은 그가 왕과 동일시(identification)하는 것이며 이것은 그가 왕이 되고 싶은 마음을 무의식적으로 표현한 상징적인 것이다. 왕이 탔던 말을 타게 해 달라는 것에서도 상징성을 볼 수 있다. 신하들이 말을 가져오고 성중 거리에서 모든 시민들이 보는 도성 수산 대로에서 퍼레이드를 하고 싶다는 것은 그가 인정과 칭찬에 굶주려 있음을 잘 보여 준다. 수많은 사람들로부터의 박수갈채와 부러움, 흠모, 주목을 받고 싶은 하만의 환상이 잘 드러난다.[20] 하만이 제시한 내용은 이미 그가 평소에 환상으로 그리고 있던 모습이었다.[21] 하만에게는 이미 많은 것이 있었지만 그가 가장 원했던 것은 잠정적이기는 하지만 공개적으로 그의 위용을 드러내고 인정받는 것이었다. 그는 동화에 나오는 벌거벗은 임금님과 닮았다.

아하수에로 왕에게 한, "왕의 입으시는 왕복과 왕의 타시는 말과 머리에 쓰시는 왕관을 취하고"(6:8)라는 말은 그의 무의식 속에 왕을 살해할 마음이 있음을 표현하는 것으로 분석할 수 있다. 오이디푸스 신화에서 유래된 오이디푸스 콤플렉스를 그는 극복하지 못한 것으로 보인다. 이것은 그의 초자아 발달이 제대로 되지 못한 것과 연결된다. 페어베언(Fairbairn)의 용어를 빌리자면 그는 리비도 자아(libidinal ego)가 너무 많이 발달된 반면 반리비도 자아(antilibidinal ego)는 거의 발달이 안 되어 있고 더 나아가 중심 자아(central ego)의 힘이 약한 사람이라고 볼 수 있다. 프로이트가 말한 리비도 개념으로 표현하자면 그는 그의 죽음의 본능(thanatos)이 모르드개와 모든 유다 민족을 몰살시키려는 파괴적 에너지로 사용되고 있음을 제대로 인식하지 못했다고 볼 수 있다.

하만은 모르드개가 자신을 무시했을 때 자기애성 성격 장애자가 보여 주는 전형적인 반응을 드러낸다.[22] 자기애성 성격 장애를 가진 사람은 높은 자가 알아줄 때 과대 자기감을 가지며 낮은 자가 알아주지 않을 때 분노한다. NIV 성경은 "he was filled with rage against Mordecai"(5:9; 표준새번역은 "하만은 그만 화가 잔뜩 치밀어 올랐지만")라고 번역하였다.

하만의 유아적이며 비현실적인 사고가 결국 그의 판단을 흐리게 만든 것이다. 그가 느꼈던 상반된 감정이 이성을 마비시켰다. 한편으로는 매우 떠 있고 한편으로는 격심한 분노를 느낌으로써 그의 전두엽(pre-frontal cortex)의 기능이 제대로 작동하지 않았다고 볼 수 있다. 이성의 기능이 줄어듦으로 말미암아 자신의 상황에 대한 기본적이며 육감적일 수 있는 정보들을 놓쳤던 것이다.

하만은 에스더 왕후로부터 자신만 초대된 것을 알고 혼자만 즐거워하기에는 아까워서 그는 친구들(뒤에서는 그의 '조언자들')과 아내를 불러 자랑을 늘어놓는다. 그가 자랑한 것은 이미 아내와 그의 친구들이 수없이 들었을 법한 내용이었다. 자신의 부유함과 자식이 많은 것과 왕이 자신을 높여 준 것과 인정해 준 것에 대해서 녹음테이프 틀듯이 자랑한다. 이 모습에서 그는 인정 욕구가 지나친 사람임을 알 수 있다. 하만은 자기애성 성격 장애에다가 연극성 성격 장애 요소까지 갖추고 있었던 것이다. 병적인 자기애성과 연극성 요소가 있었던 그는 밑 빠진 독에 물을 붓듯이 자랑하고 칭찬 받는 것을 좋아했다. 이런 점은 아하수에로 왕과 매우 닮아 있다. 한마디로 말해서 밥맛이 떨어지는 하만과 같은 성격의 소유자를 제일 높은 위치에 올려놓은 아하수에로 왕의 심리적 수준도 비슷했다.[23] 1장에서 자신의 제국, 그것도 즉위한 지 3년밖에 안 되는 시점에서 혁혁함을 자랑하고 싶어 하는 그의 모습이 하만과 별 다를 바 없다.

재물 자랑, 자식 자랑, 명예 자랑 이런 것들은 주로 아내들의 몫인데 그는 자기 아내에게까지 자랑하는 미성숙함을 보인다. 5:12에서는 더 가관의 모습을 보여 준다. "That's not all"(NIV; 표준새번역은 "그것뿐인 줄 아는가?"). 지금까지 했던 것은 서론적인 자랑이며 늘 해왔던 레퍼토리였던 것이다. 친구들 또는 조언자들도 그와 비슷한 인간들이었을 것이다. 듣고 있노라면 속으로는 구역질이 나고 짜증이 나지만 들어주는 척하면서 출세하려는 인간들이었을 것이다. 마침내 하만은 핵심적인 자랑을 한다. "I'm the only person Queen Esther invited to accompany the king to the banquet"(5:12 NIV; 표준새번역은 "에스더 왕후께서 차린 잔치에 임금님과 함께 초대받은 사람은 나 하나밖에 없다네"). 존경하지 않는 아하수에로 왕에게 인정받는 것뿐 아니라 이제는 정숙하며 칭찬받는 에스더 왕후까지 자신을 인정해서 단독 면담을 주선했다는 것에 그는 너무 들떠 있었던 것이다. 그가 아내에게까지 자랑하는 모습은 마치 학교에서 교장 선생님에게 큰 상을 받아서 엄마에게 자랑하고 싶은 아이를 연상케 한다. 즉 심리적 수준이 어린아이와 같다는 말이다.

75피트(약 25m)나 되는 높은 나무에 모르드개를 매달라고 왕에게 청원하라고 조언하는 모습에서 그 아내의 심리적 수준도 하만과 비슷함을 볼 수 있다.[24] 도성 수산에서 모든 백성들이 다 볼 수 있도록 모르드개를 매달아 수치를 주자는 것은, 반면에 자신들이 도성 수산에서 모든 백성들이 다 볼 수 있도록 높아지고 싶은 마음을 역설적으로 보여 준 것이다. 하만의 아내는 잠언에 나오는 현숙한 여인과는 대조적이다. "입을 열어 지혜를 베풀며 그 혀로 인애의 법을 말하며"(잠 31:26). "그 손의 열매가 그에게로 돌아갈 것이요 그 행한 일을 인하여 성문에서 칭찬을 받으리라"(잠 31:31).

하만은 모르드개를 목매달아 달라는 좋지도 않은 일로 간청하기 위해 왜 하필 그 늦은 시간에 입궐했을까? 하만의 행동은 그의 강박적(obsessive-compulsive)인 요소를 보여 준다. 모드르개를 죽이겠다는 강박 관념에 사로잡혀 25m나 되는 나무를 세우고 밤중에 왕에게 찾아가 재가를 받으려는 강박적 행동을 실행한 것이다. 그는 이 점에서도 아하수에로 왕을 많이 닮아 있다. 아하수에로 왕은 충동적이고 강박적이어서 자신의 생각을 금방 실행에 옮기는 사람이었다. 신중함이 떨어지는 인물이었다. 유다인을 죽이기 위해 십이월까지 약 1년이라는 장기간의 시간을 기다리고 있던 그가 하룻밤을 기다리지 못하고 왕에게 나아간 것은 패배적인 결과를 자초하는 것이었다. 일반적으로 충동성 때문에 일을 그르치는 경우가 많은데 이 경우를 하만에게서 볼 수 있다. 그의 충동적인 행동은 그의 모든 계획이 반전되는데 크게 일조하였다.

모르드개에게 왕복을 입히고 말을 태워 백성들에게 퍼레이드를 하도록 할 때 하만의 심정은 죽을 맛이었을 것이다. 그는 퍼레이드를 마치자마자 왕의 문으로 복귀하는 모르드개와 대조적으로 '비통함에 잠겨 자기 머리를 감싸고'(with his head covered in grief) 집으로 황급히 돌아간다. 그가 이처럼 수치심과 비통함을 느낄 수 있었다는 것은 최소한의 건강한 정신적 기능만 남아 있음을 알 수 있다. 하만이라고 해서 100% 나쁜 인간만은 아니었다는 말이다. 그에게는 제2인자의 위치에 오를 만큼 나름대로의 실력이 있었을 것이고 장점이 있었을 것이다.

5:10에서 하만은 그 자리에서 분노를 표현하지 않고 절제하고 자기 집으로 간다. 분명히 자신의 지위로 볼 때 모르드개에게 따지며 야단칠 수 있을 텐데 그는 그 상황을 직면할 만한 심리적 성숙이 없었다. 혹시라도 공개적으로 수치나 무안을 당할 수 있는 상황이 벌어지는 것을 회피하고 싶었던 것이다. 그런 그의 모습은 수동 공격성 성격 장애적 요소를 암시한다.

욕심이 잉태하여 죄를 낳고 죄가 장성하여 사망에 이르는 과정을 하만이 걷는다. 결국 하만은 왕의 명령 앞에서 한마디 아무런 항변조차 하지 못했던 와스디 왕후, 그리고 하만이 죽이려고 했던 유다인들의 모습과 동일하게 그 역시 항변조차 하지 못하고 제거된다.[25]

보이지 않는 등장인물: 하나님

에스더서를 읽으면 마치 텔레비전 드라마에서 우연의 연속으로 이야기를 전개하는 것과 비슷하게 사건 사건들이 기가 막힐 정도로 동시에 일어나는 것(coincidence)을 알게 된다. 이런 동시성 사건 배후에는 보이지 않는 하나님의 섭리가 있음을 믿음의 눈으로 볼 수 있다. 즉 아하수에로 왕의 수면까지 간섭하시는 하나님의 손길을 볼 수 있다. 아하수에로 왕은 성격상 잠을 못 자는 스타일이 아니다. 에니어그램에서 건강치 못한 9번은 오히려 잠이 많은 것이 특징이다. 그런 그가 술을 마시고 파티를 하고 잠을 잘 이루지 못했다는 것은 정상적이지 않다. 평소에 생각이 깊은 사람도 아니고 금세 갈등도

잊고 회피하는 사람인데 그날 밤 하필이면 잠을 이루지 못했다는 것은 하나님의 간섭하심이라고 밖에는 설명할 길이 없다.

바로 왕이 꿈을 꾸고 번민함으로 요셉이 등장하고, 느부갓네살 왕이 꿈꾼 후에 번민하여 다니엘이 등장하듯이, 아하수에로 왕이 잠을 이루지 못함으로 인하여 모르드개가 등장하게 된 것은 평행 과정이다. 인간의 마음 세계를 주관하시는 하나님이 역사의 물줄기를 바꾸신다는 사실을 이와 같은 역사적 사건들을 통해서 확인할 수 있다.

역대 일기, 특히 최근의 일기를 가져오게 해서 읽게 한 왕의 행동이 의미하는 바는 무엇일까? 아마도 자신의 치적을 스스로 확인하고 싶은 자기애적 욕구에 기인한 것은 아니었을까? 하나님께서는 그의 이러한 심리적 이슈를 이용하여 무의식화되었던 모르드개를 인식시키셨다고 볼 수 있다. 마치 에스더가 하만의 심리적 이슈를 활용하여 왕이 인식하지 못하고 있던 하만의 정체를 의식화시켰던 것처럼 말이다.

하만의 눈이 가려져 있었다는 것은 하나님의 역사였다. 왕의 제2인자의 지위에 있는 실력자로서 비밀 정보원들을 동원해서 에스더가 접촉한 사람들을 뒷조사할 수도 있었을 텐데 그런 생각조차 하지 않은 것은 하나님이 하만의 마음을 주장하셨기 때문이었다. 그는 다른 가능성에 대해서는 생각해 보지 않았고 장밋빛만 보았던 것이다.

왕이 세 번이나 에스더에게 '청이 무엇이냐? 나라의 절반이라도 주겠노라'고 약속한 것에는 그의 마음에 호기심과 간절함이 생겨났기 때문이다. 바로의 마음을 강퍅하게 하시던 하나님이 아하수에로 왕의 마음에 간절함과 긍휼심을 일으키셨던 것이다. 보이지 않는 하나님은 아하수에로 왕의 성격의 연약한 부분을 사용하여 에스더가 하만의 머리를 발로 밟게 하시고 꼼짝 못하고 죽임을 당하게끔 하셨던 것이다.

서한이 봉인된 것은 닛산월 십삼 일(즉 유월절 전날)이었다고 레이드는 말하였다(Reid 95). 유다인들이 그들의 해방을 기뻐하며 기념하는 유월절 전날에 그들의 생존이 위협받는 서한이 마련되고 있었다는 아이러니를 레이드는 지적한다(Reid 95). 동시에 보이지 않는 하나님의 손길이 그들을 다시금 구원하실 것을 암시한다고 볼 수 있다.

맺는 말

에스더서에서는 잔치(banquet)의 은유(metaphor)가 두드러진다. 와스디 왕후에게 잔치는 폐위와 수치의 장소였으며, 신약의 세례 요한에게 헤롯 왕의 잔치는 목 베임이란 억울함과 처참함의 장소였다. 그리고 하만에게 잔치는 자신이 놓은 그물에 걸리는 장소였다. 이 잔치는 모두 즐거움이 슬픔, 죽음, 베옷의 경험으로 바뀌는 것이었다. 반면 모르드개의 베옷 경험은 즐거움의 잔치로 이어지는 부림절 경험이 되었으며 에스더의 잔치는 금식과 죽음에서 축하와 부활의 반전이 이루어지는 기회의 장소였다.

만약 모르드개가 미리 치하나 시상을 받았더라면 역사의 이야기는 달라졌을 것이다. 당장에는 인정받지 못하고 억울하게 느껴지는 일이 있더라도 그것이 결국에는 더 큰 유익으로 다가오는 기회를 제공한다는 사실을 기억할 때 성도들은 어떤 환경에서도 용기를 얻을 수 있다.

결과적으로 애국자 두 사람의 삶이 전체를 변화시키는 결과를 가져왔다. 소금과 빛의 역할을 감당한 모르드개와 에스더는 그들에게 주어진 행사력(agential power)을 최대한 발휘한 지도자들이었다. 말째 지파인 베냐민 지파이자 한때는 몰살될 뻔했던 소수 지파가 전체 지파를 살리는 역할을 감당하는 역설이 드러난다(참고 삿 20, 21장).

에스더나 모르드개 모두 위기 상황 속에서 창의성이 줄어들거나(discounted) 마비되거나(paralyzed) 무의식화되지 않고(underground) 울며 금식하며 창의적인 전략을 통해 위기를 극복하는 지혜를 보여 주었다. 더 나아가 그들은 부림절이라는 새로운 절기를 만들어 내며 의미 있는 의식(ritual)을 창출하는 창의성을 나타낸 위대한 신앙의 인물들이었다.

03

부림절의
역사적 배경과 의의

그리스도인들에게 있어서 부림절의 의미는 그리 명백해 보이지 않는다. 부림절이 비록 성경에서 유래하고 역사적으로 유다인들이 지켜온 절기이기는 하지만, 신약 시대를 사는 그리스도인들이 부림절의 어떠한 부분을 받아들이고 어떠한 부분을 무시해도 좋은지에 대한 지침이 명백하게 제시되지 않았다.

부림절이 구약의 경전으로 인정되는 에스더서에 나타나는 절기이기에 다른 구약성경을 해석할 때와 같은 방법으로 에스더서를 해석해야 할 것이다. 그리스도인의 정체성을 가지고 어디까지가 유다인들이 지키는 것과 연속성이 있는지, 어디까지가 불연속이 있는지를 좀 더 연구할 필요가 있다. 이 글은 그리스도인의 입장에서 부림절을 어떻게 지켜야 할지를 연구하려고 한다.

에스더서에 나타난 부림절의 기원

부림절의 기원을 이해하기 위해 부림절의 형성이라는 관점에서 에스더서를 살펴보기로 하자. 여기에서 주목할 것은 최초의 부림절에 일어난 사건과, 부림절을 통하여 기념하기로 한 공동체의 의도의 차이를 이해하는 것이다.

1. 이방 땅에 사는 유다인 디아스포라(1~2장)

부림절을 설명하기 전에 우리는 에스더서의 배경으로 주어진 유다인 디아스포라의 역사적 상황에 주목할 필요가 있다. 에스더서에 등장하는 유다인 디아스포라들은 가나안 땅에서 다윗 왕의 통치 아래 살며 편안하게 신앙을 고백하는 그러한 자리에 있는 자들이 아니었다. 에스더가 살던 곳은 페르시아였는데 어떻게 이들이 가나안 땅이 아니라 페르시아 땅에 거하게 되었는가? 유다 백성들은 유다가 멸망한 후에 바빌론에 포로로 끌려가서 살았는데, 바빌론이 페르시아에 멸망하자 예루살렘으로 돌아왔다. 그런데 모든 사람들이 다 돌아온 것이 아니고 일부는 그대로 페르시아 제국에서 살게 되었다.

'디아스포라'라는 말은 고향 땅에 살지 못하고 흩어져 사는 사람들을 말하는데, 피치 못할 사정으로 돌아오지 못한 자들이 페르시아에서 디아스포라로 살게 된다. 그런데 그들이 그 땅에서 디아스포라로 살기로 결심할 때 우선적으로 직면하게 되는 문제는 그들을 다스리는 이방 왕을 하나님이 허락하신 자로 받아들여야 하는 것이다. 하나님은 페르시아 왕들에게 이스라엘 사람들을 다스리는 권위를 부여하였다. 이처럼 이방 땅에 사는 사람들은 두 가지 힘을 전제하고 살아야 한다. 하나는 이방 왕의 권위를 하나님이 부여하셨다는 것과, 다른 한편으로는 그 이방 왕의 권위가 우리들의 신앙의 정체성을 위협할 때 거기에 맞서야 하는 것이다. 하나님을 주인으로 섬기는 신앙인들은 세상의 질서를 따라 살지만 동시에 신앙을 위협하는 힘과 싸워 하나님을 주인으로 고백하고 모셔야 한다.

그런데 에스더서에서 사실상 왕은 유다인을 위협하는 존재로 나타나지 않고, 에스더와 유다 민족에게 호의적이다. 유다인들에게 위협이 되는 존재는 왕의 신하들로서, 유다인들을 위협하고 트집을 잡음으로 신앙의 본질적인 것을 위협하는 상황을 초래하게 된다.

성경은 부림절을 기념하기 전에 유다인 디아스포라에게 발생하는 위기의 배경을 다음과 같이 설명한다. 페르시아 왕 아하수에로가 즉위하고 잔치를 베푼 후에 왕후 와스디의 용모가 좋으므로 "왕후 와스디를 청하여 왕후의 면류관을 정제하고 왕 앞으로 나아오게 하여 그 아리따움을 뭇 백성과 방백들에게 보이게 하라"(1:11)고 한다. 그러나 아하수에로 왕궁에서 여인들을 위하여 잔치를 베풀고 있던 왕후 와스디는 술 취한 남자들의 모임에 나가기를 싫어하여 내시가 전하는 왕명을 거절한다. 왕은 이에 진노하여 규례와 법도를 아는 자들을 불렀는데, "아하수에로 왕이 명하여 왕후 와스디를 청하여도 오지 아니하였다 하는 왕후의 행위의 소문이 모든 부녀에게 전파되면 저희도 그 남편을 멸시할 것인즉"(1:17)이라는 조언을 듣게 된다. 결국 왕은 제국의 모든 여인들이 그들의 남편을 존경하게 하기 위하여 조서를 내려, 남편이 자기의 집을 주관하게 하고 자기 민족의 언어로 말하게 하라고 명하고 왕후 와스디를 폐위시킨다. 왕후를 폐위 시킨 후에는 이제 와스디보다 나은 왕후를 찾기 위하여 전국에서 아리따운 처녀들을 모으는데, 이때 등장하는 여인이 바로 에스더이다.

에스더는 유다인 디아스포라의 위기로 인하여 전면에 등장하기까지 모르드개의 후광에 가려져 있었다. 모르드개의 삼촌의 딸로서, 모르드개가 자기 딸같이 양육하던 에스더는 왕궁으로 이끌려 마침내 와스디를 대신하여 왕후에 임명된다. 디아스포라의 위기가 발생하기 전에 에스더는 자신의 종족과 민족을 말하지 않은 채 왕후가 되고, 모르드개는 대궐 문에 앉았을 때에 문을 지키던 내시 두 사람이 왕을 해하려는 음모를 꾸미는 것을 듣고 에스더 왕후에게 알림으로 왕이 위기로부터 구출되는 도움을 주게 된다. 이 장면은 후에 위기를 해결하는 결정적인 계기가 되는데, 유다인 디아스포라들에게는 하나님을 사랑하고 왕과 제국을 위하여 충성스럽게 사는 원칙이 있음을 암시한다. 위기는 유다인들의 불순종이 아니라, 제국을 위하여 충성하는 유다인들을 시기하는 음모에 있었다.

2. 유다인 디아스포라의 위기: 모르드개와 하만(3:1~4:3)

에스더는 개인적으로 왕후가 되는 기쁨을 누리면서 자신의 종족과 민족을 알리지 않았기에 민족의 위기와는 무관하게 살 수 있었다. 하지만 그녀가 유다인의 한 사람으로서 그 정체성을 유지하기로 결심한다면 민족이 겪는 고난을 함께 질 수밖에 없다.

여기서 위기의 원인은 과연 무엇인가? 정월 초에 하만을 비롯한 사람들이 모르드개를 비롯한 유다인들을 멸하기로 하고 그 날짜를 제비 뽑았는데, 오늘날로 말하면 열두 번째 달인 아달월로 잡았다. 유다인들을 멸하기로 결심한 주동자는 하만인데, 그는 아각 사람으로서 아하수에로 시대에 모든 대신들 위에 있는 높은 자리에 오르게 되었다. 그는 그렇게 높은 자리에 오르니 교만해져서 모든 사람들이 자신에게 절하기를 요청하였고, 모든 사람이 절하였다. 그러나 모르드개는 하만 앞에서 꿇지도 않고 절하지도 않으니 이 것이 하만의 비위에 거슬린 것이다.

과연 모르드개가 왜 하만에게 절하지 않았을까? 단지 하만이 밉상스러워서 그랬을까? 아니면 자존심이 상해서 그랬을까? 여기에서는 잘 묘사하고 있지 않지만, 이 행동은 다니엘이 신상에 절하라는 느부갓네살 왕의 요구에 따르지 않고 저항한 것(단 3:18)과 맥을 같이한다고 볼 수 있다. 유다인들이 포로로 끌려와서 이방 땅에서 살면서 중요하게 여기는 원칙은 곧 신앙적인 것 외에 트집을 잡히지 말자는 것이다. 게으르기 때문에 욕을 먹고 능력이 없어서 욕을 먹는 것은 죄라고 여기고, 그 나라를 위하여 왕을 위하여 열심히 사는 것이었다. 그들의 목표는 누가 보더라도 부끄럽지 않게 살아서 하나님의 영광을 드러내는 것이다. 그들에게 문제가 있다면 그것은 신앙 때문이다. 신앙 때문에 핍박을 받는다면 얼마든지 환영이다. 모르드개가 인간인 하만에게 절하지 않은 이유는 하나님 외에는 그 누구에게도 굽히지 않고 절하지 않는다는 신앙적인 이유 때문이다.

이러한 신앙적인 특징은 단지 모르드개만이 아니라 모든 유다인들의 특징이었다. 모르드개만이 아니라 디아스포라로 사는 모든 유다인들은 하만에게 절하는 것을 신앙적으로 용납하지 않았다. 디아스포라는 그 나라를 위하여 열심히 일해도 신앙적인 것으로 인하여 공격을 받는다. 유다인들의 대적자들은 다니엘이 매일 기도한다고 트집을 잡고 모르드개가 절하지 않는다고 트집을 잡는데, 이러한 신앙적 위기는 당시 모든 유다인들이 공통적으로 겪는 것이었다.

하만은 이러한 자세를 괘씸하게 여기고 그것으로 인하여 모르드개를 비롯한 모든 유다인들을 죽이기로 결심하였다. 이제 모든 유다인들을 멸하려는 음모가 진행되고, 조서가 전국적으로 선포되었다. 페르시아 전국의 관료들이 유다인들을 죽일 날짜를 정하고 계획 실행에 들어감으로 상황이 급박하게 돌아가고 있다.

3. 유다인 디아스포라의 결단: 모르드개와 에스더(4:4~5:8)

이 위기를 극복하기 위한 모르드개의 지도력이 눈에 뜨인다. 사실 여기서 주인공은 '죽으면 죽으리라'고 고백한 에스더지만 그 신앙을 격려하고 고취한 사람은 숨은 주인공인 모르드개이다. 모르드개의 중재가 없었다면 에스더가 이러한 자리에 서지 못했을 것이다.

모르드개는 대궐 문에 앉았다고 해서 단지 수위 정도의 위치가 아니라 제국 행정의 중요한 역할을 하던 사람이었다. 2장에 보면 모르드개는 페르시아 사회에서 문지기의 직책을 가지고 아하수에로 왕을 해하려는 사람들을 왕에게 알려 위기를 극복하게 할 정도로 제국의 왕을 위하여 최선을 다했다. 그는 고국으로 돌아가지 않고 페르시아 땅을 하나님이 주신 땅으로 알고 살아가기로 결심하고, 왕을 위해 생명을 바쳐서 살았음에도 불구하고 이렇게 어려움을 당하게 되었다.

그는 이 싸움을 개인의 싸움이 아니라 하나님의 싸움으로 알고 투쟁한다. 모르드개는 유다인들의 사령관으로서 이 싸움을 어떻게 싸워야 하는지를 알았다. 모르드개는 바로 이날을 위해서 하나님이 에스더를 준비하신 것을 알았다. 하만보다 높은 것은 왕이고 왕을 움직일 수 있는 사람은 에스더 왕후뿐이기 때문이다. 그러나 상황이 그리 만만하지는 않았다. 모르드개가 에스더를 길렀지만 지금은 마음대로 할 수 없기 때문이다.

유다인을 멸할 날짜를 잡았는데, 다행히도 정월에 날짜를 정했다면 십이월 정도 집행이 이루어지기 때문에 그때까지 시간이 남아 있었다. 모르드개는 자기의 옷을 찢고 굵은 베옷을 입고 재를 뒤집어쓰고 소식을 접한 모든 유다인들과 함께 대궐 문 앞까지 나아가서 통곡을 한다. 이 광경에 놀란 사람은 에스더 왕후이다. 그녀는 모르드개의 행동이 궁금해서 사람을 보내어 모르드개에게 묻는다(4:5). 모르드개는 상황을 상세하게 설명하면서 왕에게 부탁하라고 간청한다.

오늘날같이 일부일처 제도도 아니고 이전 왕후가 왕에게 잘못 보여서 폐위된 것을 생각해 본다면, 왕후가 왕에게 부탁하는 것은 죽음을 각오해야 하는 것이다. 에스더는 그것이 전혀 불가능하다고 생각한 반면, 모르드개는 그것이 가능하며 죽음 앞에서 마지막 남은 생명줄이라고 생각하였다. 에스더는 현장에서 어떻게 상황이 급박하게 돌아가는지 알지 못하고 모르드개의 말에 대하여 다음과 같이 대답한다. "왕의 신복과 왕의 각 도 백성이 다 알거니와 무론 남녀하고 부름을 받지 아니하고 안뜰에 들어가서 왕에게 나아가면 오직 죽이는 법이요 왕이 그 자에게 금 홀을 내어 밀어야 살 것이라 이제 내가 부름을 입어 왕에게 나아가지 못한 지가 이미 삼십 일이라 하라"(4:11).

에스더의 이 말은 인간적으로 판단할 때 자연스러운 말이다. 왕에게 나아가려다가 죽임을 당할 수 있다는 것은 모든 백성들도 이미 알고 있는 법규이다. 그 순간 왕이 받아 주지 않으면 죽는데 누가 왕의 마음을 움직일 것인가? 누가 에스더를 맞이하는 왕의 마음을 움직일 수 있겠는가? 누가 생각해 보아도 에스더의 능력을 벗어나는 일로 여겨질 뿐이다. 에스더는 불가능하다고 했지만, 모르드개는 가능하다고 말하면서 하나님이 이루실 일이 무엇인지 알고 그 일을 위해 마지막까지 준비해야 한다고 한다. 모르드개는 이것을 영적인 전쟁이요 신앙으로 극복할 일이라고 하면서 에스더의 결단을 촉구한다.

이제 모르드개의 그늘에 있던 에스더가 전면에 나서는 시기가 된 것이다. 에스더는 자신이 평범한 사람인 줄 알았는데, 민족이 위기를 당할 때 큰일을 해야 하는 위치에 서서 이제 자신의 민족을 죽이려는 음모와 싸우는 전면에 있음을 알게 된다. 에스더가 결심하기까지 역사의 주인공인 에스더의 마음을 움직인 사람은 모르드개였다. 에스더의 마음을 움직여서 결단에 이르게 하는 역할을 맡은 모르드개는 다음과 같이 말한다. "너는 왕궁에 있으니 모든 유다인 중에 홀로 면하리라 생각지 말라 이때에 네가 만일 잠잠하여 말이 없으면 유다인은 다른 데로 말미암아 놓임과 구원을 얻으려니와 너와 네 아비 집은 멸망하리라 네가 왕후의 위를 얻은 것이 이때를 위함이 아닌지 누가 아느냐"(4:13~14).

모르드개의 말은 에스더의 마음을 정면으로 찌르며 도전하는 말이다. 하나님의 길을 따르는 것은 운명적이고 삶의 일부이기에, 백성들의 운명을 위하여 하나님은 지도자를 사용하신다. 백성이 살아야 지도자도 살 수 있다. 그런데 더 도전적인 것은 모르드개가 에스더에게 제발 해 달라고 부탁하는 것이 아니라 이렇게 말하는 것이다. '네 마음대로 할 수 있다. 그러나 네가 이 일을 할 수도 있고 하지 않을 수도 있는 것이 아니다. 이 일을 하지 않는다면 너와 네 아비의 집은 망할 것이다. 죽음을 걸지 않으면 할 수 없는 일이니, 네가 그 일을 하지 않으면 유다인의 구원이 잠시 지체될 수도 있다. 하지만 하나님은 다른 방법으로 그 일을 하셔서 결국 유다인의 구원 계획 자체가 포기되지는 않는다.' 왕후가 거부하면 그녀를 통하지 않고 구원은 이루어지지만, 하나님이 마음을 주시고 준비하기를 원하신 당사자는 멸망에 이른다는 것이다. 에스더가 그 일을 맡는 것은 힘든 일이고 수고해야 하는 일이지만,

그녀에게는 영광된 일인 것이다. 모르드개의 지도력은 사람들로 하여금 하나님의 일에 참여함으로 자신들이 행복해지는 길을 보여 준다.

이제 에스더의 결단이 나온다. "당신은 가서 수산에 있는 유다인을 다 모으고 나를 위하여 금식하되 밤낮 삼 일을 먹지도 말고 마시지도 마소서 나도 나의 시녀로 더불어 이렇게 금식한 후에 규례를 어기고 왕에게 나아가리니 죽으면 죽으리이다"(4:16).

얼마나 상황이 급박하기에 에스더가 금식을 선포할까? 그들이 금식하는 이유는 한 가지인데, 바로 에스더를 위해서이다. 에스더를 위하여 삼 일을 금식하되, 백성들만 금식하는 것이 아니라 에스더 자신도 시녀와 더불어 금식한다. 본인을 포함하여 모든 유다인들이 함께 금식하는데, 이들이 금식하는 것은 한순간을 위해서이다. 민족의 위기는 에스더가 왕 곁에 나아갔을 때에 왕이 에스더를 반갑게 맞이하느냐 아니면 죽이느냐에 달려 있는 것이다. 그래서 그 순간을 위하여 금식한다.

에스더는 그렇게 준비된 후에 규례를 어기고 왕에게 나아간다. 왕의 마음을 바꾸어 놓을 하나님의 기적을 기대하면서 나아간다. 그 순간은 아무도 예측할 수 없다. 그 순간은 나와 민족의 운명을 하나님께 맡기고 하나님이 죽게 내버려두면 그대로 감수하겠다고 결심하는 순간이다. '내가 결심하고 나아가면 당연히 하나님이 도와주시겠지'라는 믿음이 있다 할지라도, 그 믿음이란 하나님의 은혜를 기다리는 것이지 하나님께 명령하는 것은 아니다. 하나님은 이미 유다인의 구원이라는 기적을 위하여 에스더의 순종을 기다리신다. 4장 이후에 나타나는 기적의 비밀은 바로 에스더의 결단으로부터 시작된다.

4. 하만의 죽음과 새로운 조서의 반포(7~8장)

4장 이후의 상황은 일사천리로 진행된다. 왕은 왕에게 허락받지 않고 자신을 찾아온 에스더 왕후를 사랑하여 금 홀을 내밀어 그녀를 받아들인다. 왕은 에스더의 요청을 받아들여 하만과 함께 에스더가 베푼 잔치에 참여한다.

하만은 상황을 잘못 파악하고 모르드개가 달릴 나무를 준비한다. 왕은 모르드개의 행적을 기억하고, 하만에게 자문을 구하여 모르드개를 어떻게 할 것인가에 대한 응답을 받는다. 에스더가 두 번째 베푼 잔치에서 에스더는 분위기가 무르익었다고 생각하고 말한다. "왕이여 내가 만일 왕의 목전에서 은혜를 입었으며 왕이 선히 여기시거든 내 소청대로 내 생명을 내게 주시고 내 요구대로 내 민족을 내게 주소서 나와 내 민족이 팔려서 죽임과 도륙함과 진멸함을 당하게 되었나이다 만일 우리가 노비로 팔렸더면 내가 잠잠하였으리이다 그래도 대적이 왕의 손해를 보충하지 못하였으리이다"(7:3~4). 에스더는 이어서 이와 같이 악한 자가 바로 하만임을 왕에게 말한다.

왕이 모든 사태를 파악한 후에는 유다인들에게 유리하게 상황이 바뀐다. 왕은 하만이 모르드개를 달고자 했던 그 나무에 하만을 달았다. 다음 단계는 하만이 각 지방에 있는 유다인들을 진멸하려고 꾀하여 쓴 조서를 철회하는 것이다. 그렇다면 후에 부림절로 지키는 아달월 십삼 일과 십사 일에는 어떠한 일이 벌어진 것인가? 하만이 처음에 유다인을 죽이라는 조서를 내릴 때 이 조서는 첫째 달 십삼 일에 작성되었다. 하만의 명령을 따라 아하수에로 왕의 이름으로 조서가 보내졌는데 집행될 내용은 다음과 같은 것이었다. "이에 그 조서를 역졸에게 부쳐 왕의 각 도에 보내니 십이월 곧 아달월 십삼 일 하루 동안에 모든 유다인을 노소나 어린아이나 부녀를 무론하고 죽이고 도륙하고 진멸하고 또 그 재산을 탈취하라 하였고 이 명령을 각 도에 전하기 위하여 조서의 초본을 모든 민족에게 선포하여 그날을 위하여 준비하게 하라 하였더라"(3:13~14). 조서가 집행되는 날이 바로 아달월 십삼 일이고 이때 모든 유다인들을 죽이고 그 재산을 탈취하라는 명령이 내려졌는데, 이제는 상황이 역전되어 에스더 왕후가 일차적으로 하만과 그 아들들을 제거하고 하만의 권한이 모르드개에게 넘겨졌다. 그러나 유다 민족을 살육하라는 조서는 취소되지 않았기에 에스더는 다시금 왕 앞에서 이 조서를 철회하게 해 달라고 부탁한다. "왕이 이 일을 선히 여기시며 나를 기쁘게 보실진대 조서를 내리사 아각 사람 함므다다의 아들 하만이 왕의 각 도에 있는 유다인을 멸하려고 꾀하고 쓴 조서를 취소하소서"(8:5).

그러나 왕의 조서는 간단히 철회할 수 있는 것이 아니었다(8:8). 왕이 부주의하게 자기 이름으로 유다인 학살을 허락하였기에 이것을 막을 수 있는 유일한 가능성은 새 조서를 발효하여 그 내용으로 앞서 공포한 조서의 효력을 없애는 것이다. 그리하여 처음 조서를 실행하려는 세력과 새로운 조서를 실행하려는 세력 간의 싸움이 예상된다. 모호하게 들리는 아하수에로 왕의 말을(8:8) 이러한 맥락에서 읽어야 한다. "아하수에로 왕이 왕후 에스더와 유다인 모르드개에게 이르되 하만이 유다인을 살해하려 하므로 나무에 달렸고 내가 그 집으로 에스더에게 주었으니 너희는 왕의 명의로 유다인에게(유다인을 위하여, 또는 유다인에 관한) 조서를 뜻대로 쓰고 왕의 반지로 인을 칠지어다 왕의 이름을 쓰고 왕의 반지로 인친 조서는 누구든지 취소할 수 없음이니라"(8:7~8). 왕은 처음 조서의 문제점을 알지만 그것을 마음대로 철회할 수 없음을 알고, 모르드개와 에스더에게 전권을 부여하여 처음 조서를 무효화할 수 있는 조서를 쓰도록 허락하고 있는 것이다.

왕이 새로운 조서 발행을 허락한 후에 모르드개가 권한을 위임받아 새로운 조서를 쓰고 전국에 반포한다. 삼월 이십삼 일에 왕의 서기관이 소집되어 모르드개가 시키는 대로 조서를 써서 127지방에 각 민족의 언어로 왕의 명의로 쓰고 왕의 반지로 인을 침으로 조서의 권위를 확실히 한다. 조서에 담긴 내용(8:11)은 다음과 같다.

(1) 이 권한은 여러 고을에 있는 유다인들에게 허락하는 것이다.
(2) 함께 모여서 생명을 보호하는 자위권을 허락한다.
(3) 자기들을 공격하는 자들과 그들의 처자를 죽이고 도륙하고 진멸하고 재산을 탈취하도록 허락한다.
(4) 이 조서는 처음 조서를 실시하기로 한 아달월 십삼 일 하루에만 실행하도록 허락한다.

8:13은 조서의 내용이라기보다 조서가 유다인들에게 어떠한 의미가 있는지를 다시 설명해 주고 있다. 이미 이전 조서에 따라 아달월 십삼 일에 유다인을 멸하려는 무리가 있었을 것이다. 이 조서 초본을 각 지방, 각 민족에게 반포하였을 때 어떤 효과가 있었을까? 새로운 조서로 인하여 유다인들을 살육하라는 명령이 무효화되었다고 처음 조서를 실행하지 않는 자들이 있는가 하면, 새로운 조서를 무시하고 처음 조서에 따라 유다인들을 죽이려고 준비하는 자들도 있었을 것이다. 이것을 막기 위하여 새로운 조서를 반포하였으므로 이전의 조서가 무효화되어야 하는데 그렇지 못했다. 당대에 유다인들에게 주어진 기회란 처음 조서에 따라 유다인들을 살육하려는 사람들에게 대항하고, 새로운 조서의 권위에 따라 자위권을 행사할 뿐 아니라, 공격을 행사하여 위기를 극복할 수 있는 것이다. 그래서 에스더서의 저자는 새로운 조서의 목적을 "유다인으로 예비하였다가 그날에 대적에게 원수를 갚게 한지라"(8:13)고 말하고 있다. 아직 아달월 십삼 일, 결전의 날은 임하지 않았다. 유다인들은 삼월 이십삼 일부터 십이월 십삼 일까지 전국에 걸쳐서 위기를 극복할 준비를 하였다. 이러한 위기를 극복하는 조서가 발표된 효과는 무엇인가? 하만이 꿈꾸었던 지위를 모르드개가 차지하고, 위기를 준비하는 유다인들에게 영광과 즐거움과 기쁨과 존귀함이 있었다(8:17). 그리고 그날을 명절로 삼고, 본토 백성이 유다인을 두려워하여 유다인이 되기도 하였다.

5. 유다인 디아스포라의 구원(9:1~16)

유다인들을 살육하도록 허락하였지만 다시 유다인들에게 저항과 공격권을 부여한 아달월 십삼 일에 어떠한 일이 벌어졌는지를 보여 준다. 이날은 왕의 어명을 시행하게 된 날이다. 이날은 역전된 날로써 유다인의 적들이 유다인들을 제거하기를 원했지만, 유다인들이 도리어 자신들을 미워하는 자들을 합법적으로 제거하게 된 날이었다. 이날은 이미 8장에서 반포된 조서에 따라 유다인들이 자위권을 행사할 뿐 아니라 자신들을 죽이려는 자들을 공격할 수 있는 권위를 부여받은 날이다. 9장은 이 조서에 따라 유다인들이 어떻게 행하는지를 보여 주고 있다. 실제적인 묘사는 단순한 방어에 머무는 것이 아니라, 자신들을 도륙하는 자들을 향하여 공격하고 있는 것이다. "유다인들이 아하수에로 왕의 각 도, 각 읍에 모여 자기를 해하고자 하는 자를 죽이려 하니"(9:2). "유다인이 칼로 그 모든 대적을 쳐서 도륙하고 진멸하고 자기를 미워하는 자에게 마음대로 행하고"(9:5). 조서가 발효되는 아달월 십삼 일에 유다인들이 방어와 공격을 수행하게 된 후에 왕이 에스더에게 또 다른 요구를 들어주겠다고 하였다. 이때 에스더는 수산에서 하루 더 조서를 발효하기를 간청하여 하만의 열 아들의 시체를 나무에 매달고 자신들의 대적들을 도륙했고, 유다인들은 위기에서 완전히 벗어나게 된다.

6. 부림절의 제정(9:17~10장)

아달월 십삼 일과 십사 일에 유다인들이 위기에서 구원 받은 후에 어떻게 부림절이 제정되었는지를 밝히고 있다. 유다인들이 어떻게 위기로부터 구원을 받았는지를 설명하는 과정에서 과거를 회고하고 있다. 수산 이외의 지역 시골 곧 성이 없는 고을에서는 아달월 십삼 일에 그 일을 행하고 십사 일을 명절로 삼아 잔치를 베풀었다. 성이 있는 수산 지역에서는 십삼 일과 십사 일에 그 일을 행하고 십오 일에 쉬면서 잔치를 베풀고 즐기면서 서로 예물을 주었다.

유다인의 지도자인 모르드개는 이 일을 기념하여 부림절을 어떤 의도로 제정하는지를 설명하고 있다. 후대에 대대로 지켜지는 부림절의 의미를 이해하기 위해서는 바로 처음 제정된 그 정신을 잘 이해해야 한다. 모르드개가 부림절을 제정한 규정은 다음과 같다.

(1) 해마다 아달월 십삼 일과 십사 일을 절기로 삼아라.

(2) 이날을 절기로 지키는 이유는 "이달 이날에 유다인이 대적에게서 벗어나서 평안함을 얻어 슬픔이 변하여 기쁨이 되고 애통이 변하여 길한 날이 되었"(9:22상)기 때문이다.

(3) 이 절기에 해야 할 일은 "이 두 날을 지켜 잔치를 베풀고 즐기며 서로 예물을 주며 가난한 자를 구제하"(9:22하)는 것이다. 주목할 것은 모르드개가 기념하려는 것이 실제 일어났던 사건들의 내용과 차이가 있다는 점이다. 실제 처음 부림절에 일어난 일은 민족적인 죽음의 위기로부터 구출될 뿐 아니라 대적자들을 처단함으로 원수를 갚는 일이었다. 그러나 모르드개가 기념하려는 것은 대적자들을 살해하는 군사적 승리에 대한 축하가 아니라 죽음의 위기로부터 구출된 기쁨이다. 대적자들로 인하여 죽을 수밖에 없었지만 구원을 얻음으로 슬픔이 기쁨이 되고, 애통이 길한 날이 되었음을 기념하는 것이다. 그리고 부림절을 기념하는 자들이 해야 할 일은 잔치를 베풀어 구원받았음을 즐거워하며, 서로 예물을 주고, 가난한 자를 구제하는 것이다.

이어서 부림절의 기원에 관한 또 다른 전승을 전하고 있다. 유다인들은 모르드개가 규정을 정하기 전에 절기 기념을 시작하였고, 또한 모르드개가 보낸 글에 따라 어떤 의도를 가지고 부림절을 지켰는지를 설명한다. 이 설명은 모르드개의 글보다는 더 자세하게 처음 부림절에 어떠한 일이 일어났는지를 보여 준다. (1) 처음에 어떻게 유다인들이 위기에 봉착하였는지를 설명한다. 하만이 유다인을 진멸하기 위하여 '제비'(פּוּר푸르)를 뽑아 유다인들을 죽이고 멸할 날짜를 아달월 십삼 일로 잡았다. (2) 위기 가운데 에스더가 왕 앞에 나아가서 처음 조서를 무효화하는 새로운 조서를 내려 유다인을 해하려던 악한 꾀를 하만의 머리에 돌린 결과 유다인들이 죽는 것이 아니라 그들을 해하려던 하만과 그 아들들이 나무에 달려 죽게 되었다. (3) 유다인들이 위기 가운데 구원 받은 것을 기념하는 두 날을 '부르'라고 이름을 붙인다. 이 이름에는 유다인들을 진멸할 날짜를 선택했던 악몽 같은 기억을 떠올리면서 그 위기로부터 구원 받은 날을 기념하는 것이다. 그런데 '부림'이라는 절기를 선택한 이유는 모르드개가 보낸 글과 유다인들이 직접 보고 당한 것, 두 가지이다. 즉 그들의 신앙 영웅인 모르드개가 전한 전승만이 아니라 공동체인 유다인들이 함께 경험한 사실에 대한 신앙 고백에 근거하여 부림절이 제정된 것이다. (4) 이제 이렇게 제정된 부림절을 어떻게 지키게 되었는가? 이 절기를 지키는 대상은 이 사건을 직접 경험한 당대의 유다인들, 그리고 그 유다인들의 자손들, 또한 유다인으로 귀화한 자들(자기들과 화합한 자들)이다. 그들이 이 절기를 지키는 방법은 해마다 정해 놓은 두 날을 이어서 지키고 폐하지 않는 것이다. 이 절기는 또한 각 지방, 각 읍, 각 집에서 기념하되 후손들이 폐하지 말고 계속해서 기념하는 절기가 되었다.

부림절에 대한 또 다른 전승은 에스더와 모르드개의 권위로 인정된 전승이다. 9:29은 다음과 같다. "아비하일의 딸 왕후 에스더와 유다인 모르드개가 전권으로 글을 쓰고 부림에 대한 이 둘째 편지를 굳이 지키게 하되." 에스더가 페르시아의 왕후이지만 유다인의 가문이며 페르시아의 총리가 된 모르드개도 유다인임을 강조하면서 부림절을 지켜야 하는 권위를 제공한다. 이는 부림절 규정을 페르시아의 법이 아니라 유다인의 권위자들이 유다인 공동체를 향하여 제시하는 것으로 이해하는 것이다. 이 편지의 대상은 127 지방에 있는 디아스포라 유다인들이다. 이들에게 주어진 규정은 바로 부림절을 지키는 것인데, 이 두 번째 편지에서 강조하는 것은 자기와 자기 자손들을 위하여 정한 대로 금식하며 부르짖는 것이다. 이는 에스더와 모르드개가 모든 유다인들과 함께 금식하며 왕에게 나아갔던 것을 기념하는 것이다. 부림절이 상기하는 것은 위기를 당해 목숨을 내어놓고 기도할 때 하나님이 기적으로 구원하신다는 교훈이다. 마지막으로 언급하는 것은 이 위기가 지나간 후에 유다인인 모르드개가 왕을 위하여 높은 직책에서 일하면서 한편으로는 왕에게 존경 받고 유다인 형제들에게 존경 받을 뿐 아니라 백성의 이익을 위하여 일하는 자가 되었다는 것이다.

부림절과 유대교

부림절이 모세 오경에 나타나지 않음에도 불구하고 유다인들이 절기로 지키는 이유는 이 절기와 유다인들의 정체성과 관련이 있다. 유다인들에게 부림절이 왜 그렇게 중요한가?

첫째로, 에스더서는 구약 가운데 유일하게 디아스포라 유다인들에게 관심이 있다. 구약성경에서 일상적이었던 이스라엘-유다 백성들의 삶의 자리는 어떻게 변화되었는가? 포로기 이전에 이 백성들은 가나안 땅에서 다윗 왕조와 더불어 예루살렘 성전에서 성전 중심의 신앙을 가진 자들이었다. 그들이 바빌론에 포로로 끌려간 후에는 신명기 신학에 따라 회개하고 가나안 땅에 돌아가거나 에스겔 40~48장에 근거하여 성전 공동체로의 귀환을 꿈꾸게 된다. 바빌론의 멸망과 더불어 고향에 돌아온 귀환자들은 에스라-느헤미야의 개혁으로 이루어진 비정치적이며 제의 중심인 공동체로 변모하게 된다. 이후에 이스라엘 공동체는 제2성전 중심의 후기 사두개파를 이루는 사독 제사장 계층과 쿰란 종파, 율법 해석을 중심으로 바리새파, 그리고 무력으로 독립을 꿈꾸는 젤롯당 등의 종파들이 존재하였다. 주후 70년 제2성전의 파괴와 더불어 기존의 예루살렘 성전의 기득권에 기초했던 사두개파는 사라지고, 바리새파를 중심으로 하는 유대교와 예수 그리스도를 메시아로 믿는 기독교로 나뉜다. 이중에서 바리새파들은 성전이 파괴되면서 전세계로 흩어지고 성전 없이 존재하는 디아스포라의 모습을 취하게 된다. 성경에서는 바빌론으로부터 가나안 땅으로 귀환하는 자들에게 정통성을 부여한다. 하지만 에스더서와 같은 문헌들을 살펴볼 때 모든 흩어진 무리들이 다가나안으로 돌아온 것이 아니고 이집트, 바빌론, 페르시아 등 근동 지방에 다양한 형태의 공동체로 남아 있었음을 알 수 있다. 이들은 바빌론이 멸망한 후에도 이런저런 이유로 인하여 가나안 땅으로 돌아가지 못하고 여전히 디아스포라로 남아 있던 무리들이었다. 에스더서가 정경에 편입되지 않았더라면 우리는 바빌론이 멸망하였을 때 고국에 돌아온 귀환자들만을 알고 있었을 것이다. 그러나 에스더서가 정경에 편입됨으로 말미암아 귀환하지 않고 여전히 디아스포라로 존재하던 무리들의 목소리를 들을 수 있게 된다. 더구나 에스라-느헤미야의 개혁으로 세워진 새로운 비정치적이고 제의적인 유대 공동체가 항상 가나안 땅에 거한 것이 아니었다. 그들이 주후 70년 제2

성전이 멸망된 후에 전 세계로 흩어져 고향을 잃고 이방 세계에서 살게 되었고, 거의 2000년이 지나 이스라엘이 국가로 독립하는 근대에 이르기까지 유다인들은 이미 에스더서에서 보여 주는 디아스포라의 정체성을 유지하고 살게 되었다. 그러므로 유다인들이 디아스포라로 살아가기 시작할 때부터 에스더서의 메시지는 그들에게 간접적이거나 은유적이지 않고 직접적인 삶의 정황과 관련되는 메시지였다. 그러므로 에스더서에는 유다인의 정체성과 관련되는 신학이 담겨 있는 셈이 되는 것이다. 이와 같이 에스더서는 제2성전 파괴 이후에 디아스포라로서 자신들의 정체성이 굳어진 유다인들의 삶의 자리에 관심 있는 책이다.

둘째로, 에스더서는 형식적으로 유다인 디아스포라에 관심 있을 뿐 아니라 디아스포라의 현장에서 닥치는 삶의 위기를 다루는 법을 내용적으로 제시하는 책이다. 에스더서의 중요한 주제는 모르드개의 지도력, 에스더의 결단, 그리고 하나님의 섭리를 통하여 위기를 극복한다는 것이다. 유다인들은 거의 2000년 동안 디아스포라로 살아오면서 이방 세계의 위협을 너무도 많이 받아왔다. 통치자의 적극적인 위협만이 아니라, 왕의 통치를 받는 유다인 디아스포라들의 경쟁자들이 가는 곳마다 존재하였다. 어디에나 유다인들의 삶의 근거 자체를 없애려고 하는 하만과 같은 존재들이 등장하였다. 하만과 같은 위협적인 존재들이 등장할 때마다 그들은 에스더와 모르드개와 같은 신앙 영웅을 통하여 위기를 극복하기를 고무하였다. 에스더서는 이와 같이 하만과 그의 악한 음모로 표현된 비이성적인 세계의 성격에 맞는 악마적인 세력을 도처에서 맞이할 뿐 아니라, 이 위협을 어떻게 극복해야 하는지 그 모델을 제공하고 있다.

유다인들의 부림절 준수

최초의 부림절을 기념한 후에 부림절은 유대교에서 자리를 잡게 되었다.

유대교에서 부림절을 지키는 풍습과 의식을 다음과 같이 정리할 수 있다.

부림절을 기념할 때 에스더서는 아달월 십사 일에 읽혔다. 에스더서는 처음에 편지로 각 도에 내려 보낸 것으로 되어 있기 때문에(9:26, 29), 에스더 책을 펴고 각 장을 넘기는 것이 풍습이 되었다. 특별히 에스더 2:5과 8:15, 16과 10:3의 이 네 구절은 구속을 나타내는 내용이라서 다른 구절보다 큰소리로 읽는다. 하만의 이름을 읽을 때마다 어린애들이 와자지껄 큰소리로 소란을 피우는 습관은 하만의 조상인 아말렉(신 25:19; 에 3:11; 삼상 15:8~9)에 대한 기억을 완전히 지우기 위한 것으로 상당히 오래된 것이며 지금도 계속되는 풍습이다. 에스더서 두루마리를 읽는 자가 하만의 열 아들의 이름(9:7~9)을 낭송할 때는 그들이 동시에 처형당한 것(9:10)을 보여 주기 위하여 한숨에 읽어야 하는 관례가 있다. 부림절 아침에는 율법서(출 17:8~16)를 함께 읽는다.

아모라임(Amoraim) 시대로부터 에스더서를 읽기 전후에 축도가 있었는데, 이는 유다인들에게 하나님의 축복을 기원함과 적들에 대한 저주성의 기원이 되었다. 첫째는 이처럼 그들이 거룩한 예배를 드릴 수 있게 해 주신 하나님을 찬양하며, 둘째는 그들의 조상을 놀랍게 보호해 주시고 종족을 구원해 주신 일에 하나님께 감사드리며, 셋째는 한 해를 삼아 그것을 기념하는 잔치를 행할 수 있게 해 주신 하나님께 영광을 돌리며 하나님의 복을 기원했다. 에스더서 두루마리를 걸어 놓거나 펴놓고, 에스더서에 등장하는 이야기의 장면들을 그림이나 상징적 형체를 만들어 장식하기도 한다.

중세에 유다인들은 석판 위에 하만의 이름을 쓰거나 그의 모양을 그렸고, 그 모양과 이름이 완전히 문질러질 때까지 그것을 때리고 짓이겼다. 한때는 어느 한 사람의 신발에 하만의 이름을 써서 하만의 이름이 언급될 때마다 발을 강하게 쾅쾅 짓밟는 풍습도 있었다. 부림절 때리기와 시끄러움은 원래 하만과 관련이 없었다. 처음에는 부림절이 자연 축제로 겨울이 지나고 봄이 다가옴과 밀접하게 결속되어 있었다고 보기도 한다. 옛 사람들의 신앙에 따르면, 계절이 바뀔 때는 악한 영이 큰 세력을 가지고 모든 자에게 위해(危害)를 가하도록 부추긴다는 것이다. 이런 악한 영을 대항하는 가장 확실한 안전 요법이 바로 시끄러움이었다. 부림절 때리기와 시끄러움은 현재 신년 원단절 전날에 소음을 만드는 것과 똑같은 의미다. 부림절이 역사적 의미를 취하고 에스더서와 밀접히 결속되면서 하만 때리기의 의미가 추가되고, 더구나 아말렉에 대한 역사적인 감정이 부림절 절기에 추가되었다. 그리하여 하만을 때리고, 이름을 지우고, 없애고 하는 의식으로 발전되었다.

부림절 저녁에 먹는 특별 축제의 식사는 삶은 콩과 완두인데, 이것은 규정된 식사법을 위배하는 것을 피하기 위하여 다니엘이 왕의 궁정에서 먹었던 채소를 따랐기 때문이다. 음식에는 '하만타셴'(hamantashen, '하만의 귀'라는 뜻)이라는 세모난 파이가 있다. 부림절에는 과도한 음주가 자유롭게 허용되었다. 이 절기 관습에 의하면 술을 마시되 지나쳐서 하만을 저주하는 것과 모르드개를 찬양하는 것을 구분하지 못할 정도일 때까지 실컷 마시도록 했다고 한다.

부림절 전날에 금식하는 풍습은 탈무드가 편집된 후 주전 8세기에 처음 확산되었다는 기록이 있지만 이미 에스더서에 나온 것이기에 그 이전부터 풍습으로 자리 잡았을 것으로 보인다. 음식을 나누는 풍습(Shalach monos)은 맛있는 음식을 친구에게 보내는 것이다. 성경에 의하면, 에스라가 7월인 티쉬리(Tishiri)월 1일에 예루살렘에서 유다인들에게 율법을 읽어 주고 즐거움이 넘치자 잔치를 베풀고 음식을 나누는 절기, 기쁨의 의식으로 만들었다. 에스더서에서는 부림절에 친구들과 음식을 나누고 가난한 자들에게 구제의 선물을 주는 것으로 나타난다(9:22). 즉 그들의 즐거움과 존경을 표시하기 위하여 또한 그들이 함께 위험에서 구원을 얻었으므로 서로 깊이 사랑해야 한다는 것을 표현하기 위하여 서로 예물을 주었고, 그 예물을 친구들이 함께 쓰는 풍습이 생겼다. 이 규정에 따라 한 친구에게 음식과 과자류 2인분을 보내든지, 적어도 두 명의 가난한 사람에게 선물로 돈을 주게 되었다. 또한 극빈자가 음식 나눔의 형식으로 얼마간 작은 것을 보내면 답례로 꽤 많은 동전을 받는다. 부림절을 지키는 초기에는 에스더서 읽기 외에 선물을 나누어 주고 자선을 베푸는 의식도 있었고, 경건한 사람들이 종교적인 의도를 가지고 선물을 준비하였다. 그러나 후에는 완전히 세속적인 축제로 바뀌어 잔치와 오락의 즐거움과 상당한 자유가 허락되었다. 종교적 잔치는 세속적인 축제로 변했고, 일반적으로 보내는 공휴일처럼 흥청거리는 모임이 되었다. 하만의 초상화를 만들어 걸고 태우는 의식은 서부 유다인들 사이에서는 폐지되어 왔으나, 동양의 유다인들은 지금도 시행하고 있다.

부림절 가면무도회는 이탈리아 유다인 사이에서 기독교의 사육제의 영향을 받아 만들어졌는데, 원래 이 가면무도회는 소음을 만드는 행사와 함께 처음부터 부림절 의식에 포함된 것으로 보인다. 즉 소음 만드는 일과 가면무도회는 둘 다 악령에 대한 방위 수단이었으며, 계절 변화의 때에 사람들이 자신의 보호를 위하여 필요한 것이었다. 이런 면에서 부림절 가면과 기독교의 사육제가 똑같은 이방인 의식의 기원을 가지고, 후에 새로운 의미를 취하게 되었다. 기독교 사육제의 영향으로 부림절 가면무도회가 16세기에 시작하여 새로운 형태를 취하고 인기를 더해 갔다.

부림절 축제가 한창 무르익던 시대인 15~16세기에 부림절 드라마와 부림절 극장이 활성화되기 시작하였다. 하누카 때 연극이 공연되기도 하였으나, 실제로는 유다인 강제 거주 지역에서 연극 공연이 활발한 기간이었다. 이때 드라마의 핵심 주제는 바로 아하수에로 왕의 이야기였다고 한다. 부림절에 에스더서를 연극화하는 풍습이 매우 확산되고 대중화되어 오늘날까지 계속되고 있다.

유다인들 사이에는 '지역 부림절'이 지켜졌다. 부림절은 유다인의 구원의 상징적 명칭이 되었다. 그리고 유대 공동체가 무서운 운명이나 유다인 학살, 하만 같은 통치자의 강압에 의한 포로에서 구원 받을 때마다 구원의 상징으로 축하하였다. 그래서 유다인이 어떤 위기에서 구원을 받으면, 그것을 지역적으로 특별한 부림절로 제정하여 세계 유다인 부림절과 같은 습관으로 매년 지켰다. 이것을 '지역 부림절'이라고 부른다. 한편 유다인들 사이에는 '가정 부림절'도 있었다. 유다인 가정이 재난에서 구원 받은 경우가 있는데, 그것을 기념하여 매년 부림절을 정하여 '가정 부림절'을 지키곤 하였다.

부림절과 기독교

기독교는 부림절을 어떻게 받아들여야 할 것인가? 에스더서는 기독교 교회에 의하여 경전으로 받아들여졌다. 원래 신약의 교회는 구약을 어떻게 해석해야 하는가? 구약의 사건은 일차적으로 구약 시대를 살아가는 사람들에게 주어진 계시이다. 구약의 역사 속에 담긴 계시를 전승을 통하여 전해 준다. 그러나 이 계시는 구약의 역사 속에 다 소진되는 것이 아니라, 신약의 공동체를 위하여 열려 있다고 볼 수 있다. 이와 같이 다른 구약성경을 해석하는 것처럼 우리는 에스더서를 해석함을 통하여 기독교 교회를 향한 계시를 찾아야 할 것이다. 구약에 나타난 모든 전승은 다양한 방법으로 신약에서 재해석되었다. 구약의 계시 가운데 메시아에 관한 예언이나 일부 절기들은 신약에서 기독교 형성에 중요한 뼈대를 이루었다. 그러나 부림절의 경우에는 그 절기를 신약에서 지키지 않기에 유대인들과는 입장이 다르다. 부림절에 나타나는 계시는 후기 유대교가 지키는 절기를 따라서가 아니라 악으로부터 교회 공동체를 구원하시는 하나님의 구속에 대한 신앙으로 표현된다. 먼저 부림절을 해석하기 위해서 민족주의적인 해석의 오해를 다루어야 할 것이다.

에스더서가 초래할 만한 오해는 어디에서 시작하는가? 그리스도인들이 보기에 에스더서는 유대인들의 절기를 위한 역사적인 기초를 제공할 뿐, 유월절이나 오순절같이 당대의 기독교 교회력에 상응하는 절기를 제공하지 않는다. 유대인들이 보기에 에스더서가 유대인들을 돌보고 그들의 적으로부터 그들을 구원할지 모르지만, 그리스도인들이 보기에 이 책은 지나치게 민족적이고 살육적이며 반이방인적인 어조가 담겨 있다. 특히 이 책은 신약성경에서 인용되지도 않았고, 이 책을 다루는 교부들의 글이나 주석도 많지 않다. 더구나 70인역에서 추가된 부분을 제외한다면 이 책은 하나님을 언급하지 않는 인본주의적인 책으로 보이고, 금식 외에는 종교적인 실천이나 개념이 담겨 있지 않다. 마틴 루터는 에스더서가 지나치게 유대 신앙과 이방 색채를 담고 있어서 이 책이 마카비서와 함께 존재하지 않기를 바랐다. 아이스펠트도 기독교가 이 책을 경전으로 가질만한 이유와 명분이 없다고 강조했다. 학자들은 이 책이 타락하여 불경건한 기쁨을 조장하는 절기가 되었고, 민족주의적인 코드를 담고 경건하지 않다고 주장하기도 한다. 특히 이러한 에스더서에 대한 반대는 반-셈족 사상에 영향을 받았다. 코닐은 말한다. "유대교의 가장 좋지 않은 불쾌한 특징들이 여기 남김없이 드러난다."

그러나 에스더서가 유대교만을 위하여 주어진 것처럼 보일지라도 교회의 경전의 하나로 받아들여졌다는 엄숙한 사실을 인정해야 한다. 특별히 평가의 대부분은 에스더서에 대한 오해로부터 시작된다. 부림절이 제정되기까지의 과정에서 본 것처럼 유다인들은 자신들을 살육하려고 했던 적대자들에 대하여 무자비한 살육을 자행하려고 했다(9:1~5). 그래서 많은 사람들은 에스더서가 국수주의적인 정신과 이방인들에 대한 적대감을 조장한다고 말한다. 심각한 국수주의와 적대자들에 대한 뻔뻔스러운 보복성을 강조한다고 본다. 우리는 에스더서에 단순한 방어를 넘어서서 적대자를 향한 적극적인 폭력과 살육이 포함되었다는 것을 부정할 수 없다.

그런데 에스더서의 적용을 위하여 유다인들이 도륙당하기로 된 날에 어떠한 일이 발생하였으며, 부림절은 이 사건 중에서 무엇을 기념하기로 하였는지를 구별해야 하는 것이다. 아달월 십삼 일에 일어난 일은 대적자의 공격으로부터 자신들을 보호하는 자위의 기능만이 아니라 자신들을 해하려는 자들을 도륙할 수 있는 권세를 부여받는 것이었다. 에스더의 간청을 받아서 아하수에로 왕이 내린 조서에는 일차적으로 적대자들이 유다인들을 도륙하려는 날에 그들이 함께 모여 스스로 생명을 보호하는 자위권을 부여하였을 뿐 아니라 각 지방의 백성 중 세력을 가지고 그들을 치려 하는 자들과 그들의 처자를 죽이고 도륙하고 진멸하고 그 재산을 탈취하는 합법적 권세를 부여하여 원수를 갚게 하도록 하는 내용이었다. "조서에는 왕이 여러 고을에 있는 유다인에게 허락하여 저희로 함께 모여 스스로 생명을 보호하여 각 도의 백성 중 세력을 가지고 저희를 치려 하는 자와 그 처자를 죽이고 도륙하고 진멸하고 그 재산을 탈취하게 하되 아하수에로 왕의 각 도에서 아달월 곧 십이월 십삼 일 하루 동안에 하게 하였고 이 조서 초본을 각 도에 전하고 각 민족에게 반포하고 유다인으로 예비하였다가 그날에 대적에게 원수를 갚게 한지라"(8:11~13). 아달월 십삼 일은 유다인의 대적들이 유다인을 제거하기를 바랐지만 도리어 유다인에 의하여 제거된 날이었다. "아달월 곧 십이월 십삼 일은 왕의 조명을 행하게 된 날이라 유다인의 대적이 저희를 제어하기를 바랐더니 유다인이 도리어 자기를 미워하는 자를 제어하게 된 그날에"(9:1). 유다인들은 대적자들을 도륙하고 진멸하였다(9:1~16).

이러한 대적자에 대한 살육을 어떻게 평가할 것인가? 우선 이 대적자와의 싸움은 디아스포라들에게 무한한 힘을 부여하는 것을 의미하지 않았다. 우선 이 싸움은 그들을 다스리는 왕에 대한 저항이 아니라, 왕의 권위를 전제로 유다인 디아스포라와 그들의 적대하는 자 간의 싸움이었다. 만약 유다인 디아스포라의 보복이 제국을 위협하는 것이었다면 왕이 이를 그대로 두지 않았을 것이다. 왕은 유다인 디아스포라들과 다른 적대자 간에 조정 역할을 하였다. 제국의 운영에 적절하지 못한 세력에 대하여 공격을 허용한 것이었다. 적대자에 대한 공격은 적절한 권력 투쟁을 통하여 제국을 통치하는 왕의 허락을 받아서 이룬 일이었다. 디아스포라들에게는 무한한 권력이 허용된 것이 아니라, 제국의 안정을 유지하고 디아스포라의 충성심이 인정되는 한에서 허락된 것이었다. 유다인 디아스포라의 보복은 정해진 아달월 십삼 일과 하루 연기된 십사 일에만 허락되었다. 싸움의 종결은 디아스포라들이 제국 내에서 무한한 힘을 쟁취하는 것을 의미하지 않았다. 이 싸움의 승리가 의미하는 것은 왕에 대한 충성심이 전제되는 한에서 디아스포라들의 존재를 위협하는 힘으로부터 디아스포라들을 보호하는 왕의 권한을 확인하는 것이었다. 이 사건을 접하는 이방인들의 반응은 일상적인 두려움보다는 유다인 디아스포라를 아무런 연고 없이 공격하였다가는 그들의 통치자가 허락하는 보복을 당할 것이라는 깨달음이었다. 결론적으로 아달월 십삼 일과 십사 일에 일어난 사건들이 의미하는 것은 비록 디아스포라들이 자신의 땅에 살고 있지 않지만, 왕은 그들의 충성심이 확인되는 한 무고하게 그들을 위협하지 않을 것이며 또한 무고하게 디아스포라들을 공격하는 자들은 더 큰 보복을 당할 것이라는 교훈이다. 그러므로 문맥을 무시한 채 이 사건에 담긴 시대적 상황을 유다인들이 무조건적 보복을 감행하는 모델로 보는 것은 지나치다. 디아스포라로 이방 왕의 통치하에 있는 자들이 어떻게 그러한 권한을 행사할 수 있겠는가? 디아스포라들이 하나님이 허락하신 왕에 대한 충성을 맹세함으로 다른 세력으로부터 보호받음을 강조함으로써, 유다인들에게는 이방 땅에서의 생존의 법칙을 가르치고 이방인들에게는 유다인들을 섣불리 해롭게 해서는 안 된다는 교훈을 얻게 함이 목적인 것이다.

이러한 해석은 이어서 나타나는 부림절의 제정과 정신에서 드러난다. 9:1~16에는 아달월에 일어난 사건을 서술하고, 9:17이하에는 부림절을 제정하면서 그 의미를 되새기고 있다. 무엇보다 우리가 성경에서 취하여야 할 것은 역사적으로 어떠한 일이 일어났는가가 아니라, 일어난 그 일에 담긴 의미이다. 여기에서도 최초에 일어난 일을 따르는 것보다 더 중요한 것은 성경이 부림절에 관하여 우리에게 신앙적으로 의미 있는 것으로 해석해 준 것들이다. 그리하여 부림절의 적용을 위하여 9:17~32에 드러난 서로 다른 형태의 전승들을 정리하면 다음과 같다.

(1) 유다인 디아스포라들에게 닥친 위기는 아각 사람 함므다다의 아들 모든 유다인의 대적 하만이 유다인을 진멸하기를 꾀하고 '부르' 곧 제비를 뽑아 그들을 죽이고 멸하려 한 일이다.

(2) 이 위기를 당하였을 때 유다인이 금식하며 부르짖었고, 왕후로 선택받은 에스더는 '죽으면 죽으리라'는 결심으로 왕 앞에 나아갔다.

(3) 왕이 조서를 내려 하만이 유다인을 해하려던 악한 꾀를 그의 머리에 돌려보내어 하만과 그의 여러 아들을 나무에 달게 하였다.

(4) 이날에 일회적으로 일어난 일은 '유다인들이 대적에게서 벗어나서 평안함을 얻어 슬픔이 변하여 기쁨이 되고 애통이 변하여 길한 날이 된

것이다.' 그리하여 해마다 아달월 십사 일과 십오 일 이 두 날을 지켜 잔치를 베풀고 즐기며 서로 예물을 주며 가난한 자를 구제하며 기념하여야 한다.

부림절의 의미

이 부림절은 유다인들에게 일어난 역사적인 사건으로써 하나님의 백성들이 장차 오는 시대에 끊임없이 닥칠 하만과 같은 악의 위기를 어떻게 극복할 것인가를 보여 준다.

첫째로, 그들이 기념하는 부림절의 어원은 제비라는 뜻을 가진 '부르'로부터 시작된다. 어떤 결정을 할 때 신이 정해 줄 것이라는 확신 가운데 제비를 뽑아 의사 결정을 한 예들이 고대에 있었다. 이러한 관습에 따라 하만은 유다인을 진멸하기로 결심하고 날짜를 잡기 위하여 '부르'를 뽑았다. 이 위기는 하나님의 백성들에게 무엇을 의미하는가? 하나님의 백성들은 그들이 사는 세상에서 왕에 의해서든 왕의 신하들에 의해서든 무고하게 위협을 당할 때가 있다. 하나님의 백성들이 무고하든 무고하지 않든 이방인들은 마치 신의 뜻인 양 하나님의 백성들을 희생양으로 삼아 자신들의 악한 음모를 경건한 신의 뜻이 담긴 모양새를 따라 집행한다. 그것이 세상에서 살아가는 하나님의 백성들이 직면해야 할 현실이다. 악한 세상은 하나님의 백성들을 그대로 내버려 두지 않고 끊임없이 음모를 세워 죽이려고 한다. 우리들이 기대해야 하는 것은 하나님의 백성들이 이 땅에 사는 동안 악한 세력이 없어지는 것이 아니라, 그 악한 세력 가운데 보호되는 것이다. 하만과 같은 악한 세력은 궁극적인 하나님의 나라가 임할 때까지 끊임없이 다가온다.

둘째로, 위기를 당할 때 하나님의 백성들은 어떻게 해야 하는가? 하나님의 전능하심을 의지하여 그대로 하늘만 바라보고 있을 것인가? 아니면 악의 주관자들에 맞서서 싸움을 할 것인가? 유다인들은 금식하였다. 금식은 특별한 기도 제목을 가지고 하나님께 나아가 피를 바치고 뜻을 이루어 주시기를 간구하는 것이다. 금식은 하나님을 향하여 명령하는 것이 아니다. 우리가 음식이 아니라 오직 하나님께만 의존해서 사는 존재임을 깨닫고 그분의 은혜를 간구하는 것이다. 에스더서에서는 '금식'이라는 종교적인 행사에 머문 것이 아니라 하나님이 세속 가운데 하나님의 백성들에게 허락하신 권위를 사용하였다. 그것은 바로 이방 땅에서 하나님의 백성들을 다스리라고 권세를 위임하신 왕을 움직이는 것이다. 이 싸움은 왕과의 싸움이 아니다. 이미 하나님은 왕에게 하나님의 백성들을 다스리라는 권세를 위임하셨고, 디아스포라의 기간이 끝날 때까지 하나님의 백성들은 이 권세가 하나님으로부터 온 것으로 받아들였다. 그리하여 위기를 극복하는 주체는 하나님이지만, 그 뜻의 실현은 하나님의 권세를 받은 왕의 권세를 통하여 이루어진다고 이해하였다. 이미 모르드개도 왕의 목숨을 위하여 공헌하였지만, 왕을 움직일 수 있는 가장 가까운 자리에 있는 자는 에스더였다.

이 일을 위하여 유다인들이 어떻게 힘을 모았는지 생각해 볼 수 있다. 모든 유다인들은 하나님이 이 일을 이루시기를 간구하는 금식을 드린다. 일반 유다인들은 하나님이 어떻게 일을 행하실지 알지 못한다. 이 일은 헌신된 지도자 모르드개를 통하여 진행된다. 그가 할 일은 왕의 곁에 있는 에스더를 움직이는 것이다. 그러나 에스더가 일상적인 행위로 왕을 움직일 수는 없다. 에스더가 왕 앞에 나섰을 때 왕은 오히려 에스더를 죽일 수도 있다. 에스더가 왕 앞에 나섰을 때 왕이 에스더를 받아들일 것인지 받아들이지 않을 것인지 하는 것은 왕의 마음처럼 보이지만, 모르드개는 그것을 바로 하나님의 기적으로 보았다. 유다인의 운명은 겉보기에는 바로 에스더가 왕 앞에 서는 순간 왕의 마음이 변할 수 있는가 하는 데 달려 있고, 실제적으로는 오직 하나님의 주권에 달린 것으로 이해하는 것이다. 그리하여 모르드개는 에스더의 마음을 움직이고, 마침내 에스더는 결단하여 왕 앞에 나서는 것이다. 죽음이 촌각에 있는 유다인들의 기도는 이 순간에 집중되고, 에스더는 하나님의 기적만을 의지하고 왕 앞에 나서기로 결단한다.

바로 이것이 하나님의 백성들이 위기 가운데 행해야 할 일이다. 세상의 모든 일이 하나님에 의하여 움직인다는 것을 하나님의 백성들은 믿고 있다. 보이지 않는 세상의 일도 세상의 인과 관계에 의하여 진행되는 것이 아니라, 그 일의 근본적인 것은 바로 하나님의 뜻에 의하여 이루어진다고 믿는다. 하나님의 기적을 위하여 필요한 것은 무엇인가? 하나님이 우주를 창조하신 주님이시며, 그분이 위기를 극복하시고 기적을 베푸시리라는 믿음이다. 그 믿음에는 바로 하나님을 주인으로 모시고 최고의 자리에 모시는 우리의 결단과 신앙 고백이 담겨 있다.

　셋째로, 하나님의 백성들을 위기에서 구원하시는 하나님의 기적은 어떻게 일어나는가? 이 기적은 하나님이 초자연적으로 행하시는 것이 아니라, 하나님이 권세를 위임하신 왕의 명령에 따라 제국의 적법한 절차에 따라 집행되었다. 하나님의 사람들이 제국의 이익에 공헌하는 자로 판명되고 보호되었다. 그 결과 하나님의 백성들을 전멸하려는 행위의 대장인 하만은 그 악한 꾀를 자기의 머리로 돌려 결국은 하만과 하만의 여러 아들들이 나무에 달려 치욕적인 죽임을 당하였다. 하나님의 사람들을 해하려는 자들의 처참한 죽음이 이루어진 것은 자기가 뿌린 죄의 열매를 스스로 취하게 된 결과이다. 이것으로 모든 문제가 끝난 것이 아니다. 철회될 수 없는 왕의 조서가 페르시아 전국에 발효되어 아달월 십삼 일에 실행될 것이기 때문이다. 그러므로 부득이하게 왕은 아달월 십삼 일에 하나님의 백성들에게 가해지는 조서를 대신하는 조서를 발행함으로 당일에 두 조서의 집행 가운데 충돌이 일어날 수밖에 없는 것이었다.

　이 충돌로부터 하나님의 사람들을 보호하기 위하여 하나님의 사람들에게는 적대자들의 위협으로부터 자신들을 보호하는 자위권만이 아니라, 적극적으로 그들을 공격하는 자들을 살육할 수 있는 권한이 부여된다. 이 권한의 사용은 아달월 십삼 일만이 아니라 다음날인 아달월 십사 일까지 연장 행사된다. 과연 이러한 운명의 역전이 의미하는 것은 무엇일까? 하나님의 사람들을 지켜보는 이방인들에게 시사하는 의미가 있을 것이다. 하나님의 백성들이 비록 연약해 보이는 나그네이기는 하지만 이 땅에 거하는 동안 그들을 무고하게 공격하다가는 자신들도 큰 위험에 처할 수 있다는 경고가 주어진다. 하만처럼 그 백성들을 해하려는 음모에 자신이 당할 수도 있기에 하나님의 백성들을 두려워하게 될 것이다. 하나님의 백성들에게는 위기 가운데에도 하나님은 끝까지 보호하신다는 확신이 주어진다. 그러므로 이들은 비록 왕이 이방 왕일지라도, 왕을 다스리고 세상을 움직이시는 분은 하나님이심을 다시 기억했을 것이다. 그리고 왕의 곁에서 끊임없이 그들을 공격하고 위협하는 세력들에 대한 직접적인 싸움보다는 하나님을 최고의 주인으로 모시면서 합법적인 권세에 순종하고 책잡히지 않는 제국의 시민으로 살아갈 결심을 하였을 것이다.

넷째로, 부림절의 의미는 위기를 역전시키는 하나님의 기적이다. 이 의미는 그리스도인들에게 과거의 기억일 뿐 아니라 현재의 위기를 극복하도록 돕는 예수 그리스도의 죽음과 부활을 드러내는 계시의 모형으로 이해된다. 역사적인 사건이 절기가 될 때에는 그 의미가 담겨 있다. 역사적 사건에 담긴 하나님의 계시는 절기를 지키는 후대 공동체에 의해서 드러나고 발전되는 것이다. 그런데 구약의 에스더서에 나오는 부림절이 신약 교회의 성서 해석에 공헌하는 것은 부림절이 역사적으로 어떻게 지켜졌는가가 아니다. 부림절을 하나님이 개입하신 운명의 역전으로 받아들이고 백성들에게는 무엇을 기념하라고 했는가? '해마다 아달월 십사 일과 십오 일 이 두 날을 지켜 잔치를 베풀고 즐기며 서로 예물을 주며 가난한 자를 구제하며 기념하여야 한다.' 이 기념은 앞에서 고백한 부림절의 의미를 기념하는 방법이다. 아달월 십삼 일과 십사 일 두 날을 지키고, 잔치를 베풀고 즐기며 예물을 주고 구제하고 기념하는 것이다. 현대의 유다인들은 에스더서에 언급된 대로 부림절을 지키는 여러 가지 방법을 찾아 그들의 절기를 지켜왔다. 그리고 오늘날 부림절 하면 유다인들이 지키는 방식만을 생각하게 된다. 그러나 이 절기의 준수를 위하여 중요한 것은 바로 부림절을 통하여 하나님이 계시한 정신을 확인하는 것이다. 물론 그리스도인들이 유다인들과 같은 방법으로 이 절기를 지킬 수도 있다. 그러나 기독교는 유대교와는 다른 방법으로 새로운 이스라엘이라는 정체성을 통하여 구약을 끊임없이 재해석해 왔다. 기독교회는 구약에 따라 본문을 해석하는 것이 아니라, 예수 그리스도 안에 이루어진 하나님의 계시 사건의 빛 아래에서 구약을 해석하며, 신약의 구체적인 상황 가운데 재해석된 역사를 귀한 유산으로 여긴다. 부림절이 신약에서 다른 유월절이나 오순절과 같이 내용적으로 기독교의 절기 형성에 한 역할을 차지하지는 않았다. 그렇다면 기독교회는 부림절을 다른 구약성경을 해석하는 방법으로 예수 그리스도의 사건의 빛과 교회의 상황에 따라 해석해야 한다. 기독교회의 역사 속에서 공동체가 부림절을 바라볼 때 부림절에 일어난 사건이 장차 메시아로 오실 예수 그리스도를 통하여 이루시는 하나님의 구원 사건과 이 세상이 다할 때까지 교회가 직면하게 될 위기 속에서 교회를 구원하실 하나님의 기적적 사역에 대한 이해를 더 풍성하게 하는 역할을 수행하게 된다.

에스더서에서 부림절의 의미는 '유다인들이 대적에게서 벗어나서 평안함을 얻어 슬픔이 변하여 기쁨이 되고 애통이 변하여 길한 날이 되었다'는 것이다. 위기가 닥쳐서 한치 앞도 보이지 않는 절망적인 상황에 처했을 때 하나님의 기적적인 간섭에 의하여 위기로부터 벗어나고 슬픔이 기쁨으로 변하고 애통의 날이 길한 날이 되었다는 것이다. 이 해석에서 그들은 아달월에 적대자를 임의로 복수하는 존재로서의 쾌감을 노래하지 않았다. 백성들의 금식, 모르드개의 지도력, 그리고 에스더의 결단이 중요한 역할을 했음에도 불구하고 이 절기는 역전에 참여한 영웅들을 노래하지 않는다. 부림절에 대한 해석은 복수하는 주체인 자신들의 존재를 전혀 드러내지 않았다. 비록 이 역전의 주체를 직접 표현하지 않고 하나님의 백성들에게 어떤 일이 일어났는지를 간접적으로 표현하기는 하였지만, 에스더서가 전제하는 것은 스스로는 구원 받을 수 없는 자신들을 일방적으로 구원하셔서 마지막 날 메시아의 시대에 기대되는 역전을 이루시는 하나님을 전제하고 있는 것이다.

부림절의 의미는 예수 그리스도의 죽음과 부활에서 완전히 드러난 하나님의 역전 승리이다. 세상의 악에 의하여 우리가 어려움을 당하고 고통 가운데 있을 때에 눈에 보이는 절망을 궁극적인 현실로 받아들이기를 원하시지 않는다. 하나님은 하나님의 사람들이 금식하며 때를 기다리며 세상에 합법적으로 허락하신 방법을 최대한 사용하면서 그분의 기적을 간구하기를 원하신다. 하나님은 인간이 예기치 못한 방법으로 하나님의 사람들을 구원하신다. 이 구원은 우리가 죄에서 구원 받을 때에 우리 안에 실현되었을 뿐 아니라 이 세상에 하나님 나라가 다시 임하는 그때까지 고난의 현실을 살아가는 우리 모두에게 실현될 것이다. 우리에게 필요한 것은 하나님을 우리의 구주로 고백하며 그분의 때에 완성되는 궁극적인 구원을 기다리며 모르드개처럼 에스더처럼 그분의 역사에 동참하는 것이다.

II. 본문 연구

01

잔치와 폐위
에스더 1장 주해와 적용

에스더서의 개요

에스더서의 개요는 다음과 같다.

본문의 개요

1장은 전체 이야기 구성에 있어서 배경을 설정해 주고 분위기를 조성하며 앞으로 전개해 나갈 이야기의 서론 역할을 한다. 1장을 크게 두 장면으로 나눌 수 있다.

잔치와 폐위(1장)
첫째 장면: 잔치(1~9절)
둘째 장면: 와스디의 폐위(10~22절)

본문 주해

1. 첫째 장면: 잔치(1~9절)

첫째 장면과 둘째 장면은 내용상으로 잔치를 베푼 장면과 와스디의 폐위의 계기가 된 사건으로 구분되어 있다. 히브리어 문법상으로도 9절은 주어동사(카탈 형태)를 뒤집어 놓음으로 한 단락의 마침을 분명히 알리고 있다. 이 부분을 조금 더 분석적으로 보면 세 개의 반복된 표현을 지닌 독립 문장이 뼈대를 이루므로 저자의 강조점이 어디에 있는지 확연히 드러난다. 그 반복된 표현은 '잔치를 베풀었다'이며, 다음과 같이 살펴볼 수 있다.[1]

> "그 모든 방백과 신복을 위하여 잔치를 베푸니"(3하절)
> "왕이 또 도성 수산 대소 인민을 위하여… 칠 일 동안 잔치를 베풀새"(5하절)
> "왕후 와스디도… 부녀들을 위하여 잔치를 베푸니라"(9상절)

이것은 9장에 나오는 세 번의 '잔치'의 언급(9:17, 18, 22)과도 대칭을 이루며 일종의 책 전체의 '봉합 구조'(inclusio) 역할을 하고 있다. 여기서는 '잔치'

라는 단어가 이 책에서 얼마나 중요한 역할을 하는지를 보여 준다. 이러한 구조를 염두에 두고 살펴보자.

먼저 1~3절까지는 세 개의 시간 절(Clause)을 통하여 이야기의 시간과 장소를 알려 준다.

> "이 일은 아하수에로 왕 때에 된 것이니"(1상절)
> "당시에 아하수에로 왕이 수산 궁에서 즉위하고"(2절)
> "위에 있은 지 삼 년에"(3상절)

1장에서의 중심인물이 소개되는데 그의 이름은 아하수에로라고 나와 있다. 이 이름은 구페르시아어를 히브리어로 쓴 것이다. 헬라어로는 '크세르크세스'(Xerxēs)다. 아하수에로는 바사의 네 번째 왕이다(주전 486~465년). 그는 인도부터 구스까지 127도를 치리하는 왕이라고 되어 있다. 구스는 이집트의 남쪽과 수단의 북쪽 지역을 일컫는다. 「페르시아 전쟁사」를 쓴 역사가 헤로도토스(Herodotos)에 의하면 아하수에로의 아버지인 다리우스 1세는 바사 왕국 전체를 '20개의 총독부'로 나누어 치리했다고 기록하고 있다.[2] 후에 몇 개가 더해졌다고 해도 20과 127[3]의 차이는 너무나 크다. 여기에 나오는 '도'라는 단위는 '총독부'의 하위 구조로, 에스더서 저자는 나라를 구분하는 큰 구획보다는 작은 구획 단위를 의도적으로 사용하고 있다.[4] 저자의 목적은 20보다는 127이 주는 숫자의 심리적 차이를 통해 왕국 규모의 거대함을 보여 주는 데에 있다.

"당시에 아하수에로 왕이 수산 궁에서 즉위하고"라고 기록되어 있는데, 수산 궁은 고대 페르시아 왕국의 바빌론(Babylon), 악메다(Ecbatana), 페르세폴리스(Persepolis)와 함께 네 개의 수도 중의 하나로 주로 봄에 왕이 머문 궁전이었다. 에스더서는 그곳에서 치리하는 동안 일어난 사건임을 기록하고 있다.

원래 '바사와 메대'는 분리된 왕국이었는데 아버지는 바사인이고 어머니는 메대인인 바사의 첫 번째 왕 고레스가 메대 왕국을 점령하면서 메대가 바사 왕국으로 합쳐졌다.[5] '그 모든 방백과 신복, 바사와 메대의 장수, 각 도의 귀족과 방백들', 즉 정치적인 집단들과 군대 최고 엘리트들이 다 모였고 그들에게 잔치가 베풀어졌는데 장장 180일, 약 6개월 동안 지속되었다. 이 잔치의 목적이 4절에 나오는데, "그 영화로운 나라의 부함과 위엄의 혁혁함을 나타내"(1:4)기 위함이다. 왕의 즉위 3년으로 보아(주전 483년) 이 연회는 아하수에로 왕이 그리스 원정을 나가기 전에 왕궁의 세력을 과시하고 리더들의 충성심을 모으고 전략을 짜기 위해 베풀어진 것으로 보인다.[6] 그러기에 더욱더 과도하게 과시용으로 진행된다.

8절에 보면 "마시는 것도 규모가 있어 사람으로 억지로 하지 않게 하니 이는 왕이 모든 궁내 관리에게 명하여 각 사람으로 마음대로 하게 함이더라"고 기록하고 있다. 바사 왕국에서는 왕이 술을 마실 때 다른 사람들도 같이 마시는 규율이 있었다. 이것이 '마시는 것의 규모, 즉 법'이었다. 그런데 이번에는 그러한 규율에서 벗어나 한계를 두지 않고, 왕이 모든 궁내 관리들에게 명하여 '각 사람마다 원하는 대로 마시게 한 특징'이 있었다. 이는 상당히 후하고 관용적인 잔치를 베푼 것임에 틀림없다.

여기에 등장하는 '규모'(דָּת다트)라는 단어는 에스더서에서 중요한 역할을 한다. 이 단어는 '법', '명령'으로도 번역되는데, 부름을 받지 않고 왕에게 나아가는 자는 죽임을 당한다는 '법'도 '다트'이며(4:11), 유다인 전체를 말살하는 하만의 '조서'도 이 '다트'(법)를 전하기 위해 전국에 배포되며(3:14), 이것을 다시 전복시키기 위한 새로운 '명령'도 '다트'이다(8:13). 바사의 궁전은 술을 마시는 습관부터 인종 말살에 이르기까지 모든 크고 작은 일들을 이 '다트'(법)에 의해 시행하고 있다. 그런데 왕궁에서 벌어지는 이 잔치 기간 중에는 술 마시는 규율의 '다트'에 얽매이지 않고 '각 사람마다 원하는 대로' 하게 한다. 이것은 바로 다음에 나오는 와스디의 사건을 준비시켜 주는 역할을 한다.[7] 와스디도 '원하는 대로' 했을 뿐인데, 그녀의 반응에 왕은 와스디를 다시 '다트'(규례) 속으로 끌어들일 방법을 찾느라 박사들을 부랴부랴 찾는 희극을 벌인다(13절 '법률'; 15절 '규례').

장기간의 잔치가 끝나고 왕궁 후원에서 또 7일 동안 도성 수산의 대소 인민, 즉 모든 사람을 위하여 추가적인 잔치가 벌어진다.[8] 장기간의 잔치 동안 도성 수산 인들이 고생한 노고를 치하하는 의미가 있는 잔치이다. 그러나 이 두 번의 잔치의 언급은 에스더가 베푼 두 번의 잔치(5, 7장)와 후에 부림절에 치르는 두 번의 잔치(9장)의 주제와 연결되어 있다. 바사 왕국 전체와 도성 수산을 나누어 구분한 것도, 3장과 4장에서 하만의 조서로 인한 도성 수산의 반응과 전국 유다인의 반응이 구분되어 기록된 것도, 9장에서 두 곳에서 지켜지는 부림절의 날짜가 하루씩 차이 나는 것의 유래를 설명하기 위한 일종의 준비 작업이라 볼 수 있다.

베를린(Berlin)은 이러한 잔치는 각 도에서 보내진 조공과 선물로 진행되었으며 그것을 다 소비하지 않고 참석한 자들, 즉 군인들과 지도자들에게 일종의 대가로 배분이 되었다. 그렇기 때문에 이러한 잔치는 단순히 즐기기 위한 것이 아닌, 경제적·정치적·군사적으로 중요한 기능을 했다.[9]

6~7절은 이 잔치의 화려함과 사치스러움을 명사들의 나열로 마치 감탄사를 연발하는 문장처럼 기록하고 있다.[10] "백색, 녹색, 청색 휘장을 자색 가는 베줄로 대리석 기둥 은고리에 매고 금과 은으로 만든 걸상을 화반석, 백석, 운모석, 흑석을 깐 땅에 진설하고 금잔으로 마시게 하니 잔의 식양이 각기 다르고 왕의 풍부한 대로 어주가 한이 없으며"라는 나열된 문장 속에서 온갖 귀한 것과 화려한 것을 다 갖다 놓았고 모든 것의 풍부함과 넘침이 미처 다 말로 표현할 수 없을 정도라는 느낌을 준다. 이러한 바사 왕국의 부와 웅장함은 후에 알렉산더 대왕이 페르시아를 정복하고 수산 궁에 들어왔을 때에 금은괴 1,200톤과 주조된 금화 270톤을 발견하고 입을 다물지 못했다는 기록에서도 알 수 있다.[11]

그러나 이 부분의 묘사를 자세히 음미해 보면 단순한 사치스러움과 부유함 이상의 다른 연상 작용을 저자는 유도하고 있다. 이 부분의 칼라, 색채, 재료 등의 용어들은 어디에선가 익숙한 것들이다. 바로 모세 오경에 나오는 성막과 후에 세워진 솔로몬 시대의 성전(출 25~28; 대하 3~4장)을 상기시킨다. 이 책을 포로 생활 이후에 이방 땅에 흩어져 사는 유다인의 시각으로 본다면 이러한 묘사는 그들에게 포로 생활 이전에 성전에서 선조들이 예배할 때에 대한 짙은 향수를 불러일으켰을 것이다. 한때는 자신들도 이러한 영광스러운 국가의 과거가 있었음을 생각하며 선지자들이 외친 나라의 회복이라는 주제를 더욱 떠올렸을 것이다(왕상 9:9; 사 2:2~4).

왕후 와스디도 부녀들을 위하여 따로 잔치를 베푼다는 것으로 이것이 세 번째의 잔치에 대한 언급이다. 브레네만(Breneman)은 왕과 왕후가 분리되어 잔치를 베푸는 것을, 곧 두 사람이 헤어짐을 시사한다고 보았다.[12] 이것 또한 나중에 모르드개와 에스더가 팀워크를 이루는 것과 대조된다(9:29). 또한 와스디의 잔치는 '왕후의 잔치'라는 의미에서 후에 에스더가 베푸는 잔치의 주제를 미리 소개해 주는 기능도 한다.

2. 둘째 장면: 와스디의 폐위(10~22절)

제7일은 잔치의 마지막 날이다. 6개월의 잔치에다 7일의 추가적인 잔치와 그동안 마셨을 술을 생각해 본다면 궁전 안에 맑은 정신인 사람이 별로 없을 듯하다. "왕이 주흥이 일어나서"를 전제하며 이 사건은 술기운으로 인한 것임을 저자는 주지시킨다. 여기에 어전 내시 일곱의 이름이 나열되어 있는데, 이는 에스더서의 역사성을 보여 주려는 의도가 있다. 동시에 일곱 내시의 이름이 14절에 나오는 바사 왕국 전체의 최고의 권력을 자랑하는 일곱 방백의 이름들과 함께 평행을 이루며 두 그룹을 비교한 듯한 은근한 희학적인 느낌을 준다. 또한 일곱 내시의 이름과 일곱 방백들의 이름을 나열함으로 바사 왕국의 거대한 관료주의의 모습을 보여 준다.[13] 왕국의 과도한 사치에 어울리는 규모의 시종들과 방백들을 주위에 두고 이 왕은 물질적 향락뿐 아니라 인간들도 넘치도록 마음껏 부리며 정치적인 절대 권력을 누리고 있다.

왕후를 모셔 오는데도, 일곱 명이나 가서 왕후를 치장시켜 그렇게 요란스럽게 등장시켜야 하겠는가! 바사 왕국은 많은 것들이 과장적이다. 왕이 일

곱 내시들을 보내어 왕후 와스디에게 면류관을 정제하고 왕 앞에 나아오게
하는 목적이 분명하게 나와 있다. 그것은 왕후의 아리따움을 뭇 백성과 방백
들에게 보이기 위함이다. 왕이 왕실의 부를 자랑한 것처럼 자신의 또 하나의
자랑스러운 소유물이자 전시품인 왕후도 그러한 맥락에서 비슷하게 취급하
고 있음을 보여 준다. 이 왕에게 왕후란 그런 존재임을 저자는 이 사건을 통
해 시사해 준다. 왕후의 의사 존중이라든가 그녀의 품격에 대한 관심은 왕의
사전에 없는 듯하다.

놀랍게도 와스디는 그 명령을 거절하고 왕은 그 일에 진노하게 된다. 왜
와스디가 왕의 제안을 거절했는지 구체적인 이유는 나와 있지 않다. 물론 각
자 추측해 볼 수는 있을 것이다. 유다인들은 '왕후의 면류관을 정제하고 왕
앞에 나아오게 한다'는 것을 '면류관만 쓰고 벌거벗고 나오라'는 것으로 해
석했다. 또한 몸에 손상된 형태가 있어 공중 앞에 나아오는 것을 꺼렸다고
도 해석했다(Meg. 12b). 그러나 저자는 의도적으로 이유를 밝히지 않고 있다.
만약 이유를 밝힌다면 그것으로 인해 그녀에 대한 도덕적인 판단이나 가치
관에 대한 다양한 의견이 제시될 것이며 많은 논란이 야기될 것이며 초점이
와스디에게 지나치게 모아짐으로 이야기의 흐름이 의도하지 않은 방향으로
흘러갈 수 있기 때문이다. 저자는 이야기의 방향을 잃지 않기 위해 아무것도
언급하지 않고 그냥 넘어간다. 우리도 이러한 저자의 의도를 존중해 주어야
한다. 비록 와스디의 동기에 대해서는 모르지만 '명령에 대한 거절'이라는
그녀의 행위 자체는 전체 이야기에서 중요한 역할을 한다. 와스디는 왕 앞에
나아오지 않으므로 폐위를 당하나 에스더는 부르지도 않았는데 나아감으로
'왕의 호감'(5:2)을 산다. 두 여인의 행위가 흥미롭게도 대조를 이룬다.

분노하고 당황한 왕은 이 사건을 어떻게 처리할지 몰라 그를 둘러싼 또
다른 그룹인 '사례를 아는 박사들'에게 이 사건에 대하여 '규례'(다트)와 법률이
어떠한지를 묻는다. "왕후 와스디가 내시의 전하는 아하수에로 왕명을 좇지
아니하니 규례대로 하면 어떻게 처치할꼬"라는 질문은 상당히 유머가 있다.
자신과 왕후 사이에 일어난 사건조차도 왕국의 규례의 틀 안에 넣어야 하는

바사 왕국의 규례주의의 과도함을 나타내는 동시에 이런 사소한 사건 하나를 처리하지 못하여 박사들에게 의뢰하는 무능한 왕의 모습을 드러내고 있기 때문이다.

10절에 소개된 일곱 내시와 쌍을 이루듯 일곱 방백의 이름이 소개된다. 이들은 이 거대한 바사 왕국의 첫자리에 앉은 자들로서 대단한 권력자들이다. 그러나 저자는 이들의 하는 일을 '왕의 기색을 살피는 것'으로 묘사하여 일종의 비아냥거림을 더함과 동시에 이들의 답변이 이미 객관성을 잃은 왕의 비유 맞추기용임을 시사한다. 이때 방백 중의 하나인 므무간이라는 자가 거창한(?) 제안을 한다.

그는 먼저 와스디의 잘못은 단순히 왕과 왕후의 문제가 아니라 국가 전체의 문제임을 지적한다. 즉 그녀의 잘못은 국법을 어긴 것과 같다는 것이다("왕의 각 도 방백과 뭇 백성에게 잘못하였나이다"). 이 소문이 '모든 부녀'에게 전파되면 모든 부녀들이 남편을 멸시할 것이라고 주장한다. 이 말은 들으면 그럴듯하지만 자세히 들여다보면 단순한 개인적인 사건을 국가적인 문제로 이끌어 나가는 논리의 비약이 심하다. 또한 '모든'이라는 언어로 과장법을 사용하고 있을 뿐 아니라, '남편을 멸시할 것이다'라는 추측성의 발언을 하며 그것이 마치 기정 사실인 양 이야기를 전개해 나가는 수법을 쓰고 있다. 상당히 논리적인 듯 여겨지지만 실제 따져 보면 별 내용이 없는 언어의 수사일 뿐이다. 거기에다가 '오늘이라도'라는 말로 긴급성까지 더한다. 지금 일어난 일의 효과가 오늘 당장이라도 바사와 메대의 귀부인들에게 유행하게 될 것이라 말한다.

그들이 왕후의 행위를 듣고 좇아 하다가 멸시와 분노가 많이 일어날 것이라고 말한다. '멸시와 분노'가 과연 무엇을 의미하는지 정확하지는 않다. 어떤 학자들은 전자(멸시)는 여자들이 남편에게 하는 것이고 후자(분노)는 그 결과로 남편들이 아내에게 내는 것을 가리킨다고 본다.[14] 어쨌든 가정에서 불화의 화근이 된다는 의미이다. 저자는 므무간의 말을 빌려 왕과 왕후 사이에 일어난 일에 대한 해석을 간접적으로 주고 있다. 와스디는 결국 왕을 '멸시'

했고 왕은 그것 때문에 '분노'해 있는 것이다. 므무간은 의도하지 않았지만 왕과 왕후 사이에서 일어난 일의 논평을 해 버린 셈이다. 므무간에 따르면 와스디의 이번 사건 하나가 나라 전체를 혼란으로 몰아갈 것 같다. 그의 가정 문제를 스스로 투사하는 것은 아닌지가 의심스럽기까지 하다.

그는 왕이 어떻게 해야 할 것까지 다 지시를 한다. 와스디로 다시는 왕 앞에 오지 못하게 하는 조서를 내리고 그것을 바사와 메대의 법률 중에 기록하여 변역함이 없게 하고 그 왕후의 위를 저보다 나은 사람에게 주라고 한다. 므무간은 여기서부터는(19절) 아예 그녀에게서 '왕후'라는 호칭을 떼어 버리고 그냥 '와스디'로 부른다. 그의 머릿속에서 그녀는 이미 폐위된 여인에 불과하다. '변역함이 없는 법률'은 앞으로 에스더서를 전개해 나가는 데 있어서 중요한 역할을 하는 개념이기도 하다.

와스디 왕후는 왕 앞에 나오기를 거부했는데 그녀의 선택대로 다시는 못 나오게 된다. '그 왕후의 위를 저보다 나은 사람에게 주라'는 말은 시사하는 바가 크다. 므무간은 와스디처럼 불순종하지 않고 철저히 순종하는 여자를 의미했을 것이다. 그러나 이 말을 통하여 에스더에 대한 평가를 간접적으로 내리고 있다. 페미니스트(feminist)의 눈으로 에스더서를 읽는 자들은 와스디의 거부를 높이 평가한다. 여성의 자존심을 지키고 자신을 볼거리로 전락시키지 않았으며 목숨을 불사하고 왕을 거부한 그녀의 용기를 칭송한다. 반면 에스더는 같은 여성으로서 와스디의 자리를 거부하지 않고 오히려 차지한 여인으로 부정적으로 본다.[15] 그러나 저자는 그러한 시각으로 두 사람을 비교하지 않는다. 저자는 와스디에 대한 평가에 대해서는 침묵한다. 왜냐하면 그녀가 초점이 아니기 때문이다. 므무간의 말의 의도와 상관없이 에스더는 실제로 '더 나은 여왕'이다. 와스디는 남편을 거부하다가 폐위를 당했으나 에스더는 악인을 대항하여 그를 물리쳤으며 남편인 왕의 호의를 얻어 결국 자신의 민족을 구하는 더 큰 목적을 달성했기 때문이다.

므무간은 계속해서 '왕의 조서가 이 광대한 전국에 반포되면 귀천을 무론하고 모든 부녀가 그 남편을 존경할 것'이라는 결론으로 연설을 마친다. 왕이 와스디 왕후를 폐위한 것은 결국 왕이 그녀를 컨트롤하지 못하고 존경을 받지 못했다는 것을 반증하는 것이다. 그러한 조서를 전국 방방곡곡에 보내 자는 것은 왕의 무능함을 전국적으로 알리자는 것과 같다. 그럼에도 불구하고 나머지 방백들이 므무간의 말의 모순을 찾아내지 못하고 다 같이 좋게 여긴다. 조서의 의도는 와스디를 본 삼아 남편의 말을 불순종하는 여인이 어떻게 되는지를 보여 줌으로 모든 부녀가 남편을 존경하게 하고 바사 왕도 제대로 하지 못했던 '남편으로 그 집을 주관하게 하도록' 하겠다는 것이다. 왕은 왕후를 다루지 못하여 방백들에게 의지하고 방백들은 자신들의 권위까지 추락되는 영향력이 미칠까봐 '다트'(법)에 기대어야만 권위를 유지할 수 있다는 조바심을 나타낸다. 바사 왕국에서는 아내들의 존경도 '다트'라는 방법으로 얻어내야 하는가 보다. 그의 발상 속에 그가 의도하지는 않았지만 독자의 관점에서 보면 유머와 풍자가 넘친다. 앞으로 전개될 이야기 속에서 이 조서의 효과성이 있는지는 지켜볼 일이다.

베를린은 방백들의 왕을 염려하는 우려 속에 성(性)적 암시가 있다고 지적한다. 그들은 겉으로는 왕의 문제를 걱정하지만 실제로는 자신의 아내들의 성(性) 파업을 두려워하는 그들 가정의 문제에 더 관심을 두고 있다고 본다.[16] 폭스(Fox)는 이렇게 '성(性)적으로 혼돈된 정치인들과 기괴한 왕'이 에스더서 속에 들어 있는 해학과 풍자와 유머의 요소임을 지적한다. 이러한 조롱의 유머는 앞으로 전개될 민족 말살이라는 주제의 두려움과 공포를 완화시키는 역할을 한다.[17]

또한 '성'과 '컨트롤'의 주제는 에스더서에서 중요한 역할을 차지하고 있다. 철저히 남성 중심의 사회 속에서 와스디와 에스더는 둘 다 자신들의 운명이 그들에 의해 좌우되는 것을 각자의 방법으로 도전한 것이다. 그러기에 폭스는 에스더서를 '페미니스트의 원형'(protofeminist)인 책으로 보았다.[18] 제국을 거느린 왕이 왕후를 컨트롤하는데 실패하여 새로운 왕후를 맞이하는데 그녀는 이 왕을 그녀만의 방식으로 완전히 컨트롤해 버리는 아이러니가 저변에 깔려 있다. 바사 왕궁의 남성들을 패러디한 이러한 우스꽝스러운 모습은 이들이 결코 이 두 여성들뿐 아니라 하나님의 백성의 운명도 궁극적으로 좌우할 수 있는 인물들이 아님을 또한 간접적으로 시사한다.

바사 왕은 자신의 절대 권력을 자신의 자만심과 환락과 유익을 위해 사용하는 자이다. 그에게는 모든 것이 소유물이다. 아내도, 전쟁에 나갈 군인들도, 바사의 백성들도, 왕국 자체도 다 자신을 위해 존재한다. '법과 규례'를 이야기하지만 술이 취하면 어떤 희귀한 결정을 내릴지 예측 불가능한 자이다. 또한 그 결정을 내리는 자가 왕 자신도 아니다. 그는 자신을 둘러싼 자들에게 의존하고, 그들은 왕의 안색에 맞추어 그럴듯하게 의견을 내고, 가장 기분을 잘 맞추는 자의 견해가 법으로 채택된다. 무능하고 약하고 불완전한 폭군이 절대 권력을 휘두르는 위험한 곳이 바로 바사 왕국이다. 문제의 요소가 다분한 곳이다. 왕후인 와스디도 한 번의 실수로 왕 앞에서 사라졌다. 왕의 뜻을 거스르면 왕후든 누구든 안전을 보장 받을 수 없는 곳이 바사 왕궁이다. 모순과 비논리, 음모와 술수가 통하고 지극히 남성 우월주의요 남성 중심적인 사회에서 유다인 에스더는 과연 어떻게 이 괴팍하고 무능한 왕을 다루었는지, 그리고 난관을 뚫고 자신과 자신의 민족을 구원했는지 호기심을 자아내는 것이, 사건의 배경을 드러내는 1장의 역할이다.

설교를 위한 적용

첫째, 우리가 사는 세상의 가치관과 바사 왕궁이 보여 주는 세계가 크게 다르지 않음을 생각하라. 저자는 우리 모두를 '바사'라는 세계사 속으로 초대한다. 우리가 익숙지 않은 거대한 제국의 리더십의 모습과 그들이 나라를 치리해 가는 방법에 우리를 노출시킨다. 그것을 유머 있게 표현함으로 긴장을 완화시키지만 그 안에 지극히 세속적인 가치관들이 자리 잡고 있다. 와스디 왕후의 사건 하나로 국가의 새로운 법이 제정되고, 그 말도 안 되는 법을 전달하기 위해 국고가 낭비되며, 거기에 대해 이의를 제기할 정의파는 없다. 이 모든 것이 왕의 기분에 따라 얼마든지 좌지우지될 수 있다. 이스라엘 백성들의 운명은 바로 이런 왕의 결정에 달려 있었으며, 에스더의 운명도 왕의 손에 달려 있다. 이 왕은 정의롭거나, 한 민족의 억울함에 관심을 기울이거나, 한 개인의 인권을 존중하는 종류의 사람이 아니다. 그의 결정은 전혀 예측할 수 없는 그야말로 그때의 왕의 기분에 달려 있는 것이다.

또한 바사 왕국의 거대함과 왕궁 잔치의 풍요와 사치 속에는 '컨트롤'이라는 가치관이 들어 있다. 왕은 물질을 과시함으로 그의 힘을 보여 주며 그것으로 인간의 충성심을 사려 하고 있다. 왕후 와스디를 오라고 한 요구 속에는 여성을 소유물로 생각하는 가치관이 포함되어 있다. 인격과는 거리가 먼 왕의 컨트롤에 좌지우지되는 대상을 원하며 그것으로 다시 자신의 힘을 보여 주려는 것이다. 와스디의 미모를 자랑하려는 것도 자신의 '에고'(ego)와 관계가 있다. 와스디를 계기로 바사 왕국의 모든 부녀들에게 남편에 대한 존경을 강요하는 것도 결국은 컨트롤에 대한 이슈이다.

문제는 이러한 가치관들이 비단 주전 5세기의 바사 왕국의 문제만은 아니다. 물질주의, 힘의 과시, 남을 자신이 원하는 대로 컨트롤하려는 욕구는 현대에도 지극히 만연되어 있는 가치관들이다. 그리고 너무나 많은 사람들이 추구하고 있는 가치관들이다. 반면 성경은 물질보다는 '영혼'을, 힘보다는 '사랑'(레 19:18)을, 외모보다는 '마음의 중심'(삼상 16:7)을, 컨트롤보다는 '섬김'(막 9:35)을 중시한다. 이러한 상반되는 가치관 속에서 우리는 그리스도인으로 살아가고 있다. 정말 위험한 세상에 노출되어 있음을 기억하라.

둘째, 절대 권력이 하나님께 있음을 잊지 말라. "권력은 부패한다. 절대 권력은 절대 부패한다." 이것은 19세기 영국의 역사가 액튼(H. B. Acton) 경이 권력의 역기능에 대하여 경고하며 한 말이다. 바사 왕은 절대 권력을 가진 자에 속한다. 위에서 언급했듯이 이런 자에게 절대 권력이 주어졌을 때에 1장에서 보여 준 희극이 연출된다. 그러나 반대급부로 잔인한 비극도 얼마든지 일어날 수 있다. 하나님은 절대 권력을 가지셨다. 하나님만이 절대 권력을 가지실 자격이 있으시다. 왜냐하면 그것을 완벽하고도 정의롭게 사용하실 수 있기 때문이다.

하나님의 권력은 삼위일체 안에서 서로 나뉘어 있다. 그러기에 예수님께서도 '아버지의 뜻을 행하러 오셨음'을 강조하셨다. 하나님도 그러하실진대 하물며 인간이 통제 받지 않는 권력이나 위치에 있으면 그것은 지극히 위험해진다. 그 자체가 범죄요 죄악이 될 수 있다. 또한 바사 왕궁의 모습이 세상이 돌아가는 모습임을 기억해야 한다. 인간이 정의와 진리를 추구하려고 노력하지만 그것은 어디까지나 불완전하다. 유다인들이 바사 왕에게 기댈 수 없었듯이 우리도 세상에서 은신처를 구하는 것은 어리석다. 완벽하게 정의와 진리를 실천하실 수 있는 분은 오직 하나님 한 분이심을 기억해야 한다. 에스더서는 그러한 의미에서 우리가 사는 세상이 어떠한가를 비추어 보게 하는 거울의 역할을 한다.

셋째, 하나님 나라는 영원하다는 사실을 기억하라. 1장에 묘사된 바사 왕국을 본다면 결코 무너질 수 없는 막강한 힘과 부를 가진 나라로 보인다. 그러나 역사적 현실을 보면 이 잔치 이후에 아하수에로 왕은 그리스에 수치스러운 패배를 당하고 국부(富)도 탕진한다. 바사 왕국의 멸망, 그리스와 로마 제국의 멸망을 보아도 이 세상에서 영원한 나라는 존재하지 않는다. 그것이 계시록에서 가르치는 것이다. 오직 영원한 나라는 하나님 나라밖에 없다. 그렇기 때문에 하나님께서는 영원한 것에 우리의 삶과 목적을 두고 거기에 보화를 쌓을 것을 가르쳐 주신다. 이 세상에 속한 것이나 이 세상의 것들에 미련을 가질 때 그것은 결국 역사 속에서 사라져 버린 바사 왕국만큼 허망할 것이다.

에스더의 즉위

에스더 2장 주해와 적용

본문의 개요

2장의 개요는 다음과 같다.

에스더의 즉위(2장)

새 왕후 간택 제안(1~4절)

에스더가 수산 궁에 옴(5~11절)

새 왕후로 간택됨(12~18절)

모르드개가 모반을 막음(19~23절)

본문 주해

1. 새 왕후 간택 제안(1~4절)

1절은 '그 후에'라는 시간 절을 통해 1장 사건과 자연스럽게 연결시킨다. 16절을 보면, 아하수에로 왕 7년에 에스더가 왕후가 된다(주전 479년). 왕후 와스디는 아하수에로 왕 3년에(주전 483년) 폐위 되었기 때문에, 그 후 4년의 공백 기간이 있었다. 이 기간 동안 원정 전쟁을 나갔던 아하수에로 왕은 특히 그리스 군에게 살라미스 해전과 플라타이아 평원에서(주전 480~479년) 참패를 당하고 돌아와 얼마 지나지 않아 에스더를 왕후로 맞는다. 헤로도토스의 기록에 의하면 그리스와의 패배 후 아하수에로는 그가 침실에서 시해 당하기까지(주전 465년) 향락으로 세월을 보냈다고 한다.[1] 그러나 에스더서 저자는 이러한 배경을 생략한 채 바로 에스더가 왕후가 된 경위를 설명하는 데에 초점을 맞추고 있다.

아하수에로 왕은 그의 노가 가라앉자 와스디를 그리워하기 시작한다. '노가 가라앉다'는 표현은 홍수가 점점 '가라앉는다'(창 8:1)와 동일한 동사로써 물이 점점 수위가 낮아지는 이미지를 떠오르게 한다. '그리워한다'는 것은 '기억했다'라는 동사를 번역한 것이다. 왕은 와스디가 행한 일과 그녀에 대해 내린 조서를 생각한다. '조서를 내리다'는 동사는 수동태로 되어 있다. 그것이 함축하는 바는 조서가 왕의 능동적이고 단독적인 결정이 아니었음을 의미한다. 당시에 왕이 승인을 했을지라도 술김에, 상황에, 또한 대신들의 권유에 의해 분위기상 떠밀렸을 가능성이 많다. 이러한 정황을 기억한다면 왕 자신의 행동을 원망하기보다는 그러한 결과를 유도한 자들에게 책임을 전가할 가능성이 높다. 그것을 결정하도록 종용한 대신들이나 신하들에게 엉뚱하게 불똥이 튈 가능성이 높다. 그들의 잘못으로 돌아갈 가능성이 크다. 이 왕은 그러고도 남을 왕이다. 그러나 왕은 그 조서를 변개할 수 없도록 기록했다. 사실 변개할 수 없는 조서는 다니엘서와 에스더서에만 등장하는 개념이지 다른 어디에도 바사 왕국에 이런 규율이 있었다는 기록이 없다(단 6:8, 12, 15). 그러나 에스더서에서 '변개할 수 없는 조서'는 중요한 주제 중의 하나이다. 그러므로 왕이 스스로 조서를 마음대로 변개할 수 없도록 조서를 꾸몄다고 보아야 한다. 즉 바사 제국의 왕이라도 그가 내린 이 조서를 변개할 수는 없다. 그는 그의 조서에 스스로 묶인 셈이다.

이러한 정황을 눈치챈 '시중드는 자들'(개역한글은 '시신'으로 번역)이 제안을 한다. 그들은 '아리따운 처녀'라는 말을 두 번 반복하고(2, 3절) 또한 '왕의 눈에 아름다운 처녀'(4절)라는 표현을 써서 장황하게 말하며 왕후의 조건이 무엇인지를 분명히 나타낸다. 그것은 처녀성과 미모, 두 가지 조건을 갖춘 자이다. 그녀의 임무는 왕을 기쁘게 하는 것이다. 또한 2절의 "왕은 왕을 위하여 아리따운 처녀들을 구하게 하시되"라는 표현은 다윗의 노년에 몸을 따뜻하게 하기 위해 아비삭을 구할 때 쓰인 구절과 비슷하다(왕상 1:2상 "왕을 위하여 젊은 처녀 하나를 구하여"). 특히 '왕후의 위를 와스디보다 나은 사람에게 주라'는 1:19의 말씀에 비추어 보면 와스디보다 더 뛰어난 미모를 가진 자로서 왕이 언제든지 그 미모를 자랑하고 싶을 때 절대 순종하여 나아오는 전시용 가치가 있는 여인을 찾는 것이 목적이다.

그런데 에스더가 과연 그런 프로필에 맞는 여인인가? 후에 에스더가 왕이 부르지도 않았는데 왕 앞에 나아가는 장면을 생각하면(5:1~2) 이 말은 익살스러운 면이 있다.

1장과 비교하면 이 시신들의 역할은 므무간의 역할과 평행을 이룬다. 므무간의 과장된 제안 속에 '모든 부녀'(1:17, 20)가 언급되었듯, 시신들의 제안 속에도 '모든 아리따운 처녀들'(3절)이라는 유사한 과장된 계획이 들어 있다. 이 왕국은 여차하면 '전국적'으로 행사를 치르는 경향이 있다. 왕이 므무간의 말을 선히 여겨 그 말대로 한 것처럼(1:21) 이번에도 시신들의 말을 선히 여겨 그 말대로 한다. 겉으로 보면 아하수에로는 바사의 왕이지만 실제 이 거대한 왕국의 정책들을 좌지우지하는 자들은 주로 이 시신들과 같은 자들임을 저자는 보여 주고 있다. 이것은 후에 왜 하만 같은 자들이 꾸민 유다인[2] 말살과 같은 무서운 책략이 이 왕국에 먹혀들었는지에 대한 이해를 돕는다.

2. 에스더가 수산 궁에 옴(5~11절)

이야기의 흐름이 잠시 중단되면서 저자는 여기에서 잠깐 중요한 주인공 두 명을 소개한다(5~7절). 즉 모르드개와 에스더이다. 저자는 모르드개의 이름보다도 그가 유다인임을 먼저 강조한다. 이것이 에스더서의 중요한 주제 중의 하나이다. 에스더서는 포로로 잡혀갔다가 흩어진 유다인들이 이방 땅에서 살아가는 모습과 그들의 애환을 그리고 있다. 그의 족보를 밝히면서

'한 유다인이 있으니 이름은 모르드개라. 야일의 아들이고, 시므이의 손자고, 기스의 증손이며, 베냐민 지파에 속하는 자'라고 기록하고 있다(원문의 순서에 따라 번역함). 그리고 그는 바빌론 왕 느부갓네살이 예루살렘을 침략하여 유다 왕 여고냐와 백성을 사로잡아 갈 때에(주전 597년; 왕하 24:6~17) 함께 잡혀간 자라고 소개하고 있다.

여기에서 문제가 되는 것은 6절의 관계 대명사가 누구를 가리키느냐는 것이다. 즉 누가 여고냐와 함께 잡혀갔냐는 것이다. 가장 자연스러운 것은 모르드개이다. 그러나 그렇게 되면 그의 나이가 현재 110세는 족히 넘어야 한다(주전 479년). 또 하나의 선택은 문법적으로 어색하기는 하지만 그래도 가능성이 있는 자는 기스이거나 아니면 언급된 세 사람(야일, 시므이, 기스)을 집합적으로 가리킨다고 보는 것이다. 그렇게 되면 기스는 모르드개의 증조부이며 야일과 시므이도 그의 바로 직계 조상들로서 이들 모두를 포로기 후기 인물들로 볼 수 있다. 그러나 이 설명은 본문의 의도를 잘 살려 주지 못한다.

왜냐하면 저자는 이 세 사람의 조상들을 의도적으로 언급하고 있기 때문이다. 야일같이 비교적 알려지지 않은 인물로 시작하여 시므이로 넘어간다. 그는 사울을 추종하여 다윗을 모욕한 사울이 속한 베냐민 족속 인물이다(삼하 16:5~13). 기스는 사울의 아버지로서(삼상 9:1~2) 저자는 간접적으로 모르드개와 사울의 관계를 연결시키고 있다. 이것은 후에 하만을 아각 사람(3:1)이라고 소개한 것과 대칭을 이룬다. 아각은 사무엘상 15장에서 아말렉 왕으로 사울과 전쟁을 치른 원수지간이기도 하며 또한 그를 죽이는 데에 실패하여 사울이 궁극적으로 왕의 자리에서 물러나게 한 계기를 만든 자이다(삼상 15:26; 16:1). 원수는 외나무다리에서 만난다더니 조상 때의 원수 관계가 아직도 후대의 핏속에 흐르고 있다.

또한 여기서 모르드개를 소개한 방식은 사무엘상 9:1에서 사울의 아비 기스를 소개한 방식과 유사하기 때문에 더욱 이러한 연계성에 확신을 더해 준다. 소개 방식은 (1) 소개된 사람의 존재, (2) 그 사람의 이름, (3) 족보, (4) 혈통(베냐민 족속)의 순으로 되어 있다(삼상 9:1 "베냐민 지파에 기스라 이름하는 유력한 사람이 있으니 그는 아비엘의 아들이요 스롤의 손자요 베고랏의 증손이요 아비아의 현손이라 베냐민 사람이더라").[3]

　이러한 구성을 생각한다면 위에서 언급한 관계 대명사는 모르드개를 가리킨다고 보는 것이 문맥에 맞다. 저자는 모르드개 자신이 여고냐와 포로 생활을 나왔다고 주장하는 것이 아니라 그때 당시에 왕과 함께 포로로 잡혀 왔던 사람들의 자손 중에 모르드개가 있음을 소개하고 있다.[4] 주전 597년에 여고냐 왕과 함께 사로잡혀 갔던 자들은 주로 상류층에 속한 자들이었다. 이러한 연결성을 통하여 모르드개의 신분이 천한 자가 아닌 귀족 계급에 속한 자임을 보여 주며(왕하 24:14~16), 그를 중요한 인물로 부각시키기에 충분하도록 그의 가계를 소개하고 있다. 6절은 한 구절 속에 '사로잡혀 가다'(גלה갈라)라는 히브리어 어근이 네 번이나 나온다(개역한글 성경에는 두 번만 반영되었다). 그만큼 포로 생활이 강조되어 있다. 저자는 이것을 통하여 모르드개와 에스더가 이방 땅에서 어떠한 출세를 하든, 그들은 결국 포로 생활로 와서 이방 땅에 정착한 힘없는 처지에 있는 자들이며, 사회적 소수자요, 약자며, 또한 바사 왕국과 같은 곳에서 얼마든지 불이익을 당할 수 있는 자들임을 새삼 상기시키고 있는 것이다.

　그에 대한 소개가 끝나자 저자는 그와 에스더의 관계로 넘어간다. 그녀는 모르드개의 삼촌의 딸로서 고아이며 히브리어 이름은 '하닷사'(הדסה)이다. 이 히브리어 이름은 에스더서에 딱 한번 나오는데 그것은 그녀가 이 이름을 사용하지 않고 있기 때문이다. 그런데 유독 에스더의 이름만 두 가지로 소개되어 있다. 이것은 그녀가 처해 있는 두 세계를 반영하고 있다고 볼 수 있다. 그녀가 자란 유다인의 세계와 유다인의 신분을 철저히 숨긴 바사 왕궁에서의 세계이다.[5] 7절은 그녀의 외모를 "용모가 곱고 아리따운 처녀"라고 소개함으로써, 신하가 아하수에로 왕에게 제시한 비슷한 용어들을 사용하여(2, 3절) 에스더가 그러한 평가 기준에 맞는 자임을 시사한다.[6] 모르드개는 그녀를 딸같이 여기고 보호자의 역할을 하고 있었다.

　주인공들에 대한 소개가 끝나자 이야기는 다시 수산 궁의 장면으로 옮겨

간다. 8절의 동사들은 모두 수동형이다. 왕의 조명이 반포된다. '조명'이라는 단어는 1장에서도 쓰였던 '다트'(דָּת)이다. 이것은 왕의 명령이므로 누구도 거역할 수 없다. 이 때문에 많은 처녀들은 도성 수산에 능동적으로 모인 것이 아니라 모두 징집된 것이나 마찬가지이다. 그리고 에스더도 지원한 것이 아니라 왕궁으로 이끌려 온 것이다. 이는 모르드개가 자신의 정치적 야심을 위하여 이방 왕에게 에스더를 판 것이 아님을 저자는 분명히 밝히고 있다. 왕의 명령을 거역할 자가 그 누구도 없음을 1장을 통하여 우리는 이미 잘 알고 있다. 그러나 이러한 수동형의 또 다른 의미는 보이지 않는 손에 의해 그녀의 운명이 결정지어지는 것을 보여 준다. 즉 그녀가 원해서 간 것이 아니라 갔어야만 하는 운명에 놓여 있었다. '그렇다면 이 보이지 않는 운명의 손은 과연 무엇을 의미하는가?'라는 질문과 함께 본문을 계속 읽어 내려가자.

헤개의 이름이 8절에 두 번 반복되어 나오는데 이는 앞으로 계속될 그의 역할의 중요성을 보여 주기 위함이다. "헤개가 이 처녀를 기뻐하여 은혜를 베풀어"라는 9절 앞부분의 설명은 에스더의 능동적인 면을 부각시키고 있다.[7] 원어를 반영하면, 헤개가 에스더를 기뻐했다기보다는 에스더가 헤개를 기쁘게 했다는 것이 더 정확한 해석이다. 그 결과 그녀는 헤개의 은혜를 얻게 된다. 모두 에스더의 적극적인 노력의 대가이다. 그녀가 왕궁에 끌려온 것은 그녀의 의지가 아니었지만 그곳에서의 운명은 그녀 스스로가 개척해 나가고 있음을 잘 보여 준다. 여기에서 '은혜'(חֶסֶד헤세드)라는 단어는 하나님과의 언약 관계에 많이 쓰인 단어이다. 비록 에스더서에서 하나님의 이름이 언급되지는 않았지만 이러한 단어는 그의 백성과 함께하시는 하나님의 은혜를 상기시키는 종교적인 색채를 띠고 있다.[8]

헤개가 에스더를 기뻐한 결과 그는 그녀에게 몸을 정결케 할 물품과 일용품을 다른 처녀들보다도 빨리 마련해 준다. 그리고 특별히 선택된 일곱 궁녀로 하여금 그녀를 시중들게 하고 에스더와 그 궁녀들을 왕궁 아름다운 처소로 옮긴다. 개역한글의 '의례히 주는'이라는 번역은 원문에 대한 번역자의 주관적인 해석이다. 누구에게나 선택된 일곱 궁녀를 '의례히' 준다면 그것은

'은혜'를 입은 것과는 거리가 멀다. 본문의 의도는 헤개가 어떻게 에스더를 특별하게 취급하고 은혜를 베풀었는지를 보여 주는 데에 있다.

모르드개의 명령에 의해 에스더는 자기의 민족과 종족을 밝히지 않는다. 그러나 우리는 모르드개가 왜 그러한 지시를 에스더에게 했는지에 대해서는 정보가 없다. 다만 전개되는 이야기로 보아 유다인들을 미워하는 무리들이 있다는 것을 알 수 있다. 그런 분위기 속에서 일종의 조심스러운 생존 본능적 보호책이 아니냐는 추측을 해 볼 수 있다. 모르드개는 날마다 에스더의 '안부'(מֲלוֹם 샬롬)와 그녀에게 일어나는 일을 파악한다. 이러한 사실은 모르드개가 에스더를 얼마나 아끼고 친딸같이 여기는지를 잘 보여 주는 대목이다. 또한 이러한 관계는 앞으로 사건 전개에 있어서도 중요한 역할을 한다.

3. 새 왕후로 간택됨(12~18절)

처녀들은 왕에게 나아가기 위해 차례를 기다렸다. 기다리는 동안 준비하는 과정도 바사의 '규례'(דָת)에 따라 행해졌다. 열두 달이라는 긴 기간을, 그 중 여섯 달은 몰약 기름을 쓰고 여섯 달은 향품과 여자에게 필요한 다른 물품을 사용하여 몸을 정결케 하고 기다린다. 12절의 이러한 묘사는 1장에서의 궁중의 묘사와 같은 역할을 한다. 과장된 긴 기간과 과도한 물질적 과시와 술이 넘쳐나는 1장에서의 모습 대신에 이곳에서는 과장된 긴 기간과 과도한 물질적 과시와 여인이 넘쳐나는 모습을 그리므로 일종의 조롱과 냉소적인 평가가 들어 있다. 향품은 바사의 유명한 수출 품목 중의 하나이다.

처녀들은 자기의 차례를 기다렸다가 왕에게 나아갈 때에 그 구하는 것을 다 얻어 왕궁으로 간 후 저녁이면 갔다가 아침에는 다시 후궁으로 돌아오게 되며 이번에는 헤개가 아닌 다른 내시 사아스가스의 수하에 속하게 된다. '구하는 것을 다 준다'라고 되어 있는데 도대체 무엇을 어느 정도 규모로 구하며, '다 준다'면 어느 정도까지를 주는 것인지에 대해서는 독자의 상상에 맡기고 있다. 위에서 언급된 물질의 풍부함을 볼 때에 각자의 상상에 맡기는 것이 훨씬 효과가 있다.

12~14절에는 '(왕에게) 나아간다'는 표현이 네 번 나온다. 이 말은 실제로 나아간다는 의미도 있지만 성적인 함축성이 짙은 단어로 이중 의미를 전달하고 있다. 왕이 그들의 이름을 불러들이지 아니하면 이 여인들은 영원히 첩으로서 거의 과부 신세나 다름없이 평생을 지나게 된다. 하루살이 인생처럼 하룻밤에 그녀들의 일생이 결정되는 것이다. 이름이 불리기 전에는 이름 없는 신세들이다. 단지 순서를 기다리는 숫자의 일부일 뿐이다. 바사 왕국에서는 여성들만 이렇게 취급된 것이 아니다. 헤로도토스의 기록에 의하면 매년 500명의 소년들이 왕궁으로 끌려와 내시로 섬기는 기록이 나온다.[9] 이미 그러한 내시들이 본문에 언급되어 있다. 바사 왕국에서는 여성 남성 가릴 것 없이 그들의 인권은 말살되고 철저히 소모되고 소유되는 사유 재산일 뿐이다.

'이름이 불리지 않으면 왕에게 나아가지 못한다'는 설명이 있은 바로 다음 절에 저자는 에스더를 정식으로 소개한다. 그녀는 아비하일의 딸이며 모르드개가 딸같이 양육하는 에스더라는 당당한 이름을 지닌 여인임을 보여 준다. 에스더가 왕에게 나아갈 차례가 되었을 때에 그녀는 헤개가 정한 것 외에는 다른 것을 구하지 않았다고 기록하고 있다. 이때까지 보아 왔던 바사 왕국의 '과도함'과는 대조적으로 그녀는 겸양과 절제를 보여 준다. 그뿐 아니라 에스더는 그녀를 보는 모든 자에게 '꾐을 얻었다'(15절). 이 표현도 수동태가 아닌 능동태이다. 그녀는 노력하여 다른 이들에게 인정을 받은 것이다.

그녀가 왕에게 나아간 연대가 기록되어 있는데, 아하수에로 왕 7년 10월 곧 데벳월이다. 데벳월은 현재 12~1월에 해당하는 바빌론식 명칭이다. 이러한 기록은 에스더서의 역사성을 보여 준다. 드디어 에스더가 왕에게 나아갈 차례가 되었다. 에스더는 이끌려 왕궁에 들어가게 되는데 여기에서 '왕궁'(בֵּית מַלְכוּת 베트 말쿳; 16절)이라는 단어는 원어상 13절에 나오는 '왕궁'(בֵּית הַמֶּלֶךְ 베트 하멜렉)과 다르다. 저자는 다른 처녀들이 들어간 왕궁과 에스더가 들어간 왕궁이 물론 장소적으로는 같은 곳이지만 약간의 표현의 변화를 줌으로 그들과 차별성을 두고 있다. 저자는 1장에서 왕후 와스디가 부녀들을 위하여 잔치를 베푼 '왕궁'(1:9 베트 말쿳)과 에스더가 들어간 왕궁을 같은 단어를 사용함으로 이미 와스디의 자리를 에스더가 차지할 것이라는 암시를 주고 있다.

예상대로 왕이 와스디의 자리에 에스더를 왕후로 앉힌다. 그 이유로 저자는 "왕이 모든 여자보다 에스더를 더욱 사랑하므로 저가 모든 처녀보다 왕의 앞에 더욱 은총을 얻은지라"고 기록하고 있다. '사랑하다'는 여러 뉘앙스를 가진 단어이다. 상당히 강한 의미가 있다. 왕이 에스더와 다른 여자들을 비교했기 때문에 '첫눈에 반한 순수한 사랑'이라고 보기보다는 다른 여자들보다도 에스더가 훨씬 왕의 (성적인) 욕구를 충족시키기에 만족스러웠다고 보아야 한다.

여기에서 한 가지 의문이 든다. 도대체 에스더가 무엇을 어떻게 했기에 그 많은 경쟁자들을 제치고 하룻밤에 왕의 마음을 살 수 있었나 하는 것이다. 우리는 에스더를 민족을 구한 유관순 누나의 이미지를 가지고 접근한다. 또는 영웅적이고 민족을 위해 목숨을 아끼지 않은 잔 다르크 형의 여인이라고 생각할 수도 있다. 그러나 2장에 나타난 그녀의 모습은 여성 편력이 많은 대 제국의 왕이 단번에 그녀를 왕후로 지목할 만큼 만족스러운 것이다.

그러나 그것이 다는 아니다. 에스더는 다른 처녀들보다 왕의 앞에 '은총과 은혜'(원어는 두 단어로 되어 있음)를 입었다. '은총'은 15절에서 모든 보는 자에게 얻은 '굄'과 같은 단어이며, '은혜'(헤세드)는 헤개에게 얻은 것(헤세드)과 (9절) 같은 단어이다. 왕은 에스더에게 육체적 욕구를 채우는 그 이상의 무엇인가를 느꼈기 때문에 그녀를 왕후로 맞은 것이다. 그녀는 단순히 성적 노리개가 아닌, 그녀의 품격과 인격으로 당당히 왕후의 자격을 얻은 것이다.

'헤개의 정한 것 외에는 다른 것을 구하지 않았다'는 것은 그녀가 왕후가 되는 일에 그렇게 연연하지 않았다는 증거로 볼 수 있다. 위의 사실들을 종합해 보면 에스더가 왕후가 되는 데에는 어떤 술수나 특별한 기교가 있었다기보다는 주어진 상황에 최선을 다하는 에스더의 노력과 인격과 인간적인 매력이 있었다. 그러나 그것을 다라고 보기에는 너무나 많은 변수들이 놓여 있었다. 즉 무엇인가 보이지 않는 손에 의한 섭리가 있지 않았느냐는 질문이 저절로 나온다.

왕은 에스더를 위하여 크게 '잔치'를 베푸는데 '에스더를 위한 잔치'라고 기록되어 있다. 18절에서 '잔치'라는 단어를 두 번 언급하는 것은 다시 한 번 1장의 두 번에 걸친 잔치를 상기시키며 또한 앞으로 있을 에스더의 두 번의 잔치 초청과 9장에 나오는 두 번의 잔치를(9:17~18) 준비시켜 준다. 왕은 이 날을 공휴일로 정하고 각 도의 세금을 면제해 주는 등 관용을 베푼다. 에스더 즉 유다인 덕분에 많은 사람이 혜택을 보는 주제가 등장한다.

4. 모르드개가 모반을 막음(19~23절)

"처녀들을 다시 모을 때에는 모르드개가 대궐 문에 앉았더라"에서 '처녀들을 다시 모은다'는 표현은 다양하게 해석되었다. 70인역에서는 아예 이 표현은 빠져 있다. 이것에 대해 제시된 의견은 다음과 같다. (1) 왕후가 결정됨에 관계 없이 새로운 첩들을 계속 징집했다는 견해, (2) 에스더가 여왕으로 뽑힌 이후에 뒤늦게 도착한 처녀들이라는 견해, (3) 신하들이 에스더의 영향력을 시기하여 또 다른 왕후를 찾아 주려 했다는 견해, (4) 삽입된 구절로 에스더를 뽑기 전에 처녀들을 모았을 때를 상기시키는 언급이라고 보는 견해, (5) '다시'의 의미를 14절의 '둘째'라는 의미로 보고 '둘째' 후궁에 처녀들을 모은다는 의미로 보는 견해, (6) 확실한 결론을 지을 수 없다는 견해 등 주석마다 각자의 의견들로 다양하다. 그러나 여기서는 첫 번째 견해를 따르겠다. 즉 에스더가 왕후가 되었다고 해서 왕이 첩들을 포기한 것은 아니다. 여전이 바사 왕국의 '과장'과 '과도함'은 여기저기서 목격된다. 1장에서 각 사람이 한계를 두지 않고 술을 마시도록 한 것처럼 처녀들도 한계를 두지 않고 계속 제공된다.[10] 후에 에스더가 30일이나 왕에게 부름을 받지 못했다는 보고의 이해를 돕는다(4:11).

모르드개가 대궐 문에 앉았다는 것은 왕궁에서 일할 수 있는 공직을 얻은 것을 보여 준다. 직함은 나와 있지 않으나 이 위치는 모르드개로 하여금 계속적으로 에스더와 접촉할 수 있는 계기를 마련해 주는 역할을 한다.

다시 한 번 저자는 에스더가 왕후가 된 후에도 모르드개가 명한 대로 종족과 민족(10절에는 역으로 '민족과 종족'으로 되어 있음)을 밝히지 않았음을 언급한다. 그녀는 모르드개에게 계속적으로 순종하는 모습을 보여 주며 왕후가 된 후에도 모르드개에게 여전히 정신적으로 의존하고 있음을 알 수 있다.

본문은 분위기를 바꾸어 뜻밖의 사건을 기록한다. 어찌 보면 본문의 흐름과 큰 관계가 없는 듯한 사건으로 보인다. 모르드개가 대궐 문에 앉았을 때에 문 지킨 왕의 내시 빅단과 데레스라는 두 사람이 아하수에로 왕을 원한하여 죽이려는 모반 계획을 발견하고 그것을 왕후 에스더에게 고한다. 에스더가 그것을 모르드개의 이름으로 왕에게 고한다. 사건을 조사해 본 결과 그것이 사실임이 밝혀져 두 사람을 나무에 달아 처형하게 된다. 본문은 분명히 이 일을 '왕의 앞에서 궁중 일기에 기록했다'고 전한다. 그렇다면 왕이 이 사건에 대해서 잘 알고 있었다는 뜻이다. 그런데 어떻게 이렇게 중대한 공훈을 세운 사람에게 포상하는 것을 간과했는지가 의문이다.

헤로도토스의 기록에 의하면 페르시아의 왕들은 공을 세운 사람들을 보상하는 일에 부지런하고 관대하게 포상했다는 기록이 나온다. 실제로 그런 명단이 기록된 문서가 있다는 것도 언급되어 있다.[11] 그런데 모르드개의 경우 그냥 지나쳐 버렸다는 것은, 거의 있을 수 없는 일이 일어난 것이다. 기록은 했는데 왜 모르드개에게 아무런 보상을 하지 않은 것인가? 우연히 그렇게 되었을까? 이것이 에스더서를 읽으면서 계속적으로 묻게 되는 질문이다.

모르드개는 이에 대해 침묵한다. 자신의 포상 받을 권리를 주장하지 않는다. 그것을 위해 고민하거나 애쓰는 모습도 보이지 않는다. 에스더를 통해서 왕에게 자신이 한 일을 상기시켜 달라고 요청하지도 않는다. 그 또한 범상한 인물은 아니다.

이 사건은 이렇게 잠깐 소개됨으로 2장에서 일단락 지어진다. 그러나 저자는 이 사건을 통하여 이미 모르드개와 에스더가 한 팀을 이루어 일하고 있음을 보여 줌으로써 후에 두 사람이 한 팀을 이루어 일할 것을 시사한다(8~9장). 왕을 '구원'함으로 두 사람의 협력을 통한 '구원'의 주제가 서서히 부각되고 있다. 이것 또한 두 사람을 통하여 후에 일어날 유다인의 '구원'을 시사하고 있는 것이다. 사건의 진상이 규명되어 반역을 꾀한 빅단과 데레스 두 사람은 처형을 당한다. "두 사람을 나무에 달고"라는 표현은 후에 나오는 "나무에 하만을 다니"(7:10)라는 표현과 비교할 때 구문과 단어가 같다. 이것은 현재의 사건이 미래의 사건을 예시하는 문학적인 기교를 보여 준다.

설교를 위한 적용

첫째, 우리는 불완전한 세상에 살고 있음을 기억해야 한다. 에스더와 모르드개는 포로 생활 이후에 바사 왕국에 흩어져 사는 디아스포라의 삶의 일면을 보여 준다. 그들이 살고 있는 환경, 즉 바사 왕국은 지극히 예측 불허한 불안하고도 불완전한 세상이다. 그런 속에서 에스더와 모르드개는 자신들이 할 수 있는 일들을 하며 서로를 돌보아 주고 의지하고 자신들이 옳다고 믿는 대로 판단하며 살고 있었다. 2장은 두 사람을 보며 그들의 삶의 방식의 옳고 그름을 따지거나 또는 본을 받으라고 기록한 것이 아니다. 그들은 자신의 유다인 신분을 숨기는 것이 살아남는 방법이라고 생각하고 그러한 선택을 하며 살았다.

이것을 현대로 옮겨서 북한의 동포들은 어떠한 세상에서 살고 있는지, 중국의 지하교회에 숨어서 예배 보는 자들은 어떠한 환경에 처해 있는지, 회교권 국가에서 사는 그리스도인들의 삶은 어떠한지를 생각해 보자. 이러한 불완전한 세상 속에서 사는 자들을 향해 우리는 '이렇게 살아야 한다, 저렇게 살아야 한다'라고 단정적으로 말할 수 없다. 그들 나름대로 그 속에서 자신들의 신앙의 판단대로 살아야 하기 때문에 그 상황에 있지 않은 사람들로서 우리의 의견을 주입하는 것은 어쩌면 교만일지도 모른다. 그러한 사람들에 비하면 우리는 감사하게도 종교적으로 자유로운 곳에서 살고 있다. 그러나 우리에게도 세속화의 유혹은 끊임없이 주위를 맴돌고 있다. 우리의 처지가 상대적으로 훨씬 낫지만 그래도 우리도 불완전한 세상에 살고 있음을 명심해야 한다. 그렇기 때문에 2장을 보면서 에스더가 이방 왕을 목숨 걸고 거부하지 않은 것, 유다인의 신분을 숨김으로 유대교의 율법대로 살지 못하는 부분(음식, 복장 등)을 탓하기 전에 우리 자신이 얼마나 하나님의 말씀의 기준에 맞게 살고 있는지를 돌아보는 것이 중요하다. 어쩌면 그들에게는 선택의 여지가 없었지만 우리에게는 선택할 수 있는 자유가 있기 때문에 책임을 면할 수 없다. 이렇게 각자가 처한 불완전한 세상 속에서 우리는 어떻게 하면 우리의 신앙생활을 잘 유지할 수 있는지 하나님의 말씀의 요구대로 살 수 있는지를 고민해 보아야 한다.

둘째, 주어진 상황에서 최선을 다하는 원리는 항상 중요하다. 에스더는 왕궁에 갔을 때에 능동적이며 적극적으로 주위의 사람들에게 꾐을 얻고 은혜를 얻었다. 앞에서 살폈듯이 그녀 자신이 노력하여 획득한 결과이다. 마치 요셉이 보디발의 집에서, 감옥에서 최선을 다하고 인정받은 것처럼, 에스더도 그녀가 끌려간 하렘 같은 곳에서 인정을 받았다. 우리는 주어진 상황을 탓하기 전에 그 속에서 사람들과 하나님께 인정을 받고 칭찬을 받는 그리스도인이 되는 것이 중요하다. 다니는 회사에 그리스도인이 없어서 사람들과 섞일 수가 없고, 내 일은 시시한 것이라 대충하고, 환경이 나빠서 일에 집중할 수가 없고 등등 핑계는 수없이 많다. 그러나 그러한 자들에게는 하나님께서 역사하시기가 힘들다는 사실도 함께 기억해야 한다. '맡은 자들에게 구할 것은 충성'(고전 4:2)임을 명심하라.

셋째, 보이지 않는 곳에서 역사하시는 하나님의 손길을 신뢰해야 한다. 에스더의 입장에서 보면 왕궁으로 들어가게 된 것이 무엇을 의미하는지 알기 힘들었을 것이다. 그저 운명적으로 선택권 없이 그녀에게 주어진 것이다. 그러나 에스더가 왕궁에 가게 된 데에는 너무나 큰 역할이 기다리고 있었다. 우리의 삶 속에서도 보면 도무지 이것이 하나님의 뜻인지 알기가 힘들 때가 있다. 모든 것이 다 설명 가능한 것도 아니다. 그럴 때에는 계속적으로 하나님을 신뢰하면서 위에서 언급한 대로 옳은 판단을 하도록 노력하며 최선을 다하면서 하나님의 뜻을 기다려야 한다. 판단하지도 말며 포기하지도 말고. 그러나 제일 중요한 것은 하나님에 대한 믿음을 잃지 않고 계속 그분을 의지하면서 사는 것이다. 그분의 판단과 계획에 우리 자신을 맡겨야 한다.

03

명예욕과 적개심

에스더 3장 주해와 적용

본문의 개요

3장의 개요는 다음과 같다.

명예욕과 적개심(3장)
사건의 발단(1~6절)
하만의 보복 계획(7~11절)
조서의 전달(12~15절)

본문 주해

1. 사건의 발단(1~6절)

3장은 2장의 시작과 동일하게 '그 후에'라는 시간 절로 시작함으로 2장 사건 이후에 새로운 사건을 다루고 있음을 알려 준다. '그 후에'라는 표현으로만 보아서는 정확히 얼마간의 시간이 흘렀는지 알 길이 없다. 그러나 7절의 '아하수에로 왕 십이 년'이란 기록을 볼 때 에스더가 왕후가 된 지 오 년 정도 지났음을 알 수 있다. 저자는 2장 마지막 부분과 3장 첫 부분을 연결시키고 있는데 내용상 의외라는 반응이 나온다. 2장의 마지막 부분은 모르드개가 왕의 모반을 발견하여 보고함으로 왕을 구원한 사건이 궁중 일기에 기록되는 것으로 마친다. 3장에서 자연스럽게 기대되는 것은 모르드개가 이 일로 인하여 상을 받고 그의 지위가 한층 더 승진되는 것이다. 그러나 뜻하지 않게 전혀 엉뚱한 인물인 하만이 등장하면서 하만의 지위가 올라가는 일이 기록된다. 마치 모르드개가 받아야 할 상을 하만이 대신 받는 듯한 인상을 준다. 이러한 이야기 구성의 기교를 통하여 후에 실제 역전될 두 사람의 운명의 복선을 깔고 있다.

개역한글에는 잘 반영되어 있지 않지만 1절에는 왕이 하만의 지위를 '높게 하고, 올리고, (모든 대신 위에) 둔다'는 세 개의 비슷한 뜻의 동사가 사용된다. 왕의 자리 외에는 더 이상 높이 올라갈 수 없을 정도로 그는 시작부터 승승장구 꼭대기에 올라가 있다. 그에게 앞으로 남은 것은 왕이 되거나 아니면 자신이 올라간 최고점에서 추락하는 것뿐임을 저자는 은근히 드러내고 있다. 우리는 모르드개가 세운 공로에 대해서는 잘 알고 있다. 그러나 하만의 공로에 대해서는 아는 바도 없고 저자도 그의 지위가 어떻게 올라가게 되었는지에 대해서 정보를 주지 않고 있다.

모든 이야기가 그렇듯이 악당이 등장해야 긴장감이 고조되고 갈등이 생기며 흥미롭게 진행된다. 드디어 그러한 인물이 소개된 것이다. 그는 함므다다의 아들이며 아각 사람이라고 소개되어 있다(원어 순서를 반영한 것임). 아각은 아말렉 족속의 왕을 부르는 칭호로(삼상 15:32) 모르드개와 사울과의 연결성을 통하여(2:5) 사무엘상 15장의 사건을 상기시킨다. 아말렉인들은 이스라엘이 이집트에서 나올 때에 이스라엘을 대적하여 첫 전쟁을 치르게 만든 자들이다. 그것을 상기시키며 여호와는 사무엘을 시켜 사울에게 아말렉인들을 진멸하고 가축까지도 그리하라고 명하신다. 그러나 사울 왕은 양질의 가축들을 진멸하기를 즐겨 아니하고 아각 왕도 살려 둔다. 이에 격노한 사무엘이 결국 아각 왕을 죽이고 이 사건을 계기로 여호와께서 사울을 왕 삼으신 것을 후회하시고 그를 버리기로 작정하신다. 그러니까 하만과 모르드개의 만남은 아각과 사울과의 관계의 연장선상에서 보아야 한다. 조상들의 적대 관계가 후대에 다시 살아난 것이다. 아말렉은 처음부터 이스라엘과 원수 관계였다(출 17:8~16; 민 24:7; 신 25:17~19; 삼하 1장). 유다인들이 진멸의 대상이 아니라 아말렉인들이 여호와의 진멸의 대상이다(출 17:8~16). 에스더서 전체에서 보면 하만이 다음과 같이 묘사되어 있다.[1]

> 유다인의 대적 곧 아각 사람 함므다다의 아들 하만(3:10)
> 유다인의 대적 하만(8:1)
> 아각 사람 하만(8:3)
> 아각 사람 함므다다의 아들 하만(8:5)
> 함므다다의 아들 유다인의 대적(9:10)
> 아각 사람 함므다다의 아들 모든 유다인의 대적 하만(9:24)

이러한 교차 대구법을 통하여 발견되는 것은 저자가 '아각 사람'과 '유다인의 대적'을 동일시하고 있다는 점이다. 즉 아각 사람은 '유다인의 대적'의 대명사로 사용되고 있다.

모르드개가 왜 하만에게 절하지 않았는지에 대한 이유는 정확하게 나와 있지 않다. 이에 대한 다양한 의견이 있으나 크게 세 가지 설명으로 분류해볼 수 있다.

첫 번째는 모르드개의 교만으로 본다. 이와 연계해서 어떤 학자는 모르드개가 하만의 위치에 자신이 있어야 하는데 그러지 못한 것에 연연하여 이러한 행동을 했다고도 해석한다. 만약에 그것이 이유라면 모르드개는 2장 사건 후에 곧바로 왕에게 나아가서 포상을 요구하고 그것을 빌미로 출세의 길을 모색했을 것이다. 그러나 그렇게 하지 않았고 또한 이러한 설명은 에스더서 전체에 나타난 모르드개의 이미지와도 맞지 않는다.

두 번째는 다니엘 3장에서 사드락, 메삭, 아벳느고가 신상에 절하기를 거부한 것처럼 종교적인 신념에서 기인했다는 설명이다. 모르드개는 하나님

외에 누구에게도 절하는 것을 거부한 것이다(출 20:4~6). 탈굼이나 헬라어 번역들도 종교적인 이유로 해석하고 있다.[2] 이것이 이유라면 모르드개는 모든 사람에게 절하는 것을 거부했어야 한다. 그랬다면 그는 왕궁에서 살아남아 있기가 힘들었을 것이다. 또한 본문은 그가 유독 하만에게만 꿇지도 않고 절하지도 아니한 것으로 기록하고 있다.

세 번째는 아말렉에 대한 민족적 자존심 때문이라는 것이다. 이 세 가지 중에서 특히 두 번째와 세 번째의 설명이 유력하다. 신복들이 하만에게 절하도록 종용하자 그것을 거부하는 이유로 모르드개는 자신이 유다인임을 내세운다. 또한 저자가 하만이 아각 사람이라는 점을 강조한 점과 후에 유다인의 말살을 계획한 것으로 보아 세 번째의 설명이 가장 설득력이 있다.

그러나 저자가 굳이 이유를 구체적으로 밝히지 않은 것은 또 다른 목적이 있다. 1장에서 사실 와스디가 왜 왕의 부름을 거절했는지에 대해서도 저자는 밝히지 않고 있다. 저자는 독자의 상상력에 결론을 맡기고 있다. 여기에서도 1장과 유사하게 결론을 독자들에게 맡기고 있다. 그러므로 모르드개에 대한 불필요한 판단을 하지 않도록 유도한다. 두 사건 다 한 개인의 신념 때문이다. 한 사건은 전국적으로 번지고 또 하나는 민족 말살로 번지는 비극을 자아냈다는 점에서 공통점이 있다.

대궐 문에 있는 왕의 신복들은 모르드개에게 "너는 어찌하여 왕의 명령을 거역하느냐"고 따져 묻는다. 그들이 모르드개에게 날마다 권한 이유는 왕의 명령에 대한 순종이 관건이었다. 그러기에 그들도 하만에게 이 사실을 보고한 것이다. 그러나 하만의 관점은 모르드개가 '자신'에게 '꿇지도 아니하고 절하지도 아니함'을 보고 분노한다. 하만은 발음상 히브리어의 '분노'라는 단어인 '헤마'(חֵמָה)와 음이 비슷하므로 '말장난'(word play)이 들어 있다. 신복들은 '왕의 명령'에 초점을 두고 있고 하만은 '자신'에게 초점을 맞추고 있다. 그럼으로써 그의 인간성을 드러낸다. 그는 권력과 명예욕에 사로잡힌 자기도취형 인간이다. 신복들이 보고하기까지 하만은 모르드개의 행동을 눈치채지 못하고 있었다. 모두가 무릎 꿇는 상황에 도취되어 한 개인의 항의적인 행동은 관심의 대상조차 되지 못했다. 여기에서 우리는 모르드개가 '왕의 명령'을 불복하려는 데에 목적이 있는 것이 아니라 민족적 감정이 있는 하만 같은 교만한 인간에게 굴복하지 않으려는 의도를 엿볼 수 있다. 왜냐하면 모르드개의 왕에 대한 충성심은 이미 2장에서 반역을 밝혀냄으로 증명되었기 때문이다. 오히려 왕국에서 가장 높은 지위를 차지하고 있는 하만의 왕에 대한 충성심이 의문시된다.

하만의 반응은 1장의 아하수에로 왕과 닮은꼴이다. 왕이 개인의 사건을 왕국 전체로 확대시키고 한 여인의 문제를 전체 여인의 문제로 취급한 것처럼, 하만도 한 개인에 대한 문제를 유다인 전체의 문제로 확대시키고, 명예욕과 적개심의 개인적 감정을 민족적 감정으로 몰고 간다. 하만의 유다인 말살 계획의 정체가 드러난다. 드디어 이야기에 긴장감과 전운이 돌기 시작한다. 신복들도 모르드개가 유다인임을 고하자 그가 '유다인'이라는 사실에 대해 하만이 어떻게 반응하는지를 보고자 하만에게 모르드개의 행동을 보고한다. '반유다인'의 주제가 수면에 떠오른 것이다.

2. 하만의 보복 계획(7~11절)

하만은 유다인을 멸절시키기 위한 길일(吉日)을 정하기 위해 날과 달에 대하여 '부르' 곧 제비를 뽑는다. '부르'는 아카드어인 '푸루'를 소리 나는 대로 히브리어로 옮긴 것으로 '제비'라는 뜻이다. 이 단어는 에스더서에서만 사용되었다. 그러기에 저자는 히브리어로 다시 그 의미를 설명해 주고 있다. 점성술사들이나 마술사들이 하만 앞에서 제비를 뽑았을 가능성이 높다. 이때가 아하수에로 왕 십이 년 정월 곧 니산월(4~5월)이다. 정월에 제비를 뽑은 것은 그 당시에 행해졌던 풍습으로, 그들은 신들이 그때에 일 년 동안의 모든 운명을 정한다고 믿었다. 제비를 뽑아 얻은 달이 십이월 곧 아달월(2~3월)이다. 운명의 역전을 전혀 예상치 못한 채 하만은 자신의 무덤을 스스로 파고 있다. 이렇게 거사 날짜가 오랜 후에 정해짐으로 하만에게는 그동안 공작할 수 있는 충분한 여유가 주어진다. 그러나 이것은 동시에 그 계획이 무산

될 수 있는 충분한 시간이기도 하다.

날짜가 정해지자 하만은 먼저 왕을 찾아가서 자신이 하려는 일의 승인을 얻기 위해 설득 작전을 펼친다. 그는 세 가지의 요점으로 접근한다.[3]

첫째, 어느 한 민족이 왕의 각 도 백성 중에 흩어져 '분리되어'(개역한글에는 이 번역이 빠져 있음) 거한다는 점이다. '어느 한 민족'이란 표현의 뉘앙스는 여러 민족 중의 하나라는 의미로 그렇게 중요한 민족이 아님을 보여 주려는 의도이다. 민족의 이름을 밝히지 않으므로 마치 이름 없는 민족처럼, 정체성 없고 뿌리 없는 민족처럼 사소하게 취급하고 있다. '흩어져 산다'는 의미는 그들이 별다른 실체가 없는 무리들임을 보여 준다. 우리나라의 이민자들을 보아도 그들이 '한인 타운'을 형성하고 살 때에 이득이 많이 있다. 정치적으로도 발언권이 더 있다. 그러기에 중국인들도 어디를 가나 '차이나타운'을 만들고 상권을 형성한다. 하만의 말 속에서 당시 유다인들이 '유다인 공동체'를 형성치 못하고 흩어져 살고 있었음을 볼 수 있다. 그러기에 모르드개도 에스더의 신분을 밝히지 않은 것으로 보인다. 바사 왕국의 다양한 인종 그룹에서 자신들의 목소리를 내지 못하는 이러한 시시한 민족들은 왕에게 큰 가치가 없다는 논리를 하만은 펼치고 있다.

'분리되어 산다'는 것은 그들이 사회적으로 잘 섞이지 못하는 민족이라는 뜻이다. 사실 종교적으로 유다인들이 독특성이 있고 분리주의 정책을 쓰는 것은 사실이지만 사회적으로 그들이 잘 섞이지 못한다는 것은 왜곡된 정보이다. 모르드개만 보아도 유다인들이 사회 깊숙이 침입하여 일반 바사 백성들과 섞여 사는 것을 볼 수 있다. 그들이 유다인이라는 정체만 밝히지 않는다면 에스더의 경우처럼 누구도 그 민족의 근원조차 알아보지 못할 정도로 그들은 융화되어 있다.

둘째, 그 법률이 만민과 다르다는 점이다. 미국 뉴욕의 브루클린 지역에 많이 모여 사는 '하시딕 유다인들'만 보아도 독특한 복장, 종교 의식, 까다로운 음식 '규정'(코셔, Kosher) 등으로 자신들의 정체성을 뚜렷이 드러내며 살고 있다. 물론 하만 당시에 많은 민족들이 자신들의 언어, 풍습, 종교 등의 특성을 드러내며 살고 있었지만 바사 왕국은 이러한 점들을 수용하여 정책을 펴고 있었다. 그러니까 다양함과 다민족이 섞여 사는 것을 인정하는 정책과 문화 속에 하만은 편견을 주입함으로 문제가 아닌 것을 문제로 만들고 있다. 오히려 유다인 공동체의 이러한 독특성은 헬라 문화 시대 때에 더 문제시된다. 하만의 이러한 고발은 허위와 과장이 섞여 있다.

셋째, 그들이 왕의 법률을 지키지 않는다는 점이다. 하만이 모르드개가 자신에게 절하지 않은 사건을 가지고 이야기한다면 그렇다고 볼 수 있다. 그러나 이것을 확대 해석하여 유다인 전체가 왕의 법률을 지키지 않는다고 한다면 그것은 전혀 근거 없는 거짓이다. 더군다나 에스더서에서 법률을 지키지 않은 자들은 지금까지는 왕후였던 와스디와 반역죄를 꾀했던 빅단과 데레스 즉 바사인들이다. 그리고 왕의 목숨을 건져 준 자는 오히려 유다인인 모르드개이다. 왕의 법률을 지키지 않았다는 것은 거짓이다. 그러나 하만은 이러한 이유 때문에 왕이 그들을 용납하는 것이 왕에게 전혀 무익하다고 한다. 하만의 전략은 약간의 진실로 시작하여, 과장으로 포장하고, 거짓으로 포장지를 장식해서 왕에게 보이는 것이다.[4] 남을 험담하거나 음해하는 자들의 수법을 살펴보면 다 이러한 방법들을 사용한다. 약간의 진실을 가지고 그것을 과장 왜곡하고 거짓으로 감싸는 것이다. 그 '약간의 터무니없는 진실' 때문에 많은 사람들이 속는다.

하만은 그 말의 진위와 관계없이 설득에 있어서는 상당한 자질이 있는 자이다. 애매모호한 언어를 사용해서 왕이 직접 진위 여부를 조사하는 것을 배제하며, 자극적이지 않은 언어로 이것은 큰 이슈가 아니라는 안심을 시켜놓고, 그러나 그대로 놓아두면 득이 될 것이 없다는 투로 자신의 말을 따르지 않으면 손해가 날 것 같은 생각을 집어넣어 주고 있다.

하만은 또한 자신의 요구를 확실히 관철시키기 위해 왕의 국고에 은 일만 달란트(약 300톤)의 뇌물을 준다. 헤로도토스의 기록에 따르면 이것은 거의 바사 왕국 1년 전체 세입과 맞먹는 양에 해당된다.[5] 실로 어마어마한 액수를 제시한 것이다. 왕이 유다인들을 죽임으로 그들에게 받을 세금의 손실을 계산할까봐 또는 그들을 노예로 팔 경우에 올릴 수익을 계산하기 전에 그러한 생각을 종식시키기 위한 조치이다. 뇌물을 준다는 자체가 이미 하만은 자신의 유죄를 인정한 것과 마찬가지이다.

왕은 반지를 손에서 빼어 하만에게 주고는 "그 은을 네게 주고 그 백성도 그리하노니 너는 소견에 좋을 대로 행하라"고 말한다. 저자는 여기에서 하만을 다시 정식으로 소개한다. 이번에는 수식어가 조금 더 많이 붙는다. "유다인의 대적 아각 사람 함므다다의 아들 하만"이라고 하면서 마치 그의 이름을 모든 듣는 이의 마음속에 다시 한 번 각인시키려는 의도로 보인다. 이제부터 그는 '유다인의 대적'(8:1; 9:10, 24)이라는 칭호를 달고 다녀야 한다.

왕이 "그 은을 네게 주고"라고 하므로 하만의 은을 취하지 않은 것처럼 들린다. 그러나 나중에 보면 하만이 은을 왕에게 바친다는 언급이 있고(4:7), 에스더 왕후도 자신의 민족이 '팔렸다'(7:4)는 말을 하는 것으로 보면 분명히 아하수에로 왕은 그 뇌물을 받았다.[6] 특히 그리스와의 패전 후 국고 사정이 좋지 않은 상황에서 그 많은 액수를 거부할 왕이 아니다. 단지 여기에서는 '동양적인 체면상의 거절'로 이해하면 된다. 외관상으로 왕의 위상도 살리고 관용도 베푸는 이러한 말을 문자 그대로 이해해서는 안 된다. 하만도 그것을 잘 알고 있다. 이 말을 문자 그대로 이해하여 돈을 국고에 채워 넣지 않으면 그야말로 큰 코를 다치게 된다. 하만이 그런 사오정 같은 일을 할 인물이 아니다. 하만은 유다인을 진멸하고 그들의 재산을 빼앗음으로 그 많은 돈의 액수를 다시 채워 넣으려는 계산을 했을 것이다.

'그 백성'이라는 말을 사용함으로 왕은 끝까지 그 백성의 정체에 관심이 없다. 1장에서부터 저자는 바사 왕국의 운영 방식을 보여 준다. 이 거대한 제국이 왕에 의해 움직여지는 것이 아니라 실상을 들여다보면 그를 교묘히 조종할 줄 아는 이러한 신하들에 의해 움직여 감을 알 수 있다. 논리가 맞지 않아도, 충분한 증거가 없어도, 적당히 논리적인 듯한 수사학으로 정색을 하고 왕에게 이야기하고 그것이 왕의 기분에 맞으면 법이 제정되고 집행된다. 그 안에 정의와 인권과 의로움은 존재하지 않는다. 그중에서도 하만의 일을 승인해 준 것은 아하수에로 왕이 한 일 중에서 가장 비인도적이며 비인륜적이며 비이성적인 결정이다. 유다인의 운명은 이제 아하수에로 왕에게 있는 것이 아니라 하만의 손에 주어졌다.

3. 조서의 전달(12~15절)

정월 십삼 일이 기록된 것은 특별한 의미를 지닌다. 정월 십사 일이 유월절 첫날이기 때문에 십삼 일은 유다인이 이집트의 압제에서 해방된 날을 기념하는 거룩한 종교적 축제를 준비하기에 바쁜 날이다. 유다인의 구원을 기념하는 전날, 유다인의 진멸을 알리는 죽음의 조서가 바사 왕국 전체로 전달되었다. 수동형 동사를 연속적으로 사용함으로 어떤 학자의 표현대로 비정한 운명을 나타낸다(서기관이 '소집되고', 조서가 '쓰이고', 방언대로 '쓰이고 인쳐짐'; 모두가 수동형 동사임).[7] 날짜 자체가 가지고 있는 이러한 묘한 의미가 소름이 돋게 한다. 과연 하나님께서는 자기 백성이 멸망당하는 것을 지켜만 보고 계실 것인가? 계속 침묵만 지키고 뒷짐을 지고 바라보기만 하실 것인가? 포로 생활 이후 세월이 지났음에도 그토록 이스라엘 백성에게 아직 분노하고 계신 것인가? 바사 왕국에 흩어져 있는 유다인의 운명에 과연 관심이 있으신 것인가? 또 한 번의 유월절 구원의 기적이 일어날 것인가? 많은 의문을 자아내며 본문의 분위기는 긴장이 점점 고조되고 있다.

아하수에로 왕의 이름으로 쓰이고 그의 반지로 인친 조서가 각 도의 문자와 각 민족의 방언대로 작성되어 왕의 대신과 각 도 방백과 각 민족의 관원에게 전달된다. 1장처럼 왕국 전체에 영향을 미친 사건이다. 바사 왕국의 효과적인 역참 제도로 역졸들에 의해 전국에 배포된다. 헤로도토스의 기록에 의하면 모든 소식이 전달되는 데에 약 3개월이 걸린다고 한다.[8] 조서의 내용은 '십이월 곧 아달월 십삼 일 하루 동안에 모든 유다인을 노소나 어린아이나 부녀를 무론하고 죽이고 도륙하고 진멸하고 그 재산을 탈취하라'는 것이다. 조서는 날짜, 대상, 행해야 할 일, 그리고 거기에 대한 대가가 포함되어 있다. 해야 할 일이 '죽이고, 도륙하고, 진멸하고'라는 세 단어로 분명하게 강조되어 있다.

그들에게 주는 동기 부여는 '재산을 대가로 탈취하라'는 것이다. 이것은 나중에 유다인들이 역으로 그들을 죽일 때에 '재산에 손대지 않았다'(9:10, 15, 16)는 것과 대조를 이룬다. 전자는 물질을 사람의 목숨보다 중요시 여기는 자들의 악행이며 후자는 목숨을 유지하기 위한 자기방어인 것이다. 그러나 조서에는 왜 그래야 하는지의 이유는 나와 있지 않다. 정당성을 부여할 수 있는 이유가 없음을 스스로 시인한 것이나 마찬가지이다. 이유 없는 도륙, 이것이야말로 1급 살인 행위이다. 바사 왕국은 이러한 범죄를 왕의 도장을 찍은 조서로 포장하여 아까운 세금을 써 가며 전국에 배포하고 있다. 민족적 다양성을 인정하고 융화 정책을 쓴다고 자처하는 이 나라에서 사는 것이 이런 결과라면 유다인들은 과연 이 세상 어디에 사는 것이 안전할 것인가?

하만은 왕 앞에서는 자신의 감정을 억누르고 왕을 위하여 이 일을 하는 것처럼 논리를 폈으나 일단 권한이 주어지자 그 분노의 열기를 화산이 폭발하듯 바사 왕국 전체에 뿜어내고 있다. '그날을 위해 준비하라'고 되어 있는데 이것은 죽음보다도 더 잔인한 것이다. 유다인들은 11개월이나(조서가 전달된 날짜에 따라 적어도 7개월 이상) 죽음의 공포 속에서 떨어야 한다. 사형 날짜를 알고 기다리는 사형수의 처지가 다를 것이 무엇인가!

역졸이 왕의 명을 받들어 급히 나간다. 죽음의 그림자가 바사 왕국 전역을 드리울 때에 '조서'(ṃ다트)가 도성 수산에서도 반포된다. 도성 수산은 왕궁이 있는 곳이다. 이곳에서 한가하게 왕과 하만은 왕국 전역에 죽음의 조서가 전해지는 것과 전혀 무관하게 함께 앉아 마신다. 하만은 승리의 미소를 띠며 내심 자축하고 있었고, 어리석고 무관심한 왕은 자신이 무엇을 했는지도 모르고 일상의 향락을 즐기고 있었다. 그러나 백성들이 사는 '도성 수산은 어지러웠다.' 저자는 바사 왕국 전체의 반응을 기록하기보다는 도성 수산 사람들을 통하여 그 조서를 받은 사람들의 반응을 보여 주고 있다. 1장에서도 도성 수산에서의 잔치를 구별하여 기록하였는데 여기에서도 도성 수산의 반응을 구별하여 기록하고 있다. 9장에서도 도성 수산을 구별하여 유다인들이 보복하는 것에 대한 준비를 시켜 주고 있다. 도성 수산 사람들도 이해할 수 없고 혼돈스럽다는 반응이다. '어지럽더라'는 단어는 요엘서에 보면 먹을 풀이 없어 소떼가 '민망해 한다'(욜 1:18)는 단어와 동일하다. 이는 절박한 위기의 상황에서 어쩔 수 없을 때 나오는 반응이다. 당시에 유다인들과 같은 소수 민족들은 유다인들에게 일어난 일이 자신들에게도 일어날까봐 당황했을 것이다.

1장부터 3장까지 드러나는 공통적인 주제는 '권력' 뒤에 숨겨진 '허상'이다. 1장에서의 아하수에로 왕의 잔치는 그의 위대함과 혁혁함을 나타내는 것이 목적이었으며 왕은 그것을 충분히 과시했다. 그러나 그의 그러한 면모는 왕후 와스디의 거절로 인해 훼손되고, 왕후에 대한 처리를 결정하지 못해 방백들에게 의존하여 끌려가는 모습 속에서 무너지고 만다. 2장에서 에스더의 왕후로서의 발탁은 그녀의 승리요. 영광스러운 순간이다. 그러나 처녀들을 뽑는 과정에서 여실히 보듯 그녀는 왕에게 육체적 즐거움을 주는 존재 이상의 역할을 기대하기 힘든 분위기 속에 있으며, 비록 신분은 왕후지만 바사왕궁에 넘쳐나는 여인들을 볼 때에 그녀의 위치는 명분뿐임을 보게 된다. 그것 또한 권력 뒤에 숨겨진 허상이다. 3장에서의 하만은 높은 지위에 부와 권력과 왕의 신임까지 거머쥔 실세이다. 아직까지 그의 '권력'에 추락의 기미는 보이지 않는다. 단지 이제까지의 '권력' 뒤에 숨겨진 허상의 주제를 볼 때 저자는 하만에게 되는 일도 지켜보도록 우리를 유도하고 있다.[9]

이러한 주제 속에서 모르드개만이 유독 2장에서 왕의 모반을 막아 준 대가로 부상을 해야 됨에도 불구하고 아무 보상도 받지 않고 영광을 얻지도 않은 존재로 나온다. 딸처럼 키운 에스더가 왕후가 됐음에도 가까운 친인척으로 모르드개의 지위가 올랐다거나 득을 보았다는 기록도 없다. 오히려 왕의 신복들이 하만에게 가서 모르드개의 일을 고하는 바람에 어려움을 겪게 된다. 이런 모르드개에게는 어떤 일이 기다리고 있는지도 궁금하게 만든다.

3장에서의 사건은 에스더서를 점점 사건의 클라이맥스로 끌고 들어간다.

보통 드라마에 악인이 등장해도 악함의 정도와 강도는 사람마다 다르다. 하만의 악함은 그 수위와 강도가 아주 세다. 모르드개 한 사람에 대한, 그것도 보고를 듣지 않았으면 알아차리지도 못했을 조그만 사건에 대한 보복으로, 민족 대학살이라는 계획을 세울 정도로 그는 잔인하고 악마적이다. 고대판 히틀러다. 아하수에로 왕은 무책임하고 무능한 왕이다. 왕의 결정하에 얼마나 많은 사람들의 목숨이 달려 있는가! 그때나 지금이나 정도의 차이는 있지만 완벽하지 못한 지도자의 결정 속에 많은 사람들이 신음하는 것을 생각하면 메시아가 완벽한 통치자로 오는 그날까지 우리는 이러한 세상 속에서 살아야 한다는 것을 생각하면서 올바른 관점을 길러야겠다.

설교를 위한 적용

첫째, "사람이 제비는 뽑으나 일을 작정하기는 여호와께 있느니라"(잠 16:33)는 말씀을 다시 한 번 되새겨 보자. 본문을 보면 하만이 '부르' 즉 현대 말로 하면 주사위와 같은 것을 던져서 유다인을 멸망시킬 날짜를 뽑는다. 우리말로는 그냥 '제비를 뽑는다'라고 번역되어 있다. 인간이 아무리 계획을 잘 세울지라도 결국 모든 것은 하나님의 주권하에 있음을 본문은 잘 보여 준다. 하나님을 떠난 인간의 계획이란 신뢰할 것이 못된다. 하만이 확실히 한 모든 계획이 완전히 수포로 돌아가는 것을 생각해 볼 때에 우리는 모든 일에 여호와를 신뢰하는 것을 배워야 한다. 너무 조급해 하지 말고, 인간적인 계산만으로 처리하지 말고, 하나님의 때와 방법을 기다리며 그분의 작정에 모든 것을 맡기는 연습을 하면서 살아가야 한다.

둘째, 악한 동기와 말을 조심하자. 하만이 왕을 설득하는 방법을 살펴보면 진리가 전혀 없는 것은 아니다. 어느 정도의 사실도 섞여 있다. 그러나 거기에는 분명히 과장과 왜곡과 허위가 들어 있다. 그의 악한 마음의 동기가 이 모든 것을 가능케 한 것이다. 우리가 무슨 일을 할 때에 우리는 먼저 마음의 동기를 잘 살펴보아야 한다. 내가 왜 이러한 말과 행동을 하는지에 대해 하나님 앞에서 꼼꼼히 따져 보아야 한다. 만약 하나님 앞에서 떳떳하지 못한 동기가 있다면 과감하게 하던 행동과 말을 멈춰야 한다. 불순하거나 선하지 못한 동기로 일을 처리할 때 거기에는 허위, 위선, 과장, 왜곡 등 모든 거짓된 것들이 다 섞이기가 쉽기 때문이다. 설사 2%밖에 안 되는 진리로 '그래도 내가 옳아'라고 스스로를 정당화할지라도, 게다가 그 일이 성사되더라도, 그다음에 기다리고 있는 것은 하나님의 심판이거나 징계하심임을 기억해야 한다. "스스로 속이지 말라 하나님은 만홀히 여김을 받지 아니하시나니 사람이 무엇으로 심든지 그대로 거두리라"(갈 6:7)는 말씀을 되새기자.

셋째, 하나님의 백성들은 끊임없이 위험에 노출되어 있음을 알아야 한다. 하만과 아하수에로 왕은 자신들과 무관하고 무고한 유다인들을 죽이는 일을 단 몇 마디로 간단히 결정한다. 왕은 그 백성들이 누구인지조차에도 관심을 기울이지 않는다. 이들은 세상의 악을 대변한다. 성경에서는 세상의 악한 세력이 하나님의 백성들을 끊임없이 공격하고 있다고 경고한다. 베드로는 "근신하라 깨어라 너희 대적 마귀가 우는 사자같이 두루 다니며 삼킬 자를 찾나니"(벧전 5:8)라는 말로 경계하며 이것을 이기기 위해서는 믿음을 굳게 하는 것이 필요하고 믿음으로 마귀를 대적하라고 가르쳐 준다(벧전 5:9 "너희는 믿음을 굳게 하여 저를 대적하라", 참고 약 4:7). 여기서 '대적하라'는 공격하라는 뜻이 아니다. 이 말은 헬라어로 '강하게 대항하라'(resist)는 '방어'의 의미다. 에스더서의 유다인들은 실제로 자신들을 방어했다(9장). 그러나 현대를 살아가는 우리가 마귀를 방어하는 방법, 세상의 악한 세력을 방어하는 방법은 믿음과 말씀 안에 굳게 서는 것임을 기억하라.

04

애통과 용기
에스더 4장 주해와 적용

본문의 개요

4장의 개요는 다음과 같다.

본문 주해

1. 모르드개와 유다인의 애통(1~3절)

이 장은 에스더서에서 가장 어둡고 비탄적이다. 1장에서의 연회와 술과 왕국의 화려함, 2장에서의 처녀들과 향품과 하렘과 퇴폐한 성적인 분위기,

3장 마지막에 하만과 왕이 앉아 마시는 만찬의 장면과는 완전히 대조적이다. 거의 장송곡이 나오기 직전의 모습이다.

4장은 드디어 두 주인공인 모르드개와 에스더에게로 초점이 옮겨 간다. 유다인들 위에 드리운 죽음의 운명을 어떻게 타개해 나갈 것인가가 관건이다. 하만의 음모를 알게 된 모르드개는 굵은 베를 입고 재를 무릅쓰고 대성통곡한다. 이것은 전형적으로 고대 근동에서 애도를 표현하는 모습이다. 굵은 베는 삼으로 짠 것이 아니라 산양이나 약대 털로 거칠게 짠 것이다. 죽은 자를 곡하거나(창 37:34; 삼하 1:11; 3:31; 13:31) 국가 위기 상황(왕상 21:27; 스 9:3; 느 9:1), 슬픔과 애통(민 14:6), 회개(욘 3:8) 등의 때에 이러한 복장을 하고, 이 천을 허리에 두르고 재 위에 앉아서 머리 위에 재를 뿌렸다.[1] 그는 울며 대궐 문 앞까지 가지만 바사의 법에 따라 베를 입은 자로서 문 안으로 들어가지는 못한다. 그는 에스더에게 알리기 위해 대궐까지만 간 것 같다.

모르드개의 이러한 애통의 행동에 대해 여러 의견들이 제시되었다. 그것을 정리해 보면 다음과 같다. (1) 자신이 하만을 자극한 원인 제공자이기 때문에 자책하는 행위이다. (2) 에스더의 관심을 끌기 위한 행동이다. (3) 공적인 표시를 함으로 법적 권위의 중재를 요청하는 일종의 법적 투쟁이다. (4) 에스더를 자극시켜 행동하게 하려는 것이다.[2] 여기서 (2)와 (4)가 비슷한 것 같지만 동기는 다르다. 그러나 3절을 보면 이러한 해석들이 적합하지 않음을 발견하게 된다. 왜냐하면 동일한 반응들이 전국 각지에서 일어났기 때문이다. 어떻게 보면 이 소식을 들은 자들의 자연스러운 반응이다. 모르드개의 행동을 굳이 특별하게 해석할 이유는 없다.

3절은 "왕의 조명이 각 도에 이르매 유다인이 크게 애통하여 금식하며 곡읍하며 부르짖고 굵은 베를 입고 재에 누운 자가 무수하더라"고 기록하고 있다. "애통하며 금식하며 곡읍하며"라는 표현은 요엘서에도 사용되었다(욜 2:12 "여호와의 말씀에 너희는 이제라도 금식하며 울며 애통하고 마음을 다하여 내게로 돌아오라 하셨나니"). 요엘서의 문맥은 '회개'를 촉구하고 있다. 요엘서의 문맥을 고려한다면 여기에서 유다인들은 하나님 앞에 회개함으로 기도하고 있다. 요엘 2:14의 "주께서 혹시 마음과 뜻을 돌이키시고 그 뒤에 복을 끼치사 너희 하나님 여호와께 소제와 전제를 드리게 하지 아니하실는지 누가 알겠느냐" 는, 모르드개가 에스더에게 "네가 왕후의 위를 얻은 것이 이때를 위함이 아닌지 누가 아느냐"(14절)는 말을 상기시킨다. 이것은 에스더의 왕후의 위치가 하나님의 '마음과 뜻을 돌이키실 도구'가 될 수 있음을 시사하고 있다.[3]

사실 에스더서에 하나님의 이름이 언급되어 있지 않지만 유다인들의 이러한 행동이 하나님께 향한 것이 아니라면 의미가 없다. 그들에게 지금 가장 절박한 것은 과거 자신들이 독립된 나라가 있었을 때에 하셨던 것처럼 하나님의 구원의 손길이다. 과연 하나님께서는 그의 백성을 기억하실 것인가? 이스라엘 땅이 아닌 이방인의 땅에 남겨진 소수 민족에 불과한 유다인을 하나님께서는 과연 구원하여 주실 것인가? 그들은 가장 큰소리로 하나님의 이름을 불러대고 있지만 저자는 하나님의 이름을 언급조차 하지 않으므로 더욱 긴장은 고조된다. '하나님의 이름의 부재'는 더욱 강력한 효과를 내고 있다. 그리기에 베를린(Berlin)은 이 장을 하나님이 '가장 임재해 계시면서도 가장 부재해 계시다'고 평가했다.[4]

3절이 주는 효과는 전국의 유다인이 자신들에게 일어난 불행을 알고 있고 베옷을 입었는데, 아이러니하게도 구중궁궐에 살고 있는 에스더 왕후만 그 사실을 모르고 있고 그녀만 여전히 화려한 궁중의 옷을 입고 있다는 점이다. 이제 압박은 그녀에게도 올 것이다. 그녀의 정체성에 대해 결단해야 하는 순간이 다가오고 있는 것이다.

2. 모르드개의 전략(4~9절)

모르드개의 이러한 상황을 에스더의 시녀와 내시가 그녀에게 고한다. 그들은 모르드개와 에스더의 관계에 대해 이미 파악하고 있는 자들이다. 에스더의 관심사는 모르드개 개인의 안위에 있다. 그녀는 근심하며 그의 굵은 베옷을 벗기고자 의복을 보내지만 그는 그것을 거절한다. 모르드개는 개인적인 일로 슬픔을 표시하고 있는 것이 아니라 민족의 위기 상황과 비참한 처지를 천하에 알리고 있는 것이다. 어떤 학자는 에스더가 의복을 보낸 것에 대해 상당히 비판적인 눈으로 본다. 그녀는 내용의 심각성을 파악하기보다는 일단 베옷이 주는 불쾌감을 없애기 위해 옷부터 갈아입으라고 말하는 피상적인 여인이라는 것이다.[5] 모르드개가 옷만 갈아입으면 문제가 해결되리라고 에스더가 착각하는 것으로 본다. 그러나 이러한 평가는 에스더의 전체 이미지나 내용에 전혀 맞지 않는다. 그녀가 피상적이라서 그런 것보다는 딸 같은 처지로서 우선할 수 있는 일을 한 것이다. 모르드개의 보살핌만 받다가 그녀로서는 처음으로 모르드개를 돌보는 모습을 보여 준다. 여기서 조금씩 성숙해 가는 에스더의 모습을 볼 수 있다.

에스더는 내시 하닥에게 무슨 일인지 알아 오도록 그를 다시 보낸다. 에스더는 옷을 보내는 단계에서 한 단계 더 발전하여 이번에는 근본 원인을 물어보도록 사람을 보낸다. 단순한 아버지와 딸의 관계를 넘어 어른과 어른으로서 대화의 문을 연 것이다. 하닥이 대궐 문 앞 성중 광장에서 모르드개를 만나 자초지종을 듣는다. 모르드개는 더 이상 대궐 문에 있지 않고 자신의 공직자의 위치에서 벗어나 광장에서 다른 유다인들과 운명을 함께하는 모습을 보인다. 그의 마음의 중심이 어디에 있는지를 엿볼 수 있다.

모르드개는 하만이 왕에게 주기로 한 은의 액수까지도 정확히 알고 있다. 이는 그의 정보망의 치밀함을 보여 준다. 아니면 그만큼 바사 왕국의 엉성함을 나타내는 것일 수도 있다. 또한 조서의 복사본을 에스더에게 전달한다. 모르드개가 그렇게 하는 목적은 에스더가 왕에게 나아가서 '뵈어, 알게 하고, 부탁하여' 자기 민족을 구하게 하기 위함이다. 이것이 모르드개의 전략이다. 전략이라기보다는 이 방법 외에 달리 무슨 방도가 있겠는가? 이 소식을 하닥이 에스더에게 고한다. 하닥은 그전에 에스더의 정체를 알았는지는 모르지만 지금은 확실히 그녀의 유다인 신분을 알게 되었다. 그만큼 하닥에 대한 에스더의 신뢰가 두텁고 그의 에스더에 대한 충성심이 깊다고 보겠다. 내시 헤개가 에스더를 기뻐했고, 이번에는 하닥이 연락책으로 에스더를 돕고 있다.

3. 모르드개의 결단 촉구와 에스더의 결단(10~17절)

이 부분은 세 번에 걸친 대화의 내용으로 나뉜다. 에스더의 답변(10~11절), 모르드개의 결단 촉구(12~14절), 에스더의 결단(15~17절)으로 이루어져 있다. 이 대화의 중간 전달자는 내시 하닥이다. 4장을 보면 에스더와 모르드개의 대화 창구로써 중간 역할을 하는 자들로 시녀와 내시가 등장한다. 특히 내시 하닥의 활동이 두드러진다(5, 7, 8, 9, 10, 12, 13, 15절). 이것을 통하여 우리는 궁중 생활 속에서 자유롭지 못하여 이런 자들에게 의존해야 하는 에스더의 처지를 엿볼 수 있다. 그들이 배반하지 않을까 하는 염려와 그만큼 위험 부담이 큰일들이 진행되고 있음을 느끼게 함으로 본문에 긴장감을 더한다.

1) 에스더의 답변(10~11절)

'왕을 알현하라'는 모르드개의 요청에 대해서 에스더의 답변은 한마디로 거절이다. 그녀의 논지는 하고 싶지 않아서가 아니라 할 수가 없다는 것이다. '왕의 신복과 왕의 각 도 백성이 다 알거니와'라는 말을 통하여 에스더는 바사의 법도를 천하가 다 아는데 모르드개가 모를 리가 없음에도 불구하고 그러한 무리한 요구를 하는가에 대한 반문이 간접적으로 반영되어 있다. 또한 그녀의 설명을 통하여 독자로 하여금 바사의 궁중 법도를 들을 수 있는 기회를 준다. 이 정보는 그다음 진행되는 사건을 이해하는 데에 없어서는 안 될 중요한 역할을 한다. 동시에 이 법도를 이해함으로 에스더가 모르드개의 요청을 거절한 것에 대한 부정적인 인상을 누그러뜨릴 수 있다.

단순히 그녀가 이기적이기 때문에 거절한 것이 아니라 그녀 개인의 생사가 달려 있는 심각한 문제인 것이다. 또한 이러한 법도를 알면서 왕 앞에 나아가는 것은 거의 자살 행위나 다름이 없다. 그녀는 다른 방법으로 왕을 뵙기를 청해도 소용없음을 알리기 위해 이미 자신이 부름을 받지 못한 지가 삼십 일이나 되었음을 추가로 설명한다. 그러니까 알현을 신청해도 거절당할 것이고 그녀가 왕에게 다시 부름을 받는다는 보장도 희박함을 알린 것이다. 그녀가 왕후로서 할 수 있는 일의 한계에 와 있음을 설명한 것이다. 이제 에스더는 왕에게 잊혀 가는 여인이며 그런 상황에서 부름을 받지 않고 나아가면 금 홀을 받을 확률은 없고 죽음만이 그녀를 기다릴 뿐이라는 메시지를 전한다. 처해 있는 현실 그대로를 반영한 것이다.

2) 모르드개의 결단 촉구(12~14절)

이에 대하여 모르드개의 답변은 단호하며 신념과 확신에 차 있다. 에스더는 바사 왕국의 궁중 법의 무서움을 설명했지만 모르드개는 그것보다 더 무서운 법이 있음을 가르쳐 준다. 그의 말 속에서 세 가지 논지를 찾아볼 수 있다.

첫째, 에스더의 근본을 잊지 말라는 것이다. 즉 그녀는 왕후이기 전에 유다인임을 기억하라는 것이다. '왕국에 있다고 유다인 중에 홀로 면하리라고 생각지 말라'는 말로써 그녀와 그녀가 속한 공동체가 분리될 수 없음을 상기시킨다. 아무리 하만이라도 에스더까지 어떻게 할 수는 없을 것이다. 그러므로 유다인이 죽임을 당하더라도 에스더는 살아남을 가능성이 높다. 이것이 더 상식적인 생각일 것이다. 또한 보통 사람 같으면 이왕 신분을 숨긴 김에 에스더라도 끝까지 신분을 숨겨 살아남으라고 충고할 것이다. 그런데 모르드개의 생각은 다르다. 아무리 왕후인 에스더라도 유다인의 운명 공동체에서 벗어날 수 없음을 상기시킨다. 그의 비장함을 엿볼 수 있다.

둘째, 에스더가 아니더라도 유다인들은 구원 받을 것이라는 믿음을 표현한다. '다른 데로 말미암아 놓임과 구원을 얻으려니와'에서 '다른 데로'에 대한 의견이 분분하다. 유다인 랍비들은 때로는 하나님을 '다른 데'에서 '데'(the Place)로 표현했기(*Genesis Rabba* 68) 때문에 여기에서의 의미를 '하나님'으로 해석했다. 요세푸스(*Antiquities* 11.6.7)나 탈굼도 같은 입장이다. 그러나 이것은 훨씬 후기에 쓰인 표현이며 에스더서에 적용되지는 않는다.[6] 또한 에스더서에서 저자는 여호와의 이름을 의도적으로 언급하지 않았는데 유독 여기에서만 직접적이지는 않아도 간접적으로나마 하나님을 가리키는 단어를 사용했다는 것은 설득력이 약하다. 그보다는 '다른 데로 말미암아 놓임과 구원을 얻는다'의 뜻은 하나님께서 사용하시는 다른 방법이나 다른 사람을 가리키는 것으로 보는 것이 좋다. 유다인들이 다른 방법으로 구원을 얻을 때에 에스더와 그 아비의 집은 멸망할 것이라는 경고이다. 이것은 협박으로 그냥 하는 말이 아니다. 그의 확신에서 나오는 표현이다. 이러한 모르드개의 확신은 어디에서 오는 것일까! 본문에는 전혀 기록되어 있지 않으나 그는 조상들에게 약속하신 하나님의 언약에 그 믿음의 근거를 두고 있음이 분명하다. 그는 이렇게 세월이 지난 후에도 언약을 지키시는 약속의 하나님의 신실하심에 그 믿음의 근거를 두고 있다. 피어스(Pierce)는 에스더가 자기 민족을 배반할 경우 모르드개가 그녀를 죽이기로 결정한 것으로 보고 이 말을 일종의 협박으로 해석한다.[7] 그러나 이러한 무리한 해석보다는 모르드개가 '유다인의 구원'이라는 언어를 사용하고 그러한 주제를 다루고 있기 때문에 신학적인 뜻으로 받아들이는 것이 옳다. 왕에게 나아가는 것은 그래도 살 확률이 있지만 그러한 일을 하지 않을 때는 확실히 죽을 것임을 역설한다. 왜냐하면 하나님의 구원에서 제외될 것이기 때문이다.

셋째, 에스더의 책임과 목적에 대해 가르쳐 준다. 그녀가 왕후가 된 것도 그녀 자신의 영광을 위한 것이 아닌, 유다인의 구원을 위한 특별한 섭리임을 이야기한다. "네가 왕후의 위를 얻은 것이 이때를 위함이 아닌지 누가 아느냐"는 반어적인 질문은 불확실성이나 의심을 표현하는 것이 아니라 확실한 믿음과 희망을 나타내는 것이다. 그녀가 바사의 왕후가 된 것에는 분명한 목적과 뜻이 있는데 지금이 그러한 때라는 것이다. 모르드개도 에스더가 왕후가 된 것이 우연이 아니라고 생각하고 있었던 것 같다. 무엇인가 중요한 목적을 위해 에스더가 왕후가 되었는데 그것이 무엇인지는 지금까지 알지 못했으나 지금이 그때를 위한 것임을 깨달은 것 같다. 모르드개는 에스더에게 죽음이라도 불사할 것을 요구한다. 이제까지 모르드개가 얼마나 그녀를 아끼고 사랑했는지를 본다면(2:11, 15) 단순히 그녀가 친딸이 아니라 이런 말을 하는 것이 아니라는 사실을 금방 알 수 있다. 이러한 결단의 촉구는 그만큼 비장한 현실을 반영한다.

모르드개의 이러한 현실의 잣대로 보면 어느 길로 가도 에스더를 기다리는 것은 죽음뿐이다. 왕에게 나아가도 죽고 나아가지 아니하면 그녀와 그녀의 가족은 잠시 육체적 생명을 부지할지 모르나 역사 속에 민족의 배반자로 낙인찍힐 것이다. '진퇴양난'은 이럴 때 쓰라고 나온 말 같다. 그러나 믿음의 눈으로 보면 그녀가 살길, 그녀가 왕후로 세워진 목적을 이뤄 민족을 살리는 길은 단 한 가지뿐이다. 관건은 에스더가 과연 이러한 믿음의 시각이 있느냐는 것이다.

3) 에스더의 결단(15~17절)

모르드개의 결단 촉구에 대하여 이번에는 에스더가 회답을 보낸다. 이제까지 모르드개가 시키는 대로 순종해 왔던 그녀는 이번에는 처음으로 모르드개에게 명령을 내린다. 그녀는 위기의 순간에 홀로서기를 하고 있고 독립된 인간으로서 결단을 내린다. 모르드개가 할 일은 수산에 유다인을 다 모으고 에스더를 위하여 밤낮 삼 일을 먹지도 마시지도 말고 금식하는 것이다. 에스더는 시녀로 더불어 금식한 후에 규례를 어기고 왕에게 나아가겠다는 것이다. 그리고 기독교 역사상 가장 유명한 구절 중의 하나를 이야기한다. "죽으면 죽으리이다." 모르드개는 그녀의 명대로 모든 것을 수행한다. 이제 에스더는 모르드개의 수양딸이 아닌, 아하수에로가 부르면 침대로 달려가는 수동적인 여인이 아닌, 자신의 삶과 생명을 걸고 민족을 구해야 하는 무거운 짐을 짊어진 리더로서 우뚝 서려는 결심을 한 것이다. 과연 그녀는 이 일을 해낼 수가 있을 것인가?

위기감과 긴장감이 흐르는 가운데 사건은 묘하게 흘러 이제 모든 것이 에스더에게로 관심이 집중된다. 절망 가운데 가느다란 실낱같은 희망이 제시되는데 그것도 불확실하기 그지없다. 왕후라는 타이틀은 있으나 왕 앞에 나아갈 권리조차 없는 여성이 목숨을 걸어야만 한다. 모든 것은 이제까지 사건들을 통해 목격해 온 변덕스럽고 무심하고 예측 불가한 바사 왕의 그날의 기분에 달려 있다. 유다인이 금식할 때에 대상은 물론 하나님이다. 그러나 본문은 그것조차도 밝히고 있지 않다. 금식하므로 에스더가 초췌해 보일 수 있고 왕 앞에 나아갔을 때에 아름답지 않게 보일 수도 있다. 그러나 에스더는 자신의 미모에 승부를 걸고 있는 것 같지 않다. 본문은 그녀가 금식한 후에 나아갈 것이라고만 기록하고 있다. 과연 유다인들과 모르드개와 에스더가 연합하여 한 기도가 응답될 것인가? 이때는 유월절 기간임에도 불구하고(참고 3:12) 이들은 그 절기조차도 지키지 못하는 처지가 되었다.

설교를 위한 적용

첫째, 결단의 순간을 대비하라.[8] 그리스도인의 삶은 결코 중립적이 될 수 없다. '한 사람이 두 주인을 섬기지 못한다'(마 6:24)는 것이 성경의 원리이기 때문이다. 우리 삶 속에서 가장 결정적인 순간은 예수 그리스도를 구주로 영접하느냐 거부하느냐의 결단의 순간이다. 그것이 우리의 영원을 결정하기 때문이다. 그러나 그 이후에도 '결단의 순간'은 계속된다. 예수님을 믿고 성장하기 시작하는 순간부터 하나님은 계속 우리의 정체성을 분명히 하기를 원하신다. 하나님의 빛의 자녀로 살 것인지 아니면 세상에 속한 자로 살 것인지를 결정하기를 원하신다. 에스더는 그녀의 삶 속에서 가장 큰 위기 국면에서 바로 이 '결단'을 요구받았다. 그녀의 용감한 결정은 그녀의 삶을 완전히 변화시켰고 그녀의 정치적 역량과 영향력을 키웠으며, 모르드개의 운명과 더 나아가 가장 중요한 민족의 운명을 완전히 바꾸어 놓았다. 그녀에게 결단은 곧 죽음이었다. 너무도 어려웠다. 그러나 일단 하나님 편에 섰을 때의 결과는 놀라웠다. 우리도 크든 작든 이러한 결단의 순간들이 수없이 찾아온다. 의심할 여지없이, 하나님 편에 섰을 때 우리도 놀라운 경험을 할 것이라는 믿음이 있어야 한다.

둘째, 하나님은 당신을 위한 놀라운 계획이 있으심을 신뢰하라. 이는 「사영리」라는 전도 책자에 나오는 원리 중의 하나이기도 하며, 모르드개의 믿음이기도 하다. 그러기에 그는 에스더에게 "네가 왕후의 위를 얻은 것이 이 때를 위함이 아닌지 누가 아느냐"(14절)는 과감한 도전을 할 수 있었던 것이 다. 에스더는 자신의 신변과 모르드개의 안녕에 관심이 있었던 정도의 평범 한 여인이었다(4, 11절). 그러나 자신의 왕후의 위치에 대한 하나님의 계획이 있을지 모른다는 말에 그녀는 변하기 시작한다. 그녀를 향한 하나님의 계획 에 눈을 뜨고 그 계획에 동참한다. 우리는 비록 왕후가 아닐지라도, 비록 사 회적 지위나 경제적 지위가 높은 자들이 아닐지라도, 비록 평범한 소시민일 지라도, 그것과 관계없이 하나님이 우리 각자를 향한 놀라운 계획이 있음을 믿어야 한다. 이 세상에서 우리의 할 일은 그 계획을 발견하고 거기에 동참 하는 것이다. 그럴 때에 하나님의 역사는 일어나기 시작한다. 우리 삶에 능 력이 생기기 시작한다. 우리에게도 수많은 '때'가 온다.

개인적으로 경험한 이야기를 잠시 하면, 얼마 전 필자는 20여 년 전에 만 났던 분과 전화 통화를 하게 되었다. 기억도 희미한데 그분이 필자를 찾아 서 연락이 닿았고, 대화를 하던 중 필자가 그분을 전도했다는 이야기를 들었 다. 그때 예수님을 믿고 초신자로서 아무것도 모르다가 그 이후에 신앙생활 을 열심히 하게 되었다는 간증을 해 주었다. 마침 에스더 원고를 교정하고 있던 터라 그분과의 통화가 예사롭지 않았다. '그때 그곳에서 그분을 만난 것은 그분에게 전도를 하기 위함이 아니겠는가'라는 생각이 들었다. 이렇듯 우리 삶 가운데 순간순간 많은 결단의 '때'가 온다는 것을 기억하며 살자. 에 스더처럼 위기 상황에서 목숨을 거는 일은 아니더라도 우리는 늘 하나님의 계획 속에 살고 있음을 명심하자.

셋째, 순종의 중요성을 기억하라. 모르드개의 말처럼 에스더가 하지 않아 도 하나님은 얼마든지 다른 방법으로 유다인의 구원을 이루실 수 있다(14절). 하나님은 우리의 자유 의지를 존중하신다. 우리를 향한 하나님의 계획과 뜻 을 우리는 얼마든지 거부할 수 있다. 그렇게 되면 하나님이 주시는 신령한 복을 누릴 수 있는 기회를 놓치게 된다. 에스더의 순종은 결코 쉬운 것이 아 니었다. '죽으면 죽으리라'의 순종이었다. 우리에게 우선적으로 필요한 것은 하나님의 뜻에 '지금 당장' 순종하는 것일지도 모른다. 순종하지 않고 실천하지 않는 결단이란 무의미하기 때문이다.

05

에스더의 첫 번째 잔치

에스더 5장 주해와 적용

본문의 개요

5장의 개요는 다음과 같다.

> **에스더의 첫 번째 잔치(5장)**
> 에스더가 왕께 나아감(1~4절)
> 에스더가 잔치를 준비함(5~8절)
> 하만의 분노(9~14절)

본문 주해

1. 에스더가 왕께 나아감(1~4절)

5장은 '제 삼 일에'라는 시간 절로 시작하여 새로운 장면이 시작되었음을 알려 준다. '제 삼 일에'라는 표현은 삼 일째의 금식이 마친 시간을 의미하며 내용상으로는 4장의 연속선상에 있다. 에스더는 금식으로 영적인 준비를 먼저 했다. 이제는 그녀가 행동할 차례이다. 그녀는 '왕후의 예복'을 차려 입는다. 이 복장이 주는 의미는 여러 가지이다. 왕에게 왕후의 신분을 상기시켜 주는 역할도 되고, 공식적인 방문임을 나타내는 뜻도 되며, 권위를 부여함도 되고, 화려함과 미를 가장 돋보이게 하는 복장으로 왕이 쉽게 그녀를 무시할 수 없도록 관심을 집중시키는 역할도 할 수 있다. 지금도 마찬가지지만 때로는 복장 자체가 주는 메시지가 중요하다. 그녀의 지혜로운 선택이다.

1장에서는 와스디가 왕의 부름을 거절했다가 목숨을 거는 위험을 당했는데, 5장에서 에스더는 왕이 부르지도 않았는데 나아감으로 목숨을 걸고 있다.[1] 그녀는 왕궁 안뜰로 나아갔는데, 저자는 이 장소의 중요성을 독자에게 상기시켜 준다. 그곳은 금지된 구역으로 어전 맞은편이며 왕이 보좌에서 볼 수 있는 곳이다. 그녀는 그곳에 '서 있다.' 그녀는 홀로 서 있으나, 그 뒤에는 많은 유다인들의 금식과 기도의 후원을 받고 서 있는 것이다. 운명의 결단을 내린 그녀의 단호하며 의젓한, 그러나 내심 두려울 수밖에 없는 상황이 '서 있다'는 단어에 함축되어 있다. 모든 것이 지금 이 한순간에 달려 있다. 그녀의 운명뿐 아니라 민족의 운명까지.

뜻밖에도 왕의 마음이 움직였다. '심히 사랑스럽다'는 히브리어 숙어로 그녀가 '왕에게 호의를 얻었다'는 뜻이다. 이는 수동적인 표현이 아닌 능동적인 표현이다(2:9, 15, 17; 5:2). 즉 에스더가 노력하여 왕의 호의를 얻었다는 뜻으로, 그녀의 적극적인 면이 강조되었다. 왕은 권위의 상징이자 뜻을 나타내는 금 홀을 내어 밀고 에스더가 그 끝을 만지므로 왕 앞에 허락 없이 나온 것이 허용되었다. 왕은 에스더를 "왕후 에스더여!"라고 부른다. 왕후의 예복이 효력을 발생한 것 같다.

왕은 에스더에게 "그대의 소원이 무엇이며 요구가 무엇이뇨 나라의 절반이라도 그대에게 주겠노라" 하고 약속한다. 이것은 문자 그대로를 의미한다기보다는 호의를 베푸는 상투적인 관용구로 이해해야 한다. 그러나 이러한 표현을 문자 그대로 이용한 경우도 가끔 발견된다.[2] 마가복음에 나오는 헤롯의 잔치 때의 일이다. 헤로디아의 딸이 잔치에서 춤을 추어 헤롯을 기쁘게 하자 헤롯은 '무엇이든지 원하는 것을 구하면 주겠다'고 이야기한다. 그리고는 "맹세하되 무엇이든지 네가 내게 구하면 내 나라의 절반까지라도 주리라"고 약속한다. 이것을 이용하여 그녀는 어미의 조언에 따라 세례 요한의 머리를 요구하고 헤롯은 이것 때문에 심히 근심하나 자신이 이야기한 것을 철회할 수가 없어 일을 감행한다(막 6장). 전형적으로 왕의 호의를 문자적으로 악용한 경우이다. 이것은 또한 '과장'이 섞인 표현으로 이제까지 이야기에서 보아온 아하수에로 왕의 이미지와도 잘 맞는다.

에스더는 서두르지 않고 무리한 요구 대신 자신의 계획을 차근차근 진행해 나간다. 그녀가 준비한 잔치에 하만과 함께 참석해 달라는 것이다. 왕의 식사 자리에는 주로 직계 가족이 아니면 참석할 수 없었기 때문에 이러한 자리는 하만으로서는 대단한 영광이 아닐 수 없다. 여기에서 흥미로운 점은 에스더가 "하만과 함께 임하소서"라고 말할 때에 네 개의 히브리어 단어가 사용되었는데 각 단어의 첫 자(YHWH)를 합치면 야웨를 나타내는 단어가 된다. 이것을 보고 어떤 학자들은 비록 에스더서에 '하나님'의 이름이 나오지는 않지만 이렇게 단어들 속에 숨겨져서 '코드'로 기록되어 있다고 보고 그러한 암호를 발견하는 데에 관심을 기울인다.[3] 그러나 이것이 의도적이든 우연이든 책 전체를 그러한 시각으로 보는 것은 무리가 있다. 하나님의 이름이 언급되지 않아도 이미 그분의 인도하심이 여기저기서 느껴지기 때문이다.

2. 에스더가 잔치를 준비함(5~8절)

왕은 에스더의 요청에 대답할 겨를도 없이 신하들에게 "하만을 급히 부르라!"고 명령한다. 흥미로운 것은 왕이 에스더의 말대로 하만을 급히 부르라고 한 점이다. 왕이 에스더의 명령을("에스더의 말한 대로") 좇고 있고 어느덧 그녀의 말에 권위가 주어져 있다. 1장에서는 와스디가 왕이 오라는 잔치 자리에 나타나지 않아 폐위되었는데 이번에는 역으로 에스더가 오라는 잔치 자리에 왕이 나아가는 현상이 벌어진다. 무거운 분위기 속에서도 묘한 유머가 본문 속에 배어 있다.

'잔치의 술을 마실 때에'라는 표현은 1장에서 왕이 술로 주흥이 일어났을 때를 상기시킨다. 그때 와스디 사건이 일어났기 때문에 긴장감이 돈다. 이 바사의 왕이 무슨 생각을 해낼지 예측 불가이기 때문이다. 겉으로는 항상 왕에게 주도권이 있는 것 같으나 에스더서 전체의 이야기에서 계속 반복되는 주제 중의 하나는 왕을 뒤에서 조정하는 자들이 따로 있다는 것이다. 그런 의미에서 이번에는 에스더가 리드를 하고 있다. 왕은 에스더에게 3절보다 훨씬 더 장황하게 정식으로 '에스더의 소청이 무엇인지'를 묻고 '곧 허락하겠다'고 약속한다. 또한 '그녀의 요구가 무엇인지'를 묻고 3절과 동일한 표현을 써서 '나라의 절반이라 할지라도 시행하겠다'고 호언장담한다.

이에 대하여 에스더도 왕의 말을 그대로 받아서 '나의 소청 나의 요구'를 이야기한다. '왕의 목전에 자신이 은혜를 입었다면'과 다시 왕의 언어를 그대로 사용하여 '그녀의 소청과 요구를 시행하기를 선히 여긴다면'이라는 이중의 표현으로 기대감을 잔뜩 부풀린 다음에 왕과 하만을 위하여 베푸는 두 번째 잔치에 또 와 달라고 요청한다. 그러면 왕의 요구대로 자신의 '소청과 요구'를 말씀드리겠다는 것이다. 1장과 비교해 보면 두 번째 잔치 때 와스디 사건이 일어난 것처럼 문학적·구조적 기교면에서, 이번에도 두 번째 잔치 때에 무엇인가 사건이 일어날 것을 예측할 수 있다.

그러나 에스더의 의도 면에서 본다면 그녀가 왜 이러한 긴급 상황에서 왕에게 자신의 민족의 위기를 알리지 않는지, 또한 변덕스러운 이 왕이 마음을 바꾸기 전에 빨리 소원을 말하지 않고 이렇게 두 번의 잔치를 베풀며 시간을 끄는지에 대해 의문과 함께 여러 의견이 제시되었다.[4] 첫 번째 설명으로 제시된 것은 저자가 6장의 사건을 일으킬 시간을 벌고 '긴장감'(서스펜스)을 극대화 하기 위한 문학적인 필요에 의해 이렇게 기록했다는 것이다. 그러나 그러한 목적이라면 다른 방법으로도 얼마든지 사건을 전개해 나갈 수 있다.[5] 또한 에스더 자신이 이런 문학적인 이론에 관심이 있는 것도 아니다. 두 번째 설명으로 제시된 것은 에스더가 여성이기 때문에 우유부단하며 두려워서 결정적인 순간에 일을 연기했다는 것이다.[6] 이런 설명이야말로 여성에 대한 일반적인 편견에 근거한 것이 아닌가 생각한다. 이븐 에즈라(Ibn Ezra)라는 유다인 학자는 이것을 더 확대해서 그녀가 6장 사건 이후에, 즉 모르드개가 포상을 받은 후 비로소 다시 용기를 내어 두 번째 잔치를 열 수 있었다고 해석한다. 그러나 이러한 설명들은 본문에 전개된 '죽으면 죽으리라'는 에스더의 비장함과 상반되므로 설득력이 없다.

랍비들도 에스더의 이러한 행동에 대해 각자의 의견들을 쏟아놓았다. 조슈아(Joshua)라는 랍비는 에스더가 잠언 25:21의 조언에 따라 적 또는 원수에게 식물을 먹인 것이라 본다. 유다(Juda)라는 랍비는 그녀의 유다인이라는 정체의 비밀을 유지하기 위해 하만을 초대한 것으로 본다. 랍비 엘리에젤(Eliezer)은 왕과 다른 왕자들이 하만을 시기하도록 만들기 위해 초대했다고 본다. 랍비 엘리에잘(Eleazar)은 하만에게 함정을 놓기 위해 초대했다고 본다.[7]

모든 의견들이 다 일리가 있지만 본문에 가장 적합한 설명으로 마지막으로 생각해 볼 수 있는 것은 에스더의 의도적이고 전략적인 지혜로 보는 것이다. 에스더가 일을 성공적으로 성사시키기 위해서는 몇 가지 고려하며 풀어야 할 난제가 있다.

첫째, 자신의 유다인 신분을 밝히고 조서를 철회해 달라는 요청을 먼저 한다면 왕은 그 요청에 대해 그 자리에서 당장 답변할 사항이 아니기 때문에 사건의 진위를 알아볼 시간이 필요하다는 요구를 할 것이다. 왕은 자신의 조서가 하만에 의해 어떻게 사용되었는지의 기억도 희미할 뿐더러 그것이 유다인에 대한 것이었는지도 몰랐을 것이며, 더군다나 그것이 자신의 왕후 에스더와 연계되어 있다고 생각하면 머리가 복잡해질 것이다. 1장에서 보여준 대로라면 이 왕은 분명히 이 일도 방백들에게 의지해서 해결하려 할 것이다. 그렇게 되면 하만이나 방백들이 왕을 설득할 시간을 벌게 된다. 하만이 다시 뇌물이나 간교로 왕과 방백들을 매수하여 에스더의 뒷덜미를 잡거나 조서가 변개될 수 없음을 빌미로 왕을 설득하려 할 것이다. 방백들도 이미 내려진 조서를 변개할 수 없음을 가지고 논리와 수사를 펼 것이다. 이렇게 되면 왕은 할 수 없이 그들의 의견에 휩쓸릴 가능성이 높다.

둘째, 와스디가 그렇게 간단한 사건 하나로 폐위될 수 있다면 자신도 언제든지 쉽게 폐위될 수 있다는 것을 에스더는 염두에 두어야 한다. 왕이 하만과 에스더 또는 방백들과 에스더 사이에서 선택을 해야 할 때에 결국 에스더는 많은 여인들 중의 하나라는 불리한 점이 있다. 이런 점들을 감안할 때 에스더로서는 왕의 호감을 최대한 끌어야 하며 하만이 손을 못 쓰도록 그를 단번에 궁지에 몰아넣어야 한다. 그러기 위해 그녀는 두 번의 잔치를 베풂으로써 왕이 두 번씩이나 그녀에게 소원을 들어주겠다는 약속을 하게 만든다 (3, 6절). 왕으로서도 체면상 그녀의 소원을 거절할 수 없게 된 것이다. 그러면서도 동시에 이제 그녀의 소원을 말하는 것 자체가 '왕의 명령'("왕의 말씀대로 하리이다")에 순종하는 것으로 표현하고 있다. 또한 하만도 함께 초대함으로 삼자대면으로 정면 돌파하여 일을 확실하게 처리하고자 계획을 세운 것이다. 하만이 손을 쓸 겨를이 없게 만들어야 하며, 왕도 그 자리에서 쉽게 결단을 내릴 수 있도록 상황을 전개해야 한다. 왕이 에스더의 요청이 무엇인지에 대한 궁금함도 절정에 달해 있다. 반면에 에스더의 두 번에 걸친 잔치 초대는 하만의 자만심을 잔뜩 부풀리고 그녀에 대한 그의 경계심을 푸는 역할도 하고 있다. 이제 독자의 관심은 '두 번째 잔치에서 과연 에스더가 어떤 식으로 일을 해결할 것인가'라는 점이다.

3. 하만의 분노(9~14절)

9~14절은 하만이 에스더의 첫 번째 잔치에서 '마음이 기뻐 즐거이' 나온 이후와 그녀의 두 번째 잔치에 '즐거이'(14절) 나아가기 이전 사이에 생긴 사건을 다루고 있다. 첫 번째 잔치에서 나온 하만은 아마도 기분이 최고조에 달했을 것이며 왕 다음으로 부러울 것이 없는 자신의 지위에 도취해 있었을 것이다. 그 순간에 눈에 들어온 자가 대궐 문에 앉아 있는 모르드개이다. 그가 '일어나지도 아니하고 몸을 움직이지도 아니한다'는 표현에는 여러 가지 감정이 섞여 있다. 그것은 분노일 수도 있고, 완전 무시함일 수도 있고, 망연자실하여 좌절해 있는 모습일 수도 있다. 어떻게 해석하든 본문의 의도에서 크게 벗어나지 않는다. 한 가지 분명한 것은 어떠한 협박이나 위협도 모르드

개의 하만에 대한 생각과 자세를 변개시킬 수 없다는 점이다. 모르드개는 한결같은 태도를 취한다. 이런 상황에서도 하만에게 굴하지 않고 자존심을 꺾지 않는 모르드개의 인물 됨이 빛을 발한다. 반면 하만은 이에 대하여 심히 노했다고 되어 있는데 하만이라는 이름과 '분노'(חֵמָה헤마)라는 히브리어 단어가 음이 비슷하다.

하만이 노를 참고 집에 돌아와 친구들과 아내 세레스를 청하여 이야기한다. 자기도취형인 하만은 먼저 자신의 존재에 대해 이야기한다. 자신의 부와 자녀가 많은 것(9:7~10, 12)과 자신의 정치적인 지위의 높음과 왕후가 베푼 잔치에 귀빈으로 초청 받은 특권을 이야기한다. 자신이 먼저('나'라는 히브리어 인칭 대명사를 사용함) 언급되고 '왕과 함께'라는 표현을 제일 나중에 사용함으로(히브리어 문장상에서) 자신과 왕의 위치를 거의 동등하게 취급하고 있다는 인상을 준다. 아니 하만의 머릿속에서는 이미 자신이 왕보다 더 높은 위치에 있는지도 모른다. 그가 어디에 자신의 존재 가치를 두고 있는지가 잘 드러나는 부분이다. 물질, 지위, 자녀의 복…. 사실 하만이 언급한 내용들은 시대를 막론하고 어느 사회에서나 기준이 되는 성공 지표이다. 모든 사람이 부러워할 만한 복을 그는 받았다. 어떻게 보면 그에게 부족한 것이라고는 하나도 없다. 욥이 시련 후에 받은 복보다도 오히려 하만은 정치적 권세까지 합쳐서 더 많은 것을 부여 받은 자에 속한다. 하만을 한껏 높여 놓음으로 앞으로 일어날 그의 추락과의 더 큰 대조를 저자는 유도하고 있다.

그러나 하만은 가진 것과 받은 축복에 감사하는 종류의 인간이 아니다. 모든 것은 자신이 잘나서 획득한 것일 뿐이다. 그런 그에게 딱 한 가지 부족한 것이 있었는데 모르드개의 자신에 대한 불경한 태도이다. 하만 자신도 이에 대하여 "모르드개가 대궐 문에 앉은 것을 보는 동안에는 이 모든 일이 만족하지 아니하도다"라고 고백한다. 그는 이제 유다인을 말살하는 것에도 양이 차지 않아 눈엣가시 같은 모르드개를 더 빨리 제거하는 데에 총력을 기울인다.

이에 대하여 그 아내 세레스와 친구들이 50규빗이나 높은 나무를 준비하고 아침에 왕에게 모르드개를 그 나무에 달기를 구하고 왕과 함께 즐거이 잔치에 나아가라고 제안한다. 개역한글은 '아침'이라는 단어 대신 '내일'로 번역했는데, 6장의 '밤에'(1절)라는 단어와의 대조를 위해 '아침'이라는 히브리어를 그대로 번역하는 것이 좋다. '50규빗'은 약 23m 정도이며 요즘으로 치면 약 7층 건물에 해당된다.[8] 솔로몬 성벽의 높이가 약 30규빗이었음을 감안하면 50규빗은 너무 높은 수치이다. 에스더서에 나오는 또 하나의 과장적인 표현으로 보는 학자들도 많이 있다. 하만의 자존심 높이만큼 부풀려서 세레스가 이야기한 것일 수도 있고 동시에 전무후무한 높이의 이러한 나무를 세워 도성 수산 전체가 보도록 본때를 보여 주자는 어리석은 자들의 탁상공론에서 나온 실제적인 숫자일 수도 있다. 그만큼 하만은 무엇이든지 할 수 있는 위치에 있다.

저자는 이 부분을 기록하며 1장의 사건을 전략적으로 암시한다. 와스디 덕분에(?) 1장에서는 '귀천을 무론 하고 모든 부녀가 그 남편을 존경'(1:20)하도록 조서까지 내렸다. 그러나 하만의 집에서 실제 지시를 내리는 자는 하만 자신이 아니라 그 아내 세레스이다.[9] 저자는 의도적으로 아내의 이름을 밝히고 나머지 친구들의 이름을 밝히지 않는다. 이는 그녀의 주도적인 역할을 부각시키기 위해서다. 1장에서 그 난리 법석을 떨어 방백들의 조언으로 작성되고 전국에 전달된 왕의 조서가 얼마나 위력을 발휘하지 못하고 비현실적인지를 잘 보여 준다. 또 하나의 풍자적인 유머가 숨어 있다.

'세레스'라는 이름은 우연인지는 몰라도 '황금'이라는 뜻이 있다. 마치 하만은 아내조차도 물질주의적인 가치관에 의해 선택한 것이라는 인상을 준다. 아니나 다를까 그의 아내도 하만과 유유상종이다. 하만의 분을 어떻게 다스릴지를 아는 여자이다. 일단 그의 분노를 삭이기 위해 그녀는 죄 없는 한 사람의 목숨을 아무렇지도 않게 죽이기를 권한다. 부부가 다 악하다. 누가 더 악한 것일까?

아내와 친구들이 세운 계획의 순서는 이러하다. 먼저 왕에게 제안하여 모르드개를 나무에 달도록 허락을 맡고 그것에 대한 축하 겸 즐거운 마음으로 에스더의 두 번째 잔치에 참여하라는 내용이다. 왕에게 허락을 받기도 전에 나무가 세워졌다. 하만은 그만큼 왕의 허락을 받는 일에 자신이 있었다. 바사 왕이 얼마나 쉽게 이런 신하들에 의해 조정되는지의 면모를 또 한 번 보여 준다. 모르드개까지 제거된다면 에스더의 입장은 더욱더 어려워진다. 과연 이 위기는 어떻게 모면될 것인가의 궁금증을 자아내며 본문은 또 다른 장면으로 넘어간다.

설교를 위한 적용

첫째, 상황에 따라 좌우되는 행동을 지양해야 한다. 하만은 에스더의 첫 번째 잔치에 참여한 후 상승된 기분으로 나온다. 그러다가 모르드개를 만나, 조금 천박하게 표현하면 기분을 잡치고 만다. 그리고 그러한 기분에 좌지우지되어 잘못된 결정을 내린다. 하찮은 사건에 집착하여 자신의 인생을 망치게 된다. 이것은 단지 하만만의 문제가 아니다. 많은 경우에 우리도 이러한 상황과 환경에 휘말려 이런저런 실수들을 하고 산다. 그렇기 때문에 늘 기준을 분명히 세워 놓고 일의 정황을 판단하는 훈련을 해야 한다. 이것이 나의 삶에서 꼭 필요한 것인지, 어떤 한 사람의 반응이나 평가를 가지고 이런 정도로 반응해야 하는지를 이성적으로 따져 보아야 한다. 거기에 더해 우리는 하나님의 영적인 판단에 귀를 기울여야 한다. 주위 사람들의 반응보다는 우리 각자가 하나님 앞에서 옳은 일을 했는지 하나님의 평가에 귀를 기울이고 행동거지를 정해야 한다. 잘못하면 어리석은 작은 실수가 하만처럼 파멸로 이끌 수도 있기 때문이다.

둘째, 행복의 조건이 무엇인가를 생각해 봐야 한다. 하만은 스스로 자신이 얼마나 위대한 자인가를 자랑했다. 그는 실로 세상이 부러워하는 모든 것을 다 가졌다. 부귀영화, 지위, 자녀들의 복까지 부족한 것이 없는 사람이다. 그러나 그의 치명적인 문제는 자신이 가진 것보다는 가지지 못한 것, 그것도 아주 사소한 것에 초점을 맞춘 것이다. 그의 교만, 끝없는 명예욕, 모든 것을 손아귀에 다 넣고 굴복시키려는 요구 등 인간의 죄성을 그대로 다 드러내고 있다. 위에서도 언급했듯이 이것은 단지 하만만의 문제가 아닌 것이 문제다. 우리 모두에게 아직도 이러한 죄성이 남아 있다. 그렇기 때문에 하나님께서는 감사의 '모드'(mode)를 가지고 살라는 해법을 가르쳐 주셨다. 즉 자신이 가진 것, 하나님께서 주신 복에 초점을 맞추고 살라는 것이다. 이것은 하나님이 우리의 필요를 채워 주시는 분이심을 믿음으로 고백하고 사는 모습이다.

셋째, 하나님이 주시는 명예를 사모해야 한다. 에스더서에 '에스더'라는 이름이 모두 55회 나온다. 그중에서 '왕후 에스더'라는 표현은 14회 나온다. 그런데 1회를 제외하고(2:22) 나머지 13회는 모두 5:1 이후에 나온다.[10] 저자는 이러한 것을 통하여 그녀가 하나님의 뜻에 동참했을 때에 똑같은 왕후의 신분이지만 전에는 단지 바사 왕국의 왕후였다면 이제는 왕후라는 직분으로 하나님 왕국을 섬기는 하나님의 종으로서의 인정받음을 보여 주고 있다. 진정한 명예는 하나님이 주실 때에만 영원한 것이다. 이것은 하만의 경우와 같이 찰나적이고 상황에 좌우되는 명예와 질적으로 다른 것이다. 그러기에 우리는 하나님이 인정해 주시는 명예를 사모해야 한다. 에스더는 그것을 선택했다. 당신의 선택은 과연 무엇인가!

잠 못 이루는 밤

에스더 6장 주해와 적용

본문의 개요

6장의 개요는 다음과 같다.

> **잠 못 이루는 밤(6장)**
> 　모르드개의 공로 발견(1~3절)
> 　모르드개의 영광과 하만의 수치(4~14절)
> 　　하만의 착각(4~9절)
> 　　하만의 수치와 모르드개의 영광(10~14절)

본문 주해

1. 모르드개의 공로 발견(1~3절)

　에스더서에서 가장 극적인 장을 고르라면 단연 6장이다. 가장 중심적인 장도 6장이다. 6장에는 아이러니, 유머, 착각, 역전, 연속적인 우연의 반복 등 드라마틱한 요소들로 가득하다. 이제까지의 흐름과는 달리 시간 전개의 속도도 아주 느려진다. '이 밤'은 바로 에스더가 첫 번째 잔치를 베푼 밤이며 하만이 모르드개를 죽이기로 작정한 바로 '그 밤'이다. 아마 에스더도 다음날 있을 두 번째의 잔치 때문에 잠을 못 이루고 있을지도 모른다. 하만 또한 다음날 모르드개를 나무에 매달 생각 때문에 잠을 설치고 있을지도 모른다. 이 두 사람이 잠을 못 이룬다면 충분히 이해가 간다. 그러나 엉뚱하게 우연히 하필 그날밤 정작 잠을 못 이루는 사람은 바사의 왕이었다. 히브리어도 우리말과 표현 방식이 같다. '잠이 오지 않는다'를 히브리어 문자 그대로 하면 '잠이 달아났다'이다.[1]

불면증을 달래기 위해 왕은 우연히 역대 일기를 가져다가 읽게 한다. 2장에서 모르드개가 왕을 모반한 내시들, 즉 빅다나와 데레스를 고발하여 왕의 생명을 구한 사건(2:21~23)이 기록되어 있는 바로 그 궁중 일기이다. 거기에 대한 아무 보상이 내려지지 않은 채 우연히도 잠시 잊어버렸던 바로 그 사건이다. 궁중 일기 중에서도 하필이면 우연히도 "문 지킨 왕의 두 내시 빅다나와 데레스가 아하수에로 왕을 모살하려 하는 것을 모르드개가 고발하였다"고 기록된 부분을 읽게 되었고, 왕은 '이 일을 인하여 무슨 존귀와 관작을 모르드개에게 베풀었는지'의 여부를 묻는다. 바사의 왕들은 왕에게 충성을 다한 자들에게 상급을 내리는 것을 중요시 여겼다.[2] 물론 대답은 그에게 아무 것도 베풀지 않았다는 것이다.

2. 모르드개의 영광과 하만의 수치(4~14절)

1) 하만의 착각(4~9절)

왕은 이번에도 누군가 의견을 물을 사람을 찾는다. 그때 우연히도 하만이 모르드개에 대해 의논하기 위해 왕궁 바깥뜰에 다다른다. 에스더가 왕이 부르지도 않았는데 나아갔던 바로 그 장소에 이번에는 하만이 있었다. 각각 다른 의도를 가지고 대화가 시작된다. 왕은 하만에게 '왕이 존귀케 하기를 기뻐하는 자'에게 어떻게 하여야 할지를 그에게 묻는다. 자기도취형에다가 자기중심적인 하만은 자신 외에 그런 자가 없을 것이라는 착각에 자신이 올라

갈 수 있는 한계 내에서의 최고의 명예로운 보상을 이야기한다. 그가 평소에 품고 있었던 유치한 야망을 여지없이 드러낸다. 그의 중심 가치관이 어디에 있는지는 그의 짧은 말 속에(6~9절) '왕이 존귀케 하기를 기뻐하는 자'라는 표현을 네 번이나 사용하는 것으로 보아 알 수 있다. 또한 얼마나 기다렸던 순간이었든지 그는 왕에게 예우로 하는 "왕이 기쁘게 여기시거든"과 같은 형식적인 의례의 말도 잊은 채 자신의 생각에만 집중한다.

그는 부귀와 지위는 이미 가지고 있다. 그가 원하는 것은 왕의 위치에 버금가는 영예이다. 하만이 요구하는 영예는 요셉이 총리대신이 되었을 때 받았던 예우를 상기시킨다(창 41:42~43).[3] 그러나 내용상 하만의 것은 훨씬 더 강도가 높다. 하만은 이미 왕의 인장을 가지고 있으므로 그것은 언급하지 않는다. 그러나 요셉이 입었던 세마포 옷과 금사슬과 버금 수레 대신에 그는 왕이 입었던 왕복과 왕이 직접 타는 말과 그 말 위에 왕관을 씌우고, 무리가 소리 지르는 대신에 그는 고관이 성중 거리에서 반포하도록 했다. 그 고관 속에 자신도 속한다는 것을 잊은 채 하만의 야망은 끝이 안 보인다. 그가 얼마나 왕과 같은 자리를 탐내고 있는지는 8절과 9절의 그의 말 속에 '왕'에 관계된 단어가 일곱 번이나 나오는 것을 보아도 알 수 있다.

왕관이 과연 누구 머리에 씌워지는가에 대해 이견이 있다. 문법적으로 애매하게 되어 있으나 가장 자연스러운 것은 말의 머리에 씌운 것으로 보는 것이다. 또한 9절에서 '왕복과 말' 두 가지만을 언급하므로 하만이 자신의 머리에까지 왕관을 요구한 것으로 보이지는 않는다. 그렇게 되면 거의 대관식 장면과 동일하게 되기 때문이다. 그것보다는 베를린(Berlin)이 제시한 대로 왕관은 말 머리의 장식을 의미하거나 아니면 왕이 타는 말임을 확인하기 위하여 언급되었지 실제로 왕관을 취한 것이 아니라는 견해가 올바른 것 같다. 그렇기 때문에 11절에도 왕관에 대한 언급이 전혀 없다. 하만은 자신의 욕망을 마음껏 드러냈다.

2) 하만의 수치와 모르드개의 영광(10~14절)

이야기의 반전은 여기서부터 일어나기 시작한다. 하만에 대해 무엇인가 '보이지 않는 힘'에 의해 잔인한 반격이 시작된다. 그의 꿈이 한순간에 물거품이 되면서 역할이 역전된다. 왕은 하만의 속내는 아무것도 모른 채 "대궐 문에 앉은 유다 사람 모르드개"라는 표현을 쓴다. 자신의 조서 때문에 유다 민족이 진멸될 것이라는 사실에도 왕은 무지한 상태이다. 그러나 왕의 이 표현은 하만에게는 한 마디 한 마디가 분노와 거부감을 불러일으키기에 충분하다. 대궐 문에 앉아 절하지 않는 자, 더군다나 민족적인 감정이 있는 유다인, 나무에 매어 달아도 시원치 않은 모르드개, 이런 자에게 하만은 자신의 환상을 실현시켜 주어야 한다. 아마 하만은 악몽을 꾸고 있다고 생각했을 것이다.

11절은 누구의 감정도 표현하지 않고 되어진 사실을 그대로 기록하고 있는데 그 속에 많은 표현되지 않은 감정들이 뭉쳐 있음을 느낄 수 있다. "하만이 왕복과 말을 취하여 모르드개에게 옷을 입히고 말을 태워 성중 거리로 다니며 그 앞에서 반포하되 왕이 존귀케 하시기를 기뻐하시는 사람에게는 이같이 할 것이라 하니라"(11절). '성중 거리'는 모르드개가 베옷을 입고 애통했던 장소로(4:6), 그는 베옷에서 왕의 옷으로, 애통 대신 영광스런 모습으로 등장했다. 더 극적인 것은 모르드개의 영광이 여기에서 끝나지 않고, 하만의 수치 역시 여기에서 끝나지 않는다는 것이다. 두 사람 모두에게 시작에 불과하다는 점이다.

모르드개가 '다시 대궐 문으로 돌아오고'라는 표현은 시사하는 바가 크다. 그는 위의 자신에게 일어난 영예스러운 사건에 전혀 동요함 없이 자신의 본업으로 돌아가는 모습을 보여 준다. 반면 하만은 표피적인 인간이다. 그는 상황에 따라 감정 기복이 심한 자이다. 한참 부풀었다가 풍선이 터지듯 가라앉는 그의 모습을 볼 수 있다. 하만이 번뇌하여 머리를 싼 것은 극한 슬픔과 수치의 표현이다(참고 삼하 15:30; 렘 14:3~4). 폭스(Fox)의 표현을 빌리면 하만은 그의 명예의 죽음으로 절규하고 있는 것이다.[4]

그는 급히 집으로 들어가 아내와 친구들에게 일어난 사건을 고한다. 5장에서도 집으로 돌아와 자신의 자랑을 늘어놓는 장면이 나오는데 이번에는 역으로 자신의 불운을 이야기한다. 5장에서는 모르드개를 처형하는 것으로 결론을 맺었는데 이번에는 완전히 상반된 결론을 맺는다. "과연 유다 족속이면 당신이 그 앞에서 굴욕을 당하기 시작하였으니 능히 저를 이기지 못하고 분명히 그 앞에 엎드러지리이다"라는 그들의 충고는 거의 예언 수준이다. 이 말의 핵심은 그들이 모르드개가 '유다 족속이면'이라는 것을 강조했다는 데에 있다. 그가 유다 족속이며 이미 하만이 그 앞에서 굴욕을 당하기 시작했다면 이것은 이스라엘의 아말렉에 대한 승리의 예언 성취(민 24:7, 20)로 보고 있는 것이다. 그렇기 때문에 '분명히 엎드러질 것'이라는 확신과 강조 용법을 쓰고 있다. 이것은 또한 앞으로 전개될 사건의 전조이기도 하다.

그들의 말이 그치기도 전에, 즉 하만이 그 말의 의미를 생각해 볼 겨를도 없이 왕의 내시들이 그를 에스더의 두 번째 잔치에 에스코트해 간다. 이제까지 왕을 조정하고, 유다인의 운명을 결정하고, 모르드개의 생사를 좌지우지하려던 하만과는 사뭇 다른 모습이다. 원어의 의미를 살려 해석하면 왕의 내시들이 와서 서둘러 하만을 데리고 간다. 왕의 명령에 따라 유다인 모르드개의 들러리를 서야 했고, 가족과 친구들조차도 불길한 결말을 예견하고, 이제 내시에 의해 숨 돌릴 겨를도 없이 잔치 자리에 데려감을 당하는 장면이 연출된다. 사건의 진행에 스피드를 더하기 위하여 '빨리'라는 번역이 사용되었는데 이는 '서둘러' 갔다는 의미이다. 하만은 계속 서두르는 자로 나온다. 왕의 급한 부름에 서둘러 에스더의 첫 번째 잔치에 참여했으며(5:5), 서둘러 왕의 명령대로 모르드개를 존귀케 해야 했으며(6:10), 수치심을 안고 머리를 싸고 서둘러 집으로 돌아온다(6:12).[5] 오직 하만만이 서두른다. 그에게 너무나 확실하게 여겨졌던 것들이 서서히 무너지고 있다. 그의 오만과 잔인함의 끝이 서서히 다가오고 있다. 이제는 자신이 서두르지 않아도 그는 내시들에게 서둘러 이끌려 에스더의 두 번째 잔치로 가게 된다. '서두름'조차도 본인이 컨트롤할 수 없는 단계까지 와 있다. 이제부터는 그의 추락도 더욱 빠르게, 서둘러 진행될 것이 예견되어 있다.

설교를 위한 적용

첫째, 죄의 부메랑 효과를 기억해야 한다. 잠언에 "함정을 파는 자는 그것에 빠질 것이요 돌을 굴리는 자는 도리어 그것에 치이리라"(잠 26:27)는 말씀이 있다. 시편에도 "악인이 죄악을 해산함이여 잔해를 잉태하여 궤휼을 낳았도다 저가 웅덩이를 파 만듦이여 제가 만든 함정에 빠졌도다"(시 7:14~15)라고 기록되어 있다. 하만이 당한 수치는 하나님의 보응 조치의 시작이었다. 즉 악한 자들은 궁극적으로 그 대가를 지불하도록 되어 있다. 이러한 원리가 있음에도 불구하고 왜 많은 사람들이 계속적으로 죄를 짓는 것인가? 이러한 원리를 쉽게 망각하거나 믿지 않아서 그럴 수도 있다. 전도서에서는 "악한 일에 징벌이 속히 실행되지 않으므로 인생들이 악을 행하기에 마음이 담대하도다"(전 8:11)라고 또 다른 이유를 가르쳐 주고 있다. 징벌이 속히 오지 않거나 눈에 보이게 오지 않기 때문에 사람들은 징벌을 피해 갈 수 있다는 어리석은 생각을 쉽게 하는 것이다. 어떠한 이유에서건 하나님께서는 악을 간과하시지 않는다. 속히 되지 않더라도 궁극적으로는 하실 것이다. 그렇기 때문에 죄를 지으면 그 결과가 반드시 자신에게로 돌아온다는 것을 기억하라.

둘째, 세상의 명예에 연연하지 않는 인격을 길러야 한다. 6장에서의 하이라이트는 모르드개와 하만의 대조이다. 하만은 헛된 명예욕에 사로잡혀 거기에 '올인' 함으로 인생을 망치고 있음을 깨닫지 못하고 있다. 반면 모르드개는 최고의 영예를 얻고도 그것에 아무런 영향을 받지 않고 자신의 원래 자리로 돌아간다. 그리고 자신의 일을 묵묵히 해 나간다. 세상의 영예에 연연하지 않는다. 그러기에 그는 위기 상황에서도 하나님의 시각으로 모든 것을 바라볼 수 있는 신앙의 인격을 가질 수 있었다. 우리는 세상이 주는 덫과 유혹을 조심하며 신앙적 인격을 기르도록 부단히 노력해야 한다. 왜냐하면 그 것은 하루아침에 되는 일이 아니기 때문이다.

셋째, 하나님의 주권을 신뢰하며 살아야 한다. 6장에서 보면 모든 것이 '우연의 연속'이다. 그러나 저자는 이것을 통하여 오히려 이 세상에서 일어 나는 모든 일에는 우연이 없음을 더 잘 예시하여 주고 있다. 우리 삶 속에서 일어나는 모든 일에도 우연이 없다. 하나님이 모르시는 가운데에 '써프라이 즈'(surprise)로 일어나는 일은 없다. 복음성가 중에 〈내 이름 아시죠〉라는 곡 이 있다. "나를 지으신 주님 내 안에 계셔 처음부터 내 삶은 그의 손에 있었 죠 내 이름 아시죠 내 모든 생각도 내 흐르는 눈물 그가 닦아 주셨죠." 하나 님께서는 포로 생활 속에서 흩어져 사는 그의 백성들을 지키시기 위하여 너 무나 많은 '우연'을 만들고 그 안에서 보이지 않게 역사하는 분이시다. 그런 분께서 자신의 독생자를 아끼지 않고 구원하신 그분의 자녀들을 지키고 보 호하며 주관하시지 않겠는가! 바사의 유다인들은 사망의 골짜기를 건너고 있었다. 구원이 기다린다는 것을 모른 채 말이다. 지금 만약 당신이 삶 속에 서 절망스러운 늪을 건너고 있다면, 그럴지라도 주님을 신뢰해야 한다. 거기 에는 다 이유가 있기 때문이다. 그분의 보호하심과 간섭하심과 역사하심을 믿어야 한다.

07

에스더의 두 번째 잔치

에스더 7장 주해와 적용

본문의 개요

7장의 개요는 다음과 같다.

에스더의 두 번째 잔치(7장)
에스더의 요청(1~7절)
에스더의 승리(8~10절)

본문 주해

1. 에스더의 요청(1~7절)

6장의 사건으로 잠시 잊어버렸던 에스더의 두 번째 잔치 시간이 되었다. 왕과 하만이 에스더의 잔치에 참석한다. 왕은 술을 마신 후 에스더에게 "왕후 에스더여 그대의 소청이 무엇이뇨 곧 허락하겠노라 그대의 요구가 무엇이뇨"라고 묻는다. 그리고 "곧 나라의 절반이라 할지라도 시행하겠노라"는 약속을 이제 세 번째로 하게 된다(5:3, 6). 이 정도면 왕은 이제 그녀의 소원이 무엇이든 들어주어야 할 형편이다. 에스더의 전략은 침착하게 맞아떨어진다. 묘하게도 에스더는 '요청'을 하라는 왕의 요청을 거부할 수 없게 된 것이다. 에스더에게 드디어 운명의 시간이 온 것이다. 과연 어떤 결과가 날 것인지는 그녀로서도 예측하기가 힘들다. 왜냐하면 그만큼 이 바사 왕이 예측 불가한, 일관성이 없는 왕이기 때문이다.

저자는 계속 에스더가 '왕후'임을 강조하며 3절까지 3회에 걸쳐 '왕후 에스더'라고 기록하고 있다. 그녀의 신분을 독자에게 상기시키는 것이다. 그녀의 답은 지극히 조심스럽고 절제되어 있고 전략적이다. "내가 만일 왕의 목전에서 은혜를 입었으며"와 "왕이 선히 여기시거든"이라는 이중의 표현으로 최대의 예우를 갖추어 서두를 꺼낸다. 동시에 그녀의 요청이 그만큼 왕의 관용이 필요한 문제임을 주지시키며 또한 뜸을 들임으로 관심을 모은다. 이러한 표현은 5장에서도 첫 번째 잔치 때 동일하게 에스더에 의해 사용되었다. 차이점이 있다면 5장에서는 "왕의 목전"(5:8)이라는 공식적인 표현을 썼으나 여기에서는 '당신의 목전'(3절)이라는 말로 좀 더 왕과 자신과의 관계의 친밀함을 드러내는 용어를 사용한다. 고도의 심리전을 쓰고 있다. 그러나 개역한 글에는 "왕의 목전"이라고 번역되어 그러한 차이가 나타나지 않는다. 드디어 에스더가 원하는 바를 드러낸다.

그녀는 왕의 언어를 그대로 인용하여 대답한다. 왕이 소청과 요구가 무엇이냐고 물었기 때문에 에스더는 거기에 응답하여 자신의 '소청'대로 자신의 생명을 주고 자신의 '요구'대로 '자신의 민족을 달라고' 호소한다. 여기에 비장한 용어들이 사용된다. '내 생명과 내 민족'을 연결시킴으로 그녀는 자신과 그녀의 민족이 공동 운명체이며 생사를 같이하고 있음을 분명히 한다. 이렇게 함으로 혹여 왕이 그녀는 살리고 그녀의 민족은 멸할지도 모르는 가능성을 아예 배제해 버린 것이다. 그녀의 민족을 죽이는 것은 그녀를 죽이는 것과 동일하다는 것을 강조하고 있다. 에스더 왕후가 자신의 생명을 민족보다 먼저 언급한 것도 참으로 지혜롭다. 왕은 왕후의 생명에 더 관심이 있을 것이며 왕후의 생명을 노리는 자는 이유야 어찌 되었건 반역죄에 해당되기 때문이다.

그리고 계속 설명을 해 나간다. "나와 내 민족이 팔려서"라고 수동형을 사용함으로 에스더는 이 일에 아하수에로 왕이 직접 개입되어 있으므로 불편하게 느낄 수 있는 가능성을 최대한으로 피하고 있다. 하만이 뇌물을 주고 왕을 회유한 것이므로 에스더와 에스더의 민족이 팔린 것이나 마찬가지다. 그러나 왕이 자신을 공격한다고 느끼면 이 일은 수포로 돌아가고 만다. 왕에 대한 공격을 최대한 피하면서 모든 책임과 잘못을 하만에게 향하게 하는 작업을 해야 한다. 에스더는 조심스럽게 한 발짝씩 문제의 해결에 접근한다. '나와 내 민족이 죽임과 도륙함과 진멸함을 당하게 되었다'고 문제의 핵심을 찌른다. '죽임과 도륙함과 진멸함'은 3장에서 왕의 조서 내용을 그대로 반영한 것이다(3:13 "죽이고 도륙하고 진멸하고"). 그녀는 조서 초본을 가지고 있기 때문에 그 내용을 잘 알고 있다(4:8).

그다음 문장 즉 "만일 우리가 노비로 팔렸더면 내가 잠잠하였으리이다 그래도 대적이 왕의 손해를 보충하지 못하였으리이다"의 해석은 난해하다. 첫 부분의 이해는 쉽다. 그녀는 '우리'라는 말로 다시 한 번 그녀와 그녀의 민족이 불가분의 관계임을 강조한다. 이렇게 말하므로 정곡을 찌르기 전에 한번 더 왕으로 하여금 자신의 왕후가 노비로 팔린 상황을 상상하게 만든다. 그것도 있어서는 안될 끔찍한 일이다. 그런데 그녀는 그런 경우라면 잠잠했을 것이라고 이야기한다. 그녀와 그녀의 민족이 '차라리 노비로 팔렸더라면 이렇게까지 요청하지 않고 잠잠하겠다'는 것이다. 그러니까 지금 에스더가 하려는 말의 내용은 그보다 훨씬 더 심각한 문제임을 암시하고 있다. 정말 삶과 죽음의 문제가 아니라면 왕에게 요청하지도 않았을 것이라고 이야기한다.

그 이유를 "대적이 왕의 손해를 보충하지 못하였으리이다"라고 밝히는데 이 부분은 해석이 요구된다. 먼저 '대적'이란 단어는 그녀와 그녀의 민족이 대적에게 팔린 것을 가정하고 있다. 그런 경우에는 그녀가 불평하지 않았을 것이다. 그 이유는 대적이 노예 값으로 왕에게 준 돈을 왕이 돌려주어야 하기 때문에 그러한 손해를 왕에게 끼칠 수는 없다는 것이다. 왕에게 피해를 입히느니 차라리 노예로 남는 것이 낫다는 가정이 들어 있다. 또한 '대적'이라는 단어를 '역경'이라고 해석하는 사람도 있는데 그 경우에도 결론은 비슷하다. 자신들의 역경이 왕의 재정적 손실에 비하면 아무것도 아니기 때문에 참을 수 있다는 것이다. '손해'라는 단어를 재정적 손실로 보지 않고 '피해'로 볼 경우에는, 자신들의 역경으로 인하여 왕에게 피해를 주는 일을 하지 않겠다는 뜻으로 해석할 수 있다. 모두 결론적으로는 비슷한 의미들이다.

에스더는 이미 자신과 자신의 민족이 '팔렸다'는 이야기를 했고 또한 왕이 하만에게서 뇌물을 받은 것이 사실이기 때문에 이 모든 것이 아하수에로 왕의 허락하에 일어났다는 사실을 발견했을 때에 왕이 느낄 수 있는 불편함을 덜어 주기 위하여 자신들이 조금이라도 왕에게 누를 끼칠 의사가 없음을 복선으로 깔고 있다. 조금이라도 왕을 노엽게 하거나 방어적으로 만들지 않으려는 노력이 숨어 있다.

이 '손해'라는 단어는 하만이 유다인을 진멸하기 위하여 왕을 설득할 때 사용했던 것과 동일한 단어이다(3:8 "무익", 즉 '왕에게 손해이다'라는 뜻).[1] 하만도 에스더도 모두 왕의 유익이 우선순위라는 점을 왕에게 전달하고 있다. 이렇게 해서 에스더는 자신의 요청이 왕에게 진정한 손해를 주는 일이라면 하지 않았을 것임을 주지시킴으로 왕의 걱정을 덜어 줌과 동시에 최악의 경우에도 자신은 왕의 유익을 중요시 하고 있음의 충정을 표현한다. 이제 왕이 걱정할 것은 아무것도 없고 남편으로서 자신의 왕후인 에스더를 어려움에서 구하는 영웅적인 일만이 남았음을 은근히 시사한다. 하만이 반박할 수 있는 모든 상황을 차단해 버린다. 하만은 왕의 총애를 받는 자이다. 그리고 모든 대신들 위에 있는 왕의 오른팔과 같은 존재이다. 지금 에스더는 그러한 자와 경쟁에서 이겨야 한다. 왕의 마음이 충분히 자신에게 쏠리고 하만을 포기할 정도로 만들어야 한다. 이러한 어려운 상황에서 그녀는 넘치는 기량을 보여 주고 있다.

에스더가 굳이 밝히지 않아도 왕이 먼저 에스더에게 "감히 이런 일을 심중에 품은 자가 누구며 그가 어디 있느뇨"라고 묻는다. 저자는 다시 한 번 왕후(네 번째 쓰임)라는 말을 사용한다. 이 장에서 그녀는 유난히 왕후로서의 정식 호칭과 함께 등장한다. 본문의 대화는 왕과 왕후 사이의 대화이다. 그녀의 왕후로서의 역할은 '이때를 위함'(4:14)이라는 사실을 상기시키고 있다. 왕은 에스더가 말하는 그녀의 민족의 정체를 아는 데에는 관심이 없다. 어쩌면 에스더에 대한 안전도 그의 관심사가 아닐 수 있다. 그보다 왕은 왕후를 해함으로 자신과 왕궁의 명예를 더럽히려는 반역자를 잡는 데에 집중한다. 이제는 완전히 때가 무르익었다. 아하수에로 왕이 흥분하기 시작했기 때문이다. 왕이 범인을 잡는 일에 관심을 갖기 시작했기 때문이다.

에스더의 답은 왕의 신경이 다른 곳으로 가지 않도록 간결하고 직설적이다. "대적과 원수는 이 악한 하만이니이다." 하만이 어떠한 인간인지를 단호하게 지적한다. 아마 에스더는 단호하고도 비장한 표정으로 손가락을 뻗어 하만을 가리켰을 것이다. 하만이 순간 얼어붙을 정도의 살벌한 분위기였을 것이다. 6장에서 모르드개의 시중을 들고, 자신의 부인과 친구들의 불길한 예언이 머리에서 채 가시지 않은 상황에서, 자신을 초대한 왕후 에스더의 이러한 말을 들은 하만은 두려움에 사로잡혔을 것이다. 계속적인 타격으로 인하여 어찔어찔한 그는 계략을 짤 겨를과 여유도 없었다. 그동안에 쌓아 왔던 모든 거드름과 교만함이 일시에 무너지는 순간이다. 궁지에 몰린 상황에서 살아남기만을 바랄 수밖에 없는 처지이다. 에스더가 그에게 두려운 존재로 너무나 갑자기 복병처럼 나타나 부상한 것이다.

에스더의 말을 들은 왕은 노하여 일어나서 잔치 자리를 떠나 왕궁 후원으로 들어간다. 왜 그렇게 했는지 본문은 밝히고 있지 않다. 또한 왕이 정확히 무엇에 대해 분노했는지도 알 수 없다. 그가 술을 많이 마셔서 화장실을 가기 위해 일어났다고 보는 이도 있다. 그러나 왕은 이 상황에서 생각할 시간이 필요했음은 쉽게 추측해 볼 수 있다. 누군가 결정에 도움을 줄 사람을 찾아서 나갔을 수도 있다. 왕이 하만과 에스더 사이의 선택에서 생각할 시간이 필요했을 수도 있다. 자신이 신임했던 신하와 왕후 사이의 택일이다. 더 나아가 자신이 이미 허락하여 공포한 조서 내용을 바사 왕국의 법도상 변개할 수도 없고 그렇다고 왕후에게 이미 세 번이나 소원을 들어주겠노라고 약속해 놓고 모른 체하는 것도 마음에 걸린다고 볼 수 있다.

그러나 본문을 조금 더 읽어보면 왕이 무엇을 고민하는지를 쉽게 발견할 수 있다. 저자는 하만의 시각을 통하여 우리에게 정보를 전달하고 있다. 하만은 이미 왕이 자기에게 화를 내리기로 결심한 것을 알았다(7절). 그러기에 왕의 고민은 하만이냐, 에스더냐가 아니라 하만에게 어떠한 벌을 내릴 것인가가 관건인 것이다. 사실 하만을 처벌한다는 것은 왕 스스로의 잘못도 인정하는 셈이기 때문에 갈등이 있을 수밖에 없다. 이 문제에서 벗어날 해결책이 필요하다. 에스더서에서 이제까지 왕이 스스로 무엇인가를 결정한 것을 본 적이 없다. 그로서는 이 난제를 해결할 방도가 없으며 누구에게인가 도움을 받아야 한다.

그러는 사이에 하만은 이미 자신의 생명이 위태함을 직감하고 일어서서 왕후 에스더에게 살려 달라고 애원한다. 에스더와 유다인들은 위기 상황에서 금식하며 기도하며 그들의 하나님에게 살려 달라고 부르짖었다. 모르드개는 자신을 죽이려고 한 자에게 몸짓 하나 꿈적도 하지 않고 무시했다. 그런데 하만은 자신이 죽이려고 한 유다인 중의 하나, 그것도 유다인 여인 에스더에게 살려 달라고 애원하는 아이러니한 상황이 벌어진다.

어떤 학자는 이에 대해 에스더가 하만을 이쯤에서 용서하는 것이 미덕이 아니냐고 주장한다.[2] 너무 잔인하다는 것이다. 그러나 이 문제는 하만과 에스더 개인 간의 원한의 문제가 아니다. 그녀의 민족의 운명에 관한 문제이다. 그리고 아직도 풀어야 할 과제는 산재해 있다. 이제 시작일 뿐이다. 에스더가 잔인한 것이 아니라 그녀와 민족에게 닥친 운명이 더 잔인한 것이며 그것을 초래한 인물이 바로 이 잔인한 하만인 것이다.

2. 에스더의 승리(8~10절)

왕이 후원으로부터 잔치 자리에 돌아오니 하만이 에스더의 앉은 걸상 위에 엎드린 것을 보게 된다. '엎드렸다'(nafal)는 6:13에서 하만의 지혜로운 친구들과 아내가 하만에게 했던 말, 즉 이제 그가 '굴욕을 당하기 시작하였으며(nafal) '그 앞에 엎드려질 것이다(nafal)'와 원어상 같은 단어로써 이제 그 말이 현실로 나타난 것이다.

"저가 궁중 내 앞에서 왕후를 강간까지 하고자 하는가"라는 왕의 말을 문자 그대로 믿기가 힘들다. 아무리 어리석은 인간이라도 이러한 상황에서 왕후를 강간하고자 한다는 것은 말이 안 된다. 아무리 상황 파악이 안 되는 왕이라 할지라도 하만의 애걸하는 모습을 이러한 상황에서 강간으로 오해한다는 것도 말이 안 된다. 왕은 '내 앞에서', '궁중에서'라는 말을 강조하며 하만의 행위를 용납할 수 없는 것으로 고발한다. 하만도 아무리 급한 상황이라 할지라도 강간의 의심의 여지가 있을 만한 행동을 하지 않았을 것이다. 이러한 정황으로 보아 왕은 의도적으로 하만의 애걸하는 상황을 역이용하여 그를 제거한 것으로 보인다. 그렇게 함으로 왕은 자신이 저지른 잘못에 대해 아무런 책임을 질 필요가 없기 때문이다. 하만을 에스더의 말만으로 처형하려면 자신이 허락한 조서가 잘못된 것임을 인정하는 것이기 때문이다. 이제 하만은 조서의 내용으로 죽임을 당하는 것이 아니라 왕후를 강간하려 한 죄로 죽임을 당하게 된 것이다. 여기서 아하수에로도 그렇게 어리석지만은 않은 왕임을 알 수 있다.

이 말이 왕의 입에서 나오매 '무리가 하만의 얼굴을 싸더라'고 되어 있는데 이것이 무엇을 의미하는지가 분명치 않다. 하만이 수치를 당했다는 표현으로 이해하는 사람도 있고, 이것이 당시에 왕 앞에서 죄인을 다루는 관습으로 보는 사람도 있다. 두 가지 다 적용될 수도 있다. 그때 내시 하르보나가 등장하여 중요한 정보를 왕에게 제공해 준다. 그는 왕에게 무엇을 해야 한다고 지시하지 않는다. 다만 "왕을 위하여 충성된 말로 고발한 모르드개를 달고자 하여 하만이 고가 오십 규빗 되는 나무를 준비하였는데 이제 그 나무가 하만의 집에 섰나이다"라고 알려 준다. '왕을 위하여 충성된 말로 고발한 모르드개를 달고자 하여'라는 말도 아주 전략적이다. 왕에게 공을 세운 사람을 죽이는 것도 왕에게는 모욕적이다. 왕의 화를 돋우기에 충분하며 또한 왕이 하만을 처벌하는 일에 주저함이 없도록 또 한 번의 쐐기를 박은 셈이다.

높이 세운 나무는 도성 수산 누구에게나 쉽게 보였을 것이고 그 소식은 모두에게 빠르게 전달되었을 것이다. 에스더 편에 선, 또한 왕을 잘 다룰 줄 아는 또 한 명의 내시이다. 하르보나는 1:10에 등장한 내시와 동일한 인물로 보인다. 왕은 그 나무가 어떻게 만들어지게 되었으며 왜 하만이 모르드개를 달고자 했는지에는 관심이 없다. 왕에게는 준비된 나무가 있다는 힌트만으로도 이제 충분하다. 명령은 왕이 한다. "하만을 그 나무에 달라."

이것의 결과와 의미를 저자가 우리에게 친절하게 설명해 준다. 모르드개를 달고자 한 나무에 하만을 달게 된다. 사건의 완전 반전이요 에스더의 승리이다. 그리고 중요한 정보가 더해진다. '왕의 노가 그쳤다'는 것이다. 1장에서 왕이 와스디에게 진노했을 때에(1:12) 그녀가 폐위되었다. 그리고 그 '노가 그쳤을 때'에 그 자리에 에스더가 왕후로 뽑히게 된다. 7장에서 왕이 '노했을 때'에 하만이 처형되었다. 그런데 이제 '왕의 노가 그쳤으므로' 문학적인 구조상 하만의 자리를 대신할 인물을 기대하게 만든다.[3] 그가 누가 될 것인지에 대한 답은 이미 내시의 입에서 나온 '충성된 말로 고발한 모르드개'라는 말 속에 나와 있다.

모든 것을 가진 것 같았던 하만, 이제 그는 하나하나 그가 소중하게 여겼던 것들을 잃어 간다. 그가 감사하지 않았고 당연시했던 것들을 잃어 간다. 그의 명예(6장), 그의 생명, 그의 재산….

이렇게 하여 일단 하만은 처형된다. 일차적인 위기는 넘겼다. 그렇다고 문제가 다 해결된 것은 아니다. 이미 왕이 내린 조서의 명령이 남아 있다. 그 조서는 결코 변개될 수 없다. 왕은 결코 잘못을 저지를 수 없는 자이다. 그러므로 이 문제를 어떻게 풀 것인지의 난제가 여전히 남아 있다.

설교를 위한 적용

첫째, 하나님은 자기 백성을 지키시는 분임을 잊지 말아야 한다. 자신들을 지켜 주실 것이라는 이스라엘 백성들의 신념은 그들과 언약을 맺으신 하나님의 약속을 믿는 믿음에 근거한다. 그러기에 모르드개도 자신들은 어떠한 방법으로도 구원 받을 수 있음을 확신했다. 에스더도 그 믿음에 동의하고 동참했다.

로마서에 보면 "누가 우리를 그리스도의 사랑에서 끊으리요 환난이나 곤고나 핍박이나 기근이나 적신이나 위험이나 칼이랴"(롬 8:35)는 말씀이 있다. 여기서 일곱 가지 어려움을 이야기하므로 완전수인 '7'을 사용하여 결국 이 세상의 어떤 것도 그리스도의 사랑에서 우리를 끊을 수 없음을 보여 준다. 이러한 신념은 하나님 우편에 앉아 우리를 위하여 간구하시는 예수님의 십자가의 사건에 근거한다. 그렇기 때문에 어느 상황에 처하든지 우리는 하나님께서 자기 자녀들을 지켜 주실 것이라는 믿음과 신념을 가지고 살아야 한다.

모르드개는 조서를 통한 사형 선고를 받고도 믿음을 가졌다. 순교자들은 목숨을 바쳐 가며 믿음을 지켰다. 그렇다면 우리의 삶 속에서 일어나는 일들 즉 운영하던 공장이 문을 닫게 되고, 취직이 안 되어 방황하며, 건강 때문에 병상에 눕게 되고, 대학에 또 낙방하여 삼수를 준비해야 하며, 목회자의 경우 교인의 수가 줄어들고, 교회 월세를 내기가 힘들어지는 문제 등은 어쩌면 에스더 시대의 유다인들의 상황에 비하면 상대적으로 가벼울 수 있다. 그 문제가 죽음의 이슈까지는 아니기 때문이다. 그들이 그 상황 속에서 하나님을 신뢰했다면 우리는 우리의 상황 속에서 더욱더 하나님을 신뢰하고 낙망치 말아야 한다. 로마서는 계속하여 "그러나 이 모든 일에 우리를 사랑하시는 이로 말미암아 우리가 넉넉히 이기느니라"(롬 8:37) 하는 확신에 찬 격려를 주고 있다.

둘째, 악인의 길은 멸망이라는 사실을 잊지 말아야 한다. 시편에는 "그러므로 악인이 심판을 견디지 못하며 죄인이 의인의 회중에 들지 못하리로다 대저 의인의 길은 여호와께서 인정하시나 악인의 길은 망하리로다"(시 1:5~6)라는 말씀이 있다. 이것이 하나님께서 사용하시는 변함없는 원리이다.

우리는 때로 세상적으로 성공한 사람들을 보며 그들의 방법과 원리들을 배우기 위하여 노력한다. 거기에 무엇인가 비법이 있다고 착각한다. 하만은 정치적으로 유능했다. 그는 왕을 다룰 줄도 알고, 뇌물을 쓸 줄도 알고, 급하면 비굴하게 굴 줄도 아는 그야말로 세상적인 능숙함이 몸에 배어 있는 자이다. 그러나 그는 어디까지나 악을 대변하는 자이다.

하만의 '결국'(end)을 보며 세상과 조금이나마 타협하는 것이 얼마나 하나님께 거스리는 것인가를 깨달아야 한다. 필요하다면 하나님의 지혜를 구하라. 하나님의 말씀의 법칙에 맞지 않는 세상적인 원리에는 진정한 의미의 성공이란 있을 수 없음을 명심하라.

셋째, 하나님께서는 그분의 뜻을 이루기 위하여 우리를 도구로 사용하시기를 원한다는 사실을 잊지 말아야 한다. 에스더의 위대한 점은 그녀가 하나님의 백성을 구원하는 일에 도구가 되기로 결정했다는 것이다. 모르드개의 위대한 점은 불의한 자에게 굴복하지 않고 정의롭게 대처했다는 점이다. 그에게는 곧 닥칠 위험 부담을 감수할 의사가 있었다. 이런 자들에 의해 하나님께서는 그분의 뜻을 펼치신다. 그리고 하나님께서는 이런 자들과 함께하신다.

에스더의 성공은 단순히 그녀의 뛰어난 언변이 아니었음이 4장의 금식 기도의 준비 과정에서 잘 드러난다. 그것은 유다인들의 부르짖음에 대한 기도의 응답이요, 에스더와 모르드개에 대한 기도의 응답이었다. 이것은 하나님께서 역사하셨기 때문에 가능했다.

하만이 에스더에게 살려 달라고 빌지만 않았어도 일은 꼬일 수 있었다. 왕이 핑곗거리가 없어 주저할 수도 있었다. 그러나 우연히도 하만은 강간하는 모양새로 빌고 있었고, 우연히도 그것을 본 왕은 다른 때와 달리 그것을 이용할 머리가 돌아갔다. 아슬아슬한 순간들이 이런 식으로 넘어갔다. 그렇기 때문에 하나님이 지휘봉을 들고 지휘하시는 오케스트라의 연주 속에 에스더는 중요한 악기 하나를 연주한 것뿐이다. 이렇게 하여 또 다른 구원의 역사가 쓰이게 된 것이다.

우리도 하나님의 도구로 사용되기를 기도하고 소원해야 한다. 그리고 그분의 구속의 역사에 뛰어들기를 기뻐해야 한다. 당신은 어떤 악기를 연주하기를 원하는가?

08

새로운 조서

에스더 8장 주해와 적용

본문의 개요

8장의 개요는 다음과 같다.

본문 주해

1. 새로운 조서의 허락(1~8절)

1) 모르드개가 하만의 자리를 차지함(1~2절)

아하수에로 왕은 하만이 처형된 당일에 하만의 집을 에스더 왕후에게 준다. 왕은 아직까지도 하만이 에스더에게 잘못했다고 생각하고 그것을 보상해 주려는 의도이다. 그러나 저자는 하만을 '유다인의 대적'이라고 기록하므로 아직 유다인의 이슈가 남아 있음을 상기시킨다. 그는 '에스더' 개인의 대적이 아니라 '유다인'의 대적이다. 유다인에 대한 보상은 어떻게 이루어질 것인가? 바사 왕국에서는 죄인들의 재산은 왕의 소유가 되었다.[1] 왕은 에스더의 민족에 대한 관심보다는 에스더에게만 관심을 기울인다.

에스더는 모르드개와의 관계를 밝히고 자신의 민족도 밝힌다. 드디어 모르드개가 왕 앞에 나아온다. 왕과의 최초의 알현이다. 왕이 모르드개를 만나는 것은 순수하게 에스더와의 관계 때문이다. 왕은 하만에게 준 반지를(3:10) 모르드개에게 줌으로 하만의 위치를 대신하게 한다. 정확히 모르드개가 어떠한 직위를 얻었는지 기록되어 있지는 않지만 반지를 줌으로 저자는 하만과 모르드개와의 대비를 보기를 원한다. 에스더는 하만의 집을 모르드개에게 주관하게 한다. 이것도 하만과의 대비를 위한 것이다. 그러나 그녀는 하만의 집을 모르드개에게 주지는 않는다. 집의 소유권은 여전히 그녀에게 있다. 에스더는 원래 아무런 독립적인 힘이 없었다. 모르드개의 수양딸로서 그의 보호와 감독을 받았고, 왕후였지만 왕이 오라고 할 때만 수동적으로 나아갔다. 그녀가 주도적으로 할 수 있는 일이 별로 없었다. 그러나 지금은 다르다. 그녀는 당당히 왕에게 나아가 원하는 것을 얻기 위해 왕을 조정할 줄 아는 능력을 얻었으며, 모르드개가 왕을 만날 수 있도록 기회를 마련하여 주었으며, 덕분에 모르드개가 높은 지위까지 얻게 된다. 또한 그녀는 그녀 이름으로 재산까지 얻게 되었다. 헤로도토스에 따르면 바사의 여인들은 재산을 소유할 수 있었다(Herodotus 9.109). 그뿐 아니라 이제는 모르드개로 하여금 자신의 재산을 관리하도록 임무를 줄 수 있는 위치까지 올라갔다. 이제 에스더 왕후는 권력과 부를 소유한 여인이 된 것이다. 또한 왕은 하만을 대체하여 모르드개에게 권력을 부여해 주고 에스더는 그녀의 부(富)를 그로 하여금 주관하게 한다. 결과적으로 모르드개도 하만이 가졌던 부와 권력을 얻게 된 셈이다.

2) 에스더의 민족을 위한 요청(3~6절)

에스더와 모르드개 두 사람의 문제는 해결되었다. 그러나 아직 유다인의 민족의 운명은 그대로이다. 에스더는 이 문제를 위하여 다시 왕의 발 앞에 엎드려 울며 구한다. 이것은 간청과 애원의 표시이다. 4장에서 모르드개가 그녀에게 "자기의 민족을 위하여 간절히 구하라"(4:8)고 했는데 저자는 같은 단어("구하니")[2] 를 사용하여 지금 에스더가 모르드개의 말을 그대로 순종하고 있음을 보여 준다(3절). '구하니'(יָּחָנַן 하난)라는 단어는 절망적인 상황에서 간청할 때 주로 사용되었다. 예를 들면 요셉이 구덩이에서 구해 달라고 형들에게 간청할 때(창 42:21), 욥이 고통 속에서 부르짖어야 하는 상황(욥 8:5 "네가 만일 하나님을 부지런히 구하며"; 9:15) 속에서 사용되었다. '아각 사람 하만이 유다인을 해하려 한 악한 꾀'라고 저자는 구체적으로 기록하고 있다. 아직도 하만이 쳐 놓은 죽음의 그물망은 그대로 놓여 있다. 왕은 에스더에게 다시(5:2에 이어) 금 홀을 내어 미는데 이번에는 에스더에게 왕에게의 접근을 허락하기 위해서가 아니라 그녀의 요청을 말하기를 허락하는 의미이다.

요청할 기회를 얻은 에스더는 이제까지 그녀가 한 어떠한 말보다도 조심스럽게 접근한다. 왜냐하면 왕이 직접 허락한 조서의 변개에 대한 이야기와 더불어 그녀 개인의 신변과 안전이 아닌 그녀의 민족에 대한 구원을 이야기해야 하기 때문이다. 전자는 왕으로서도 어쩔 수 없고 또한 법적으로, 행정적으로 복잡하기 때문에 왕이 주저할 것이며, 후자는 왕에게 그다지 큰 관심사가 아닐 수 있다. 이번에도 설득이 쉽지 않다. 옛말에, 산 넘어 산이라고 했던가! 그렇기 때문에 에스더는 "왕이 만일 즐겨 하시며", "내가 왕의 목전에 은혜를 입었고", "왕이 이 일을 선히 여기시며", "나를 기쁘게 보실진대"라며 4중으로 정중하게 말의 서두를 꺼낸다. 그녀가 5:8과 7:3에서 2중으로 예우를 갖추어 할 때보다도 배나 더 정중하게 접근한다. 특히 마지막 부분에 "나를 기쁘게 보실진대"를 더함으로 그녀 자신에 대한 왕의 애정을 증명하도록 함으로 왕으로 하여금 법적인 이슈와 왕후 개인의 관계를 분리하여 생각하기 힘들도록 만들고 있다. 즉 '나를 사랑한다면, 나를 조금이라도 아끼는 마음이 있다면, 나를 보아서라도' 구해 달라는 뉘앙스가 들어 있다. 이제까지 아하수에로 왕의 특징으로 본다면 국법이 걸린 문제와 에스더에 대한 애정이 얽혀 있는 이 두 문제를 논리적으로 풀어서 분리하여 현명하게 처리할 만큼 그는 인내심이 있거나 현명하지 않다. 또 누군가의 도움을 필요로 할 것이다.

그러한 분위기를 눈치채기라도 한 듯 에스더는 고삐를 늦추지 않고 왕이 어떻게 해야 하는지를 바로 직설적으로 요청한다. 그러기 전에 그녀는 먼저 이 모든 것이 하만의 짓임을 강조한다. '아각 사람 함므다다의 아들 하만이 왕의 각 도에 있는 유다인을 멸하려고 꾀했다'는 것을 분명히 한다. 그녀는 조심스럽게 왕과 이 조서와는 무관하며 왕에게 직접적 책임이 없음을 간접적으로 표현한다. 모든 것은 하만의 책임이며 그의 음모이므로 왕이 부담감을 가질 필요는 없다. 그리고 그녀의 요지를 분명하게 말한다. "조서를 취소하소서." 에스더의 지혜와 지략이 단어 하나하나의 선택에 묻어 있다.

그녀는 당긴 고삐를 한층 더 조인다. 왕이 도저히 거절할 수 없이 항복하도록 만들어야 한다. 논리적인 요청 뒤에 감정 어린 호소를 더하므로 왕의 지성과 감성을 다 건드린다. '내가 어찌 내 민족의 화 당함을 차마 보며 내 친척의 멸망함을 차마 보리이까.' 그녀는 자신이 직접 당하는 것은 아니지만 이제 자신의 민족의 화 당함과 친척의 멸망을 바라보아야 하는 고통을 본인으로서는 감내할 수 없음을 호소한다. 왕이 그녀의 민족의 관점에서가 아니라 그녀의 관점에서 바라봄으로 동정심을 갖도록 유도하고 있다. 대단한 설득력이다. 그러나 에스더는 단순히 설득을 위한 수사학을 펼치고 있는 것이 아니다. 그녀는 민족의 멸망의 위기에서 사력을 다하고 있는 것이다. 진심으로 전력투구를 하고 있는 것이다.

3) 새로운 조서의 허락(7~8절)

7절의 시작 부분을 문자 그대로 보면, '아하수에로 왕이 에스더 왕후와 모르드개 유다인에게 이르되'라고 번역해야 한다. 폭스(Fox)는 이것을 보고 저자가 '왕후'와 '유다인'의 위치를 비교하여 놓음으로 그만큼 '유다인'이라는 것을 하나의 타이틀처럼 승격시킨 것으로 본다.[3] 이것도 일리가 전혀 없는 것은 아니나 '모르드개 유다인'이라는 표현이 책 전체에서 자주 쓰였기 때문에(5:13; 6:10; 9:29, 31; 10:3) 여기에서만 유독 다른 목적으로 쓰였다고 보기는 힘들다. 그것보다는 '모르드개 유다인'은 '하만, 유다인의 대적'(8:1)이라는 표현과 대조를 이룬 것으로 보는 것이 좋다. 또한 '룻이 모압 여인'(룻 1:22; 2:2, 21; 4:5, 10)인 것이 룻기에서 중요한 역할을 하듯, 모르드개가 유다인이라는 사실이 에스더서 전체에서는 중요한 주제가 된다. 모르드개가 유다인이기 때문에 고통을 당해야 했을 때도 있었지만 이제 그 유다인이 승리를 한 것을 보여 줌으로 이 시점에서 '모르드개 유다인'이라는 표현은 책 전체의 주제를 부각시키는 역할을 하고 있다.[4] '에스더 왕후'라는 타이틀도 마찬가지의 역할을 하고 있다. 저자는 단순히 '왕후 에스더'에게 관심이 있는 것이 아니라 '에스더가 왕후'로서 한 역할에 관심이 있다.

아하수에로의 "하만이 유다인을 살해하려 하므로 나무에 달렸고 내가 그 집으로 에스더에게 주었으니"(7절)라는 말의 뉘앙스에 대하여 의견이 분분하다. 왕이 자신이 한 일에 대해 좋은 뜻으로 본인이 얼마나 에스더에게 잘 해 주었나를 자랑하는 긍정적인 평가로 보는 견해가 있다.[5] 반면 왕이 원하는 바를 다 해 주었는데 무엇을 더 요구하느냐는 짜증스러운 분위기로 평가하는 견해도 있다. 8절의 내용으로 보아 후자가 더 적합하다. 아하수에로 왕은 하만에게 조서를 쓰게 할 때에 그 내용이나 그 일을 당하는 민족에게는 관심을 보이지 않았다. 여기에서도 왕은 비슷한 태도를 보인다. 그는 새로운 조서의 내용이 어떠할 것인지와 어떠한 결과가 일어날지에 대해서는 관심을 보이지 않는다. 지난번에 하만에게 허락했던 것과 같은 태도로 이번에는 에스더와 모르드개에게 조서를 허락한다. 빨리 이 문제에서 벗어나고 싶은 것이 왕의 의도이다. "너희는"은 복수(plural)로써, 모르드개와 에스더를 가리키고 있고 두 사람이 강조되어 있다. 왕은 조서의 내용에 대해서는 두 사람에게 일임을 한다. 그러나 두 가지 조건을 단다. 그들이 유다인에게 원하는 조서를 마음대로 쓰라는 것과, 왕의 이름을 쓰고 그의 반지로 인친 조서를 누구도 취소할 수 없다는 것이다. 이것은 또한 두 가지의 의미가 있다. 하나는 그러기에 하만의 조서는 취소될 수 없다는 점과, 다른 하나는 모르드개와 에스더가 쓰는 조서 또한 하만의 조서와 동등한 권위와 위력이 있다는 점이다. 이제 왕은 할 일을 다했으므로 나머지는 두 사람이 알아서 처리하라는 것이 왕의 태도이다. 아하수에로는 이 점에서만은 여전히 일관성이 있다.

2. 새로운 조서의 반포 (9~17절)

1) 새로운 조서 작성(9~10절)

왕의 허락이 떨어지자 모르드개의 지시하에 새로운 조서가 작성된다. 3장에서 하만의 조서와 대조를 보여 주기 위하여 비슷한 용어와 표현을 반복하여 사용한다(3:12~15).[6] 하만의 것은 유다인의 멸망을 의도했지만, 모르드개의 조서는 유다인의 구원과 생명을 의도했다. 저자는 명확한 날짜를 기록한다. 시완월 곧 삼월 이십삼 일이다. 이것은 하만이 조서를 내린 지(3:12 "정월 십삼 일") 두 달 10일, 약 70일 정도가 되는 날이다. 그렇다면 날짜의 기록은 의미심장하다. 약 70일 만에 유다인에게 구원의 소식이 온 것이다. 70이라는 숫자는 70년의 포로 생활을 생각해 볼 때에 상징성이 있다.[7] 이런 숫자의 뒤에도 하나님의 섭리가 엿보인다.

2) 새로운 조서 내용(11~14절)

하만의 조서와 모르드개의 조서의 내용을 비교하면 다음과 같다.

〈하만의 조서〉(3:13~14)	〈모르드개의 조서〉(8:11~13)
이에 그 조서를	조서에는
역졸에게 부쳐 왕의 각 도에 보내니	**왕이 여러 고을에 있는 유다인에게 허락하여 저희로 함께 모여 스스로 생명을 보호하여**
	각 도의 백성 중 세력을 가지고 저희를 치려 하는 자와 그 처자를 죽이고 도륙하고 진멸하고 그 재산을 탈취하게 하되
모든 유다인을 노소나 어린아이나 부녀를 무론하고 죽이고 도륙하고 진멸하고 또 그 재산을 탈취하라 하였고	
	아하수에로 왕의 각 도에서
십이월 곧 아달월 십삼 일 하루 동안에	아달월 곧 십이월 십삼 일 하루 동안에 하게 하였고
이 명령을 각 도에 전하기 위하여 조서의 초본을 모든 민족에게 선포하여 그날을 위하여 준비하게 하라 하였더라	이 조서 초본을 각 도에 전하고 각 민족에게 반포하고 **유다인으로** 예비하였다가 그날에 **대적에게 원수를 갚게 한지라**

위의 도표에서 밑줄 친 부분이 하만의 조서와 다른 점이다. 여기에서 더해진 것은 "유다인에게 허락하여", "유다인으로"라는 표현들이다. 하만은 유다인이 바사 왕국에 흩어져 거하며 왕에게 무익한 백성임을 주장했다(3:8). 이 민족의 이름조차 언급할 가치가 없는 것처럼 '어떤 한 민족'이라고 표현했다(3:8). 그러나 이번 조서가 대신과 관원과 방백에게 전해질 때에는 그 어느 민족도 개별적으로 명시되지 않았는데 유다인만 유독 언급되었다. 이제 그들은 무익한 존재가 아니다. 하나의 독립된 민족으로서 그들만의 권리와 생명과 재산을 보호할 수 있도록 다른 어느 민족보다도 구분된 특별한 민족으로 인정받은 것이다. 조서가 전달될 때마다 드는 경비와 인력과 수고를 생각한다면 이 조서는 바로 유다인들을 위한 것이며 그들은 바사 왕국에

서 그만큼 가치가 있는 존재들로 부상한 것이다. 이런 역사적인 날의 날짜를 기록하는 것은 너무도 자연스러운 것이다.

또 다른 차이점은 하만의 조서 내용을 그대로 인용하되 "왕이 여러 고을에 있는 유다인에게 허락하여 저희로 함께 모여 스스로 생명을 보호하여 각 도의 백성 중 세력을 가지고 저희를 치려 하는 자"(11절)와 "유다인으로… 대적에게 원수를 갚게 한지라"(13절)는 내용이 더해진 것이다. 바로 이 부분이 하만의 조서를 상쇄하는 역할을 하도록 작성되었다. 새로운 조서가 이전 것에 비하여 또 다른 차이점이 있다면 '왕이 유다인에게 허락한다'(11절)는 문구가 들어 있다는 점이다. 하만은 자신의 권한대로 한 반면 모르드개는 왕에게 권위를 돌리고 동시에 이 일에 왕도 직접적인 책임이 있음을 분명히 한다. 유다인은 가만히 앉아서 수동적으로 살육을 당하고 억울한 죽음을 당하는 대신에 이번에는 '유다인이 스스로 생명을 보호할 수 있도록 했으며, 각 도의 백성 중 세력을 가지고 저희를 치려는 자들에 대해 방어와 보호를 할 수 있도록' 했다.

물론 날짜는 '아달월 곧 십이월 십삼 일 하루 동안'으로 하만이 계획한 날짜와 동일하다. '아하수에로 왕의 각 도에서'라는 말을 삽입하여 다시 한 번 이 모든 일이 왕의 명령과 허가하에서 진행됨을 강조하고 있다. 또 한 가지 더 중요한 차이점은 하만의 조서 경우에는 왜 유다인을 죽여야 하는지에 대한 이유가 나와 있지 않다. 그것을 정당화할 근거가 없기 때문이다. 그러나 모르드개가 보낸 조서의 내용에는 왜 유다인들이 그렇게 해야 하는가의 이유와 근거가 분명히 명시되어 있다. 그것은 '스스로 생명을 보호하고', '그날에 대적에게 원수를 갚게 하기 위함'이다. 선제공격이 아닌 자기 보호를 하고 무고하게 자신들을 치는 자들에게 대항하여 그 원수를 갚는 것을 허락하는 내용이다.

모르드개의 조서를 보면 대적의 '처자'까지 죽이기를 허락하는 내용이 나온다.[8] 과거 가나안 정복 시절에는 가나안 족속들을 '진멸'시키는 것이 허용되었지만 원방(멀리 나가서 하는 전쟁) 전쟁의 경우에는 그렇게 하는 것이 모세의 율법에 어긋나는 것이다(신 20:13~15). 그러나 이 경우에는 '눈에는 눈, 이에는 이'의 전형적인 원리가 적용되고 있다. 하만은 아무런 이유 없이 노소나 어린아이나 부녀를 무론 하고 죽이고 도륙하고 진멸하라고 명했다. 그러나 모르드개의 조서는 '세력을 가지고 유다인을 치려 하는 자'에 한해서만 그 처자를 포함하여 죽일 수 있도록 허락하고 있다. 그러니까 이것은 무조건적으로 모두를 죽이는 것이 아니라는 점에서 여호수아 시대의 '진멸'과는 엄연히 구분된다. 유다인을 공격하지만 않는다면 얼마든지 피할 수 있는 전쟁인 것이다. 또한 이러한 아말렉과 유다의 원수들의 죽음은 발람의 예언을 상기시킨다(민 24:20 "아말렉은 열국 중 으뜸이나 종말은 멸망에 이르리로다"; 출 17:14~16). 그는 메시아 시대의 도래를 예언하며 그분이 오시면 아말렉을 비롯하여 이스라엘의 적들을 물리치실 것을 예언하고 있다. 그러므로 에스더의 사건은 이러한 메시아 시대의 도래에 대한 염원이 그 바탕에 깔려 있다.

이 조서는 '심히' '급하게' '빨리' 왕의 준마를 타고 전국으로 반포되었다. 이는 긴급성과 중요성을 강조한다.

3) 새로운 조서의 결과: 유다인의 영광과 기쁨(15~17절)

저자는 계속적으로 하만과 모르드개를 대조시킨다. 하만이 조서를 보낸 이후 모르드개의 복장은 장례복으로 바뀌었다. 굵은 베를 입고 재를 무릅썼으며 에스더도 그의 의복을 바꾸고자 했을 정도이다(4:1, 4). 이제 모르드개의 조서가 나가자 그의 복장이 또 바뀐다. 이번에는 바사 왕실의 고관의 복장이다. '푸르고 흰 조복을 입고 큰 금 면류관을 쓰고 자색 가는 베 겉옷을 입고' 왕의 앞에 나온다. 이것은 1:6의 왕실의 화려함과 분위기를 같이한다. 그가 리더십에 오르자 도성 수산이 즐거이 부르며 기뻐한다. 이것도 하만의 조서 이후에 어수선한 도성 수산의 분위기와(3:15) 대조를 이룬다.

수산에 있는 유다인의 기쁨을 '영광, 즐거움, 기쁨, 존귀함'의 네 단어로 표현한다. 또한 왕의 조명이 이르는 각 도, 읍에 있는 유다인들이 '즐기고, 기뻐하여 잔치를 베풀고, 그날로 경절을 삼는' 모습은 4장에서 하만의 조서

후에 유다인이 '크게 애통하여 금식하며 곡읍하며 부르짖고 굵은 베를 입고 재에 눕는 모습'(4:3)과 대조를 이룬다. 저자는 계속적으로 수산에 있는 유다인들과 전국에 있는 유다인들을 구별하여 언급한다.

거기에 덧붙여 유다인들이 아닌 본토 백성들 중에 유다인을 두려워하여 '유다인 되는 자가 많더라'고 기록하고 있다. '유다인 되는 자'의 의미에 대해 많은 의견이 제시되었다. 단어 자체의 의미는 '유다인이 되는 척했다'라는 의미에서부터 '유다인이 되기 위해 개종했다'는 의미까지 폭넓게 이해될 수 있다. '유대교로 개종했다'는 것은 실제로 구분하기가 어렵다. 어떤 것이 유대교로 개종한 증거인지 알기도 힘들지만 그것이 진실한 것인지는 더욱더 분간하기 어렵다. 또한 에스더서가 종교적인 의미를 많이 부여하고 있지 않기 때문에 저자가 굳이 이 시점에서 그 점을 부각시키고 있다고 보기도 어렵다. 클라인(Clines)는 이 사건 속에서 본토 백성들이 자기 백성을 보호하시는 하나님을 발견하고 이에 반응하여 많은 사람들이 하나님에 대한 경외함으로 유다인이 되었다는 의미로 본다.[9] 물론 이런 해석이 일리가 없는 것은 아니다. 그러나 9:2~3을 보면 모든 민족은 유다인들이 자신들을 죽일까 '두려워했다.' 또한 모르드개를 '두려워했다'는 것은 그의 권세로 인한 것으로 보아야 한다. 즉 종교적인 의미로 보기보다는 많은 사람들이 유다 민족의 편에 서고, 그들과 정체성을 같이하며 지지하게 되었다는 뜻으로 해석하는 것이 자연스럽다.[10] 그만큼 유다인의 세력과 영향력이 커졌음을 의미한다.

조서는 내려졌다. 유다인 편에 서는 자도 많아졌다. 그렇다고 해서 사건이 끝난 것은 아니다. 아직도 D-day가 기다리고 있다. 어떻게 그날을 보낼 것인가가 이제 중심 관심사이다.

설교를 위한 적용

첫째, 우리도 하나님의 전쟁을 싸우고 있음을 알아야 한다. 하나님께서 자기 백성을 보호하시기 위하여 대신 싸우시는 하나님의 전쟁을 '거룩한 전쟁'(holy war)이라 부른다. 가나안 땅의 백성들을 진멸하라는 것도 하나님께서 이스라엘을 통하여 가나안 백성들의 '죄의 만연함'(창 15:16)을 심판하시는 거룩한 전쟁의 일환이었다. 바사 왕국의 유다인들은 자신들의 방어와 보호를 위해 전쟁을 치렀다. '눈에는 눈, 이에는 이'의 구약적인 정의의 실천이요 도덕이다. 그래도 그들의 행위는 현대의 기준으로 보아도 어디까지나 정당방위에 해당된다. 그들은 악의 세력으로 대표되며 조상 때부터 하나님의 백성들의 원수로 상징되는 아말렉을 대항하여 싸웠다(출 17:8, 14~16; 신 9:4~6; 25:17~19; 삼상 15:2~3). 에스더서에는 비록 하나님의 이름이 언급되지 않지만 자기 백성을 구원하시고 그들을 위해 싸우시는 '거룩한 전쟁'의 주제가 배경에 깔려 있다. 현대를 사는 우리들도 혈과 육의 싸움은 아니지만 영적 전쟁을 싸워야 한다. "우리의 씨름은 혈과 육에 대한 것이 아니요 정사와 권세와 이 어두움의 세상 주관자들과 하늘에 있는 악의 영들에게 대함이라"(엡 6:12; 고후 10:4)는 사도 바울의 말은 우리가 이미 전쟁 중에 있음을 나타낸다. 전쟁에 지지 않으려면 늘 깨어 있고 하나님의 전신갑주(엡 6:11)를 입어야 한다.

둘째, 그리스도인이 되는 자들이 많아져야 한다. 이 말은 17절의 "유다인 되는 자가 많더라"는 말을 응용한 것이다. 유다인들의 영향력이 커지면서 그들과 합류하고 그들과 정체성을 같이하는 자들이 많아진다. 그리스도인들도 영향력을 키워야 한다. 그 영향력은 세상적인 지위나 세력을 의미하지 않는다. 그것은 사랑의 영향력이요, 성령의 능력으로 사는 삶의 영향력이요, 복음으로 변화시키는 전도의 영향력을 일컫는다. 모르드개와 에스더는 유다인의 구원을 위해 자신들의 목숨을 불사했다. 우리에게는 땅끝까지 복음을 전하라는 '지상 명령'이 있다. 거기에 '죽으면 죽으리라'의 헌신이 요구된다.

셋째, 메시아의 재림을 고대해야 한다. 포로기 이후 강하게 나타나는 신학적인 주제는 메시아에 대한 염원이다(학개, 스가랴, 역대기). 위에서도 언급했듯이 아각인인 아말렉과의 전쟁을 통하여 간접적으로 시사하는 메시지는 메시아 시대에 대한 염원이다. 유다인들이 바사 왕국에서 겪은 수모와 불의 그리고 반유다인 정서는 비록 해피엔딩으로 끝났지만 또다시 세월이 흐르면 반복될 수 있고 실제 나치 정권하에서 악몽이 되풀이되었다. 그들이 완전히 그러한 억눌림에서 해방되는 유일한 길은 메시아가 오시는 것이다. 그분은 오셨고 십자가에서 모든 죄의 문제를 해결해 주셨다. 그러나 많은 유다인들은 메시아가 오셨다는 사실조차 인정하지 않고 있다. 그분이 다시 오실 그날까지 우리는 그분을 고대하며 완전한 하나님의 나라가 도래하기까지 이 불의하고 불완전한 세상 속에서 계속적인 영적 전쟁을 하며 살아야 한다. 결코 악의 세력으로 대변되는 하만에게 패배해서는 안 된다. 모르드개처럼 그에게 절하지도 꿇지도 말아야 한다.

09

승리와 축제

에스더 9장 주해와 적용

본문의 개요

9장의 개요는 다음과 같다.

승리와 축제(9장)
　유다인의 승리(1~5절)
　부림절의 유래(6~19절)
　　도성 수산의 유다인들(6~15절)
　　다른 도의 유다인들(16~19절)
　유다인의 새로운 축제 제정(20~32절)
　　부림의 제정(20~28절)
　　에스더가 부림의 제정에 권위를 부여함(29~32절)

본문 주해

1. 유다인의 승리(1~5절)

1절에서는 그동안 일어났던 사건을 요약하고 있다. 아달월 곧 십이월 십삼 일은 두 가지 의미가 있는 날이다. 첫째는 왕의 두 개의 상반되는 조명을 행하게 된 날이며, 둘째는 유다인의 대적이 유다인을 제어하기를 바란 날이다. 그런데 유다인이 도리어 자기를 미워하는 자를 제어하는 날이 되었다. '제어하다'라는 단어는 에스더서의 중요한 주제 중 하나다. 영어식으로 표현하면 '컨트롤'(control)이다. 즉 자신의 뜻을 다른 사람에게 관철하고자 했던 '컨트롤의 이슈'가 처음부터 문제시되었다.[1] 왕은 와스디를 컨트롤하는 일에 실패했으며, 하만은 모르드개를 컨트롤하는 일에 실패했으며, 하만은 유다인을 컨트롤하는 일에 실패했다. 이제 유다인은 적들의 컨트롤에서 벗어났을 뿐 아니라 오히려 그들을 컨트롤할 수 있는 위치가 되었다.

이어 그날에 일어난 내용을 기록하고 있다. 8:11의 조서 내용대로, "유다인들이 아하수에로 왕의 각 도, 각 읍에 모여 자기를 해하고자 하는 자를 죽이려 하니 모든 민족이 저희를 두려워하여 능히 막을 자가 없고"(2절)라고 기록되어 있다. '막을 자가 없다'를 문자 그대로 하면 '아무도 그들 앞에 설(עמד아마드) 자가 없다'가 된다. 이것은 모르드개의 조서에서 유다인들에게 '스스로 생명을 보호하라'(아마드)고 했던 내용을 반영한 것이다. 유다인들이 목숨을 보호하기 위하여 대적 앞에 '서니' 누구도 유다인들 앞에 '설' 자가 없었다. 유다인들을 두려워했기 때문이었다.

유다인들의 승리는 또한 각 도의 관원과 대신과 방백과 왕의 사무를 보는 자들이 유다인을 도왔기 때문에 가능했는데 그들이 도운 이유는 그들이 모르드개를 두려워했기 때문이다. '관원, 대신, 방백'은 앞의 조서들에 명시된 자들인데(3:12; 8:9), 여기에 '왕의 사무를 보는 자들'이 더해졌다. 모르드개의 영향력 때문에 유다인들을 후원하며 유다인들 편에 서는 집단들이 많아졌으며 왕궁에서도 지지자들이 늘어나고 있음을 보여 준다. 왕의 사무를 보는 자들이 어떤 방식으로 도왔는지 나와 있지 않다. 그러나 그들은 이 일이 진행되는데 꼭 필요한 일들을 했을 것이다.

모르드개의 영향력에 대해 더 설명해 주고 있다. 그는 왕궁에서 존귀하게 되고 점점 창대해졌으며 각 도에 그 명성을 떨쳤다(비교 출 3:11). 그의 정치적인 영향력과 명성이 바사에 알려지게 되었다. 그 결과 모르드개의 조서의 내용이 성취된다. 유다인들은 칼로 그 모든 대적을 쳐서, 도륙하고, 살육하고, 자기를 미워하는 자에게 마음대로 행했다. '도륙, 살육'은 조서의 단어들을 (8:11) 그대로 반영한 것이다.

2. 부림절의 유래(6~19절)

1) 도성 수산의 유다인들(6~15절)

'도성 수산'으로 본문을 시작하며 장소가 강조되고 있다. 곧이어 유다인들이 그곳에 사는 자들 500명을 '죽이고 멸했다'고 보고한다. 계속적으로 저자는 조서의 단어들을 반복해서 사용하고 있다("죽이고 멸하고"). 그렇게 함으로비록 그들이 많은 수를 도륙했으나 이것이 조서에 있는 법적 테두리를 벗어나지 않은 합법적인 행위임을 보여 준다. 또 함므다다의 손자요 유다인의 대적 하만의 열 아들을 죽인다. 하만이 정식으로 다시 소개되며 '유다인의 대적'이라는 그의 정식 칭호도 함께 따라붙는다. 이렇게 해서 하만이 자랑스럽게 생각했던 모든 것들이 사라지게 된다. 즉 그는 자신의 명예, 생명, 지위, 재산, 그리고 많은 자녀를 자랑스럽게 여겼는데(5:11) 이제는 그의 자손까지도 완전히 끊어짐을 보여 준다.

여기에 그 아들들의 이름이 일일이 기록되어 있다. 히브리어 성경을 보면 그들의 이름과 직접 목적어 기호가 평행으로 두 기둥처럼 열 줄로 길게 나와 있다. 어떤 학자는 이것을 보고 시각적으로 그들이 처형되어 있는 인상을 준다고 풀이했다.[2] 저자는 이런 방법으로 그들에 대한 심판과 죽음을 강조하고 있다. 유다인 랍비들은 이 이름들이 죽은 서열대로 기록되었다고 믿는다.[3] 이들의 죽음은 후환을 피하기 위한 목적도 있고 또한 본문에 밝히지는 않았지만 아말렉의 진멸을 예언한 모세 오경 전통과도 밀접한 관련이 있다 (민 24:20).

'하만의 재산에는 손대지 않았다'는 표현이 계속 반복하여 나온다(10, 15,

16절). 그 목적은 어디까지나 방어와 보호를 위한 정당성이 있는 전쟁이지 약탈을 위함이 아님을 보여 주는 데 있다. 또한 이것은 사무엘상 15장을 염두에 두고 쓴 것 같다. 사울은 아말렉인들과 아각과 그들의 모든 소유를 진멸하라는 명령에 순종하지 않았다. 사울은 아각을 죽이지 않았지만 모르드개와 에스더는 아각 사람 하만과 그 아들들을 죽였다. 왕의 조서에 따르면 유다인들은 그들의 재산을 탈취할 수 있는 권리가 있었지만(8:11) 자발적으로 다른 사람들의 재산에는 손대지 않음으로 일종의 사울의 실수를 수정하는 역할을 하고 있다.[4]

11절은 "그날에"로 시작되는데 이는 1절과 같은 날이다. 도성 수산에서 도륙한 자의 수가 왕에게 보고되자, 왕은 유다인이 도성 수산에서 500명을 "죽이고 멸하고"(비교 8:11) 하만의 열 아들을 죽였으니 다른 도에서는 어떠했겠는가를 묻는다. 왕은 유다인이 구원되었다거나 대적을 물리친 것에는 관심이 없어 보인다. 그것보다는 많은 수가 죽었다는 놀라운 성과에 감탄이라도 한 것 같다. 왕은 다시 에스더에게 "그대의 소청이 무엇이뇨 곧 허락하겠노라 그대의 요구가 무엇이뇨 또한 시행하겠노라"(12절)고 묻는다. 이 표현이 이번까지 네 번째 사용된다(5:3, 6; 7:2; 9:12). 이번에는 나라의 절반이라도 주겠다는 말은 하지 않는다. 왕은 죽은 자들에 대해서는 관심이 없다. 오히려 그는 에스더에게 베푼 일이 성공적으로 끝났음을 자랑스러워 하는 것 같다. 마치 그것을 뽐내기라도 하듯 그녀에게 더 해 줄 것이 있는지를 묻는다. 에스더만 보면 무엇인가를 해 주고 싶은 욕망이 샘솟는 듯하다.

에스더는 이 기회를 놓치지 않고 왕의 제안에 요청을 더한다. "왕이 만일 선히 여기시거든"(13절)이라는 말로 예우를 잊지 않지만 더 이상 그전처럼 장황한 서두를 붙이지도 않는다(7:3; 8:5). 이제 에스더도 여유가 생긴 것이다. 그녀는 두 가지를 더 요청하는데, 수산에 거하는 자들로 하여금 원수들을 하루 동안 더 치도록 허락하고 이미 죽은 하만의 열 아들의 시체를 높이 달도록 해 달라는 것이다. 왜 에스더가 이렇게까지 해야 하는지에 대한 설명은 나와 있지 않다. 그녀로서는 모든 가능한 위험을 근절시키고 하만의 자식들을 매달므로 유다인을 해하려는 자들이 어떠한 말로를 맞이하는가에 대한 경고의 메시지를 간접적으로 전달하는 효과를 노린 것 같다. 그렇게 하여 아달월 십사 일에도 수산에 있는 유다인들이 모여 또 300명을 도륙한다. 역시 재산에는 손을 대지 않는다. 이것은 후에 도성 수산에서 부림절을 지내는 날짜가 다른 것에 대한 배경 설명을 해 주는 역할을 한다.

2) 다른 도의 유다인들(16~19절)

다른 도에서 유다인들이 행한 일의 요약과 함께 총 75,000명이 도륙되었다는 통계를 준다. 너무나 많은 생명이 죽어 갔음에 초점을 맞추지 않기 위하여 저자는 "스스로 생명을 보호하여", "대적들에게서 벗어나며", "재산에는 손을 대지 아니하였더라"는 표현들로 유다인들의 행위의 정당성을 강조한다. 그들이 그렇게 하지 않았다면 더 많은 수의 유다인 자신들의 죽음의 통계가 나올 수 있었음을 상기시킨다. 또 한 번의 '유대인 대학살'(The Holocaust) 사건이 일어날 뻔한 위기를 막은 것이다.[5]

> "아달월 십삼 일에 그 일을 행하였고 십사 일에 쉬며 그날에 잔치를 베풀어 즐겼고"(에 9:17).
> "수산에 거한 유다인은 십삼 일과 십사 일에 모였고 십오 일에 쉬며 이날에 잔치를 베풀어 즐기지라"(에 9:18).

17절과 18절은 단어와 문장 구조가 거의 비슷하다. 다른 도의 유다인들은 '모여' 아달월 십삼 일에 그 일을 행하였고 십사 일에 '쉬며' 그날에 '잔치를 베풀어 즐겼다'(17절). 반면 수산에 거한 유다인은 십삼 일과 십사 일에 '모였고' 십오 일에 '쉬며' 그날에 '잔치를 베풀어 즐겼다'(18절). 11~15절은 왜 이러한 날짜의 차이가 생기게 되었는지의 배경을 잘 설명해 주는 동시에 이것이 부림절의 유래임을 보여 준다. 여기서 '쉬었다'라는 주제는 하나님께서 적을 물리치고 주신 '안식'의 개념을 상기시킨다(신 3:20; 12: 9~10; 25:19; 수

1:13, 15; 21:44; 삼하 7:11).[6] 이러한 언어들을 통해 저자는 이 모든 것이 여호와께서 하신 일임을 간접적으로 시사하고 있다.

본문은 부림절이 이렇게 유래되었음을 설명해 주며 또한 초기에 어떻게 진행되었는가를 일목요연하게 보여 준다. "촌촌의 유다인"은 "수산에 거한 유다인"과 대조되는 개념이다. 그러므로 수산에 거한 자들은 십오 일이 경절이며(18절), 촌촌의 유다인은 아달월 십사 일로 경절을 삼아 잔치를 베풀고 즐기며 서로 예물을 주었다. 처음에는 각 도에 있는 자들과 도성 수산에 있는 자들로 구별되었으나 점차 부림절이 성이 없는 고을에 거하는 자들과 그렇지 않은 자들과의 구분으로 변화된 것을 저자는 요약을 통하여 보여 준다 (19절).

4. 유다인의 새로운 축제 제정(20~32절)

1) 부림의 제정(20~28절)

이제까지의 본문이 부림절이 어떻게 유래되었는지를 설명하고 있다면 여기서는 부림절이 어떻게 유다인들의 새로운 절기로 제정되었는가를 보여 준다. 20절은 모르드개로 시작하여 32절은 에스더로 마친다. 부림절이 있기까지 결정적인 역할을 한 두 사람으로 일종의 '봉합 구조'(inclusio)를 이루고 있다.

모르드개가 이 일을 기록하고 원근 각 도에 글을 보내어 해마다 십사 일과 십오 일을 규례로 지킬 것을 명한다. 이날의 의의는 "유다인이 대적에게서 벗어나서 평안함을 얻어 슬픔이 변하여 기쁨이 되고 애통이 변하여 길한 날이 되었"(22절)다는 것이다. '애통'은 4장에서 하만의 조서로 인한 '애통'을 반영한 것이다. '평안함을 얻었다'는 것은 하만이 유다인을 그대로 놓아두면 '평안함이 없을 것'(3:8 '용납함이 무익하다')이라고 한 말에 반박하듯 쓰인 것이다.[7] 유다인들은 누가 시키지 않아도 자발적으로 지키면서 부림절을 절기화시켰다. 거기에 모르드개의 글로 인하여 공식화된 것이다.

24~25절에는 전체 이야기의 요약이 나온다. 이 요약의 초점은 하만에게 있다. 사실 24~25절을 원문으로 보면 '에스더'라는 말이 나오지 않는다. 전적으로 하만을 중심으로 사건이 정리되어 있다. "유다인의 대적 하만이 유다인을 진멸하기를 꾀하고 '부르' 곧 제비를 뽑아 저희를 죽이고 멸하려 하였으나"(24절) 그것이 오히려 역전되어 하만과 그의 자손들이 몰락한 사건이 바로 이날의 의의이며 줄거리이다.

"왕이 조서를 내려"(25절)라고 기록하면서 하만을 처리한 자를 왕으로 밝히고 있다. 마치 바사 왕이 유다인들의 보호자처럼 보인다. 그러나 우리 모두는 이 왕이 얼마나 무책임하며 얼마나 쉽게 주위 인물들에게 조정당하는지를 잘 알고 있다. 그는 유다인들에게 관심이 있었던 것도 아니고, 그들을 구원할 의도 역시 전혀 없었다. 어쩌다가 형식적으로, 문서상 그렇게 된 것이다. 이 부분에는 에스더의 이름도 모르드개의 이름도 언급되어 있지 않다. 저자는 이것을 통하여 이러한 사건이 일어난 것은 우연이 아니며, 유다인을 지켜 준 또 다른 손길이 있음을 암시하고 있다. 바사의 왕이 아닌 그보다 더 크신 분의 인도하심으로 이 모든 일이 진행되었음을 간접적으로 알려주는 것이다.

드디어 이날의 이름이 정해지는데 '부르'라는 바빌론식 이름을 좇아 복수를 써서 '부림'이라 하고 해마다 이 두 날을 지킨다. 그러한 결정 뒤에는 두 가지 이유가 있다. 하나는 모르드개의 편지와, 다른 하나는 "이 일에 보고 당한 것을 인하여" 백성들이 자발적으로 따른 것이다. 유월절이 제정된 것도 이스라엘 백성들의 '경험'과, 중요한 절기로 삼으라고 한 여호와의 '명령'으로 된 것이다. 이런 의미에서 본다면 유월절이 제정된 원리와 부림이 제정된 원리가 동일하다. 그들의 구원의 경험과 감사와 기쁨을 기리기 위하여 모르드개는 공적인 공포를 했으며 이것은 자손 대대로 영원히 지켜지는 유다인의 중요한 절기 중 하나로 탄생한다. 왜 하필이면 복수 형태인 '부림'이라고 정했는지에 대해서는 의견이 분분하나 모세 오경의 다른 절기들이 주로 복수 형태로 쓰인 것에 맞추기 위한 것이라는 설명이 설득력이 있다.[8]

2) 에스더가 부림의 제정에 권위를 부여함(29~32절)

29~32절의 역할은 토라에 기록되지 않은 새로운 절기에 권위를 부여하기 위하여 추가적으로 취해진 조치를 기록하는 것이다. 에스더와 모르드개가 전권으로 부림에 대한 두 번째 편지를 써서 아하수에로 나라 127도에 있는 유다 모든 사람에게 보낸다. 이것은 모르드개가 보낸 첫 번째 편지를 재확인하고 더 큰 권위를 부여해 주는 역할을 한다. 여기에서 에스더를 "아비하일의 딸 왕후 에스더"로 소개하고 있는데 '아비하일의 딸'은 2장에서 한 번 나온다. 이것을 보고 어떤 학자는 그녀의 유다인의 신분과 바사 왕후의 신분이 9장에서 합쳐짐으로 드디어 그녀가 두 세계 사이에서의 정체성을 확립했다고 평가한다.[9] '화평하고(שׁלום살롬) 진실한(אֱמֶת에메트) 말'로 글을 썼다는 것과 '금식하며 부르짖음'으로 했다는 말을 보고 많은 학자들이 스가랴 말씀과 연결시킨다. "만군의 여호와가 말하노라 사월의 금식과 오월의 금식과 칠월의 금식과 시월의 금식이 변하여 유다 족속에게 기쁨과 즐거움과 희락의 절기가 되리니 오직 너희는 진실(에메트)과 화평(살롬)을 사랑할지니라"(슥 8:19)는 말씀 속에 나오는 금식들은 모두 모세 오경에서 요구하는 절기와 관계없이 성전의 멸망을 기억하며 한 금식들이다. 이븐 에스라(Ibn Ezra)는 이것을 보며 스가랴서에서 유다인들이 토라가 요구하지 않은 금식을 한 것을 본으로 삼아 나라의 어려움이 있을 때는 자원함으로 하는 금식이 장려된 것으로 해석했다.[10] 본문에서의 의미는 그들이 4장에서 자원함으로 금식하고 부르짖은 것처럼 부림절도 자원함으로 새로운 절기로 삼을 것을 종용하는 내용으로 풀이된다. 부림절에 대한 마지막 권위는 에스더의 명령으로 종결지었다. 이 일이 책에 기록됨으로 정경의 권위까지 부여하고 있다.

부림은 현재도 아달월 십사 일(2월 25일~3월 25일)에 지켜지고 있다. 아달월 십오 일은 '수산 부림'으로 불리며 예루살렘, 헤브론, 여리고 등 여호수아 시대 때 성에 둘러쌓여 있었던 도시에서 지킨다.[11] 그리고 십삼 일은 에스더의 금식일로 지켜지고 있다.

설교를 위한 적용

첫째, 하나님의 백성을 지키시는 부림의 구원의 역사는 계속된다. 제2차 세계대전 당시 나치 정권하에 '유대인 대학살' 속에서 죽음의 수용소에 갇혀 있던 유대인들에게 에스더서는 소중하게 취급되었다. 그들은 다시 한 번 하나님의 구원을 바라보며 희망을 가졌다. 실제로 수용소 내에서는 에스더서를 소유한 유대인이 있으면 그 자리에서 처형시켰다고 한다.[12] 세월이 지났지만 살아남은 유대인들은 아직도 당시의 악몽을 잊지 못한다. 케렌 암스트롱(Karen Armstrong)이란 작가는 저서에서, '하나님께서 전능하시다면 그분은 유대인 대학살을 막으셨을 것이다. 만약 그분이 막으실 수 없었다면 그분은 무능하거나 불필요한 존재이시다. 만약 그분이 막을 수 있음에도 막지 않으셨다면 그분은 괴물이시다'라는 날카로운 논리를 전개한다.[13] 그러나 그가 간과한 것은 하나님께서는 이러한 인간의 모든 죄의 문제를 이미 십자가 상에서 해결하셨다는 점이다. 아우슈비츠의 참혹상만이 아니라 인간이 저지른 모든 죄를 예수님께서는 짊어지셨다. 그분께 속한 자에게 더 이상 죽음의 구속은 있을 수 없다. 그분과 함께 부활의 소망만이 있을 뿐이다(고전 15:54~55 "이 썩을 것이 썩지 아니함을 입고 이 죽을 것이 죽지 아니함을 입을 때에는 사망이 이김의 삼킨 바 되리라고 기록된 말씀이 응하리라 사망아 너의 이기는 것이 어디 있느냐 사망아 너의 쏘는 것이 어디 있느냐"). 하나님께서는 에스더서에서처럼 자기의 백성들을 죄와 사망에서 영원히 지키신다. 그분은 무능하지도 않으시고, 괴물도 아니시다. 그분의 십자가의 구원과 영원한 생명의 예비하심을 모르거나 거부하는 자들이 오히려 안타까울 뿐이다.

둘째, 부림 정신의 진정한 축하는 종말에 이루어질 것이다. 에스더서는 부림절의 의미를 "유다인이 대적에게서 벗어나서 평안함을 얻어 슬픔이 변하여 기쁨이 되고 애통이 변하여 길한 날이 되었으니"(22절)라고 정의한다. 부림절이 되면 유대인들은 지금도 회당에 모여 에스더서를 읽으면서 모르드개의 이름이 나오면 '와!' 하고 환호하고 하만의 이름이 나오면 '우~' 하면서 야유를 보낸다. 유대교의 전통에 따르면, 그들은 이날을 축하하며 "모르드개여 축복을 받으라"와 "하만이여 저주를 받으라"는 말이 구분이 안 될 때까지 술을 마신다고 한다.[14] 그러나 부림 정신의 진정한 축하는 종말에 이루어질 것이다. 왜냐하면 우리가 천국에 가는 그날까지 하나님의 백성을 대적하는 자들이 끊임없이 있을 것이고 죄악된 세상에서 사는 한 우리의 고통과 환란도 계속될 것이기 때문이다. 그렇기 때문에 계시록에서는 "네가 장차 받을 고난을 두려워 말라… 네가 죽도록 충성하라 그리하면 내가 생명의 면류관을 네게 주리라"(계 2:10)는 말씀으로 믿는 자들을 위로해 주신다. 그리고 모든 믿는 자들의 부림 정신의 진정한 축하는 마지막 때에 모든 심판이 끝나고 이루어질 것임을 성경은 가르쳐 준다(계 21:4 "모든 눈물을 그 눈에서 씻기시매 다시 사망이 없고 애통하는 것이나 곡하는 것이나 아픈 것이 다시 있지 아니하리니 처음 것들이 다 지나갔음이러라"). 그때의 축하를 고대하며 그때까지 우리는 하나님께 죽도록 충성하며 살아야 한다.

셋째, 평범함 속에 비범함이 있다. 그 속에서 역사하시는 하나님의 은혜를 기억해야 한다. 에스더서에는 기적이 일어나거나 믿음의 영웅들이 성령의 능력을 힘입어 적을 물리치거나 하나님의 음성이 직접 들리거나 기도의 응답의 확신이 오거나 하는 일들이 일어나지 않는다. 하나님의 이름조차 언급되지 않는다. 폭스(Fox)는 에스더서에서의 하나님의 역할을 '불확실'(uncertainty)하고 '불확정'(indeterminacy)하다고 표현했다.[15] 모두 설명이 가능한 일련의 사건들이 이어지기 때문에 하나님의 개입을 발견하기가 힘들다는 뜻이다. 어쩌면 현대를 살아가는 우리들도 비슷한 경험을 하며 사는지 모른다. 우리 모두는 어떻게 보면 평범함 속에서 우리가 생각한 대로 일상의 생활을 살아간다. 그것이 무엇을 의미하는지 모를 때가 더 많다. 그러나 에스더서를 보면 그러한 평범한 사건 속에 비범한 사건이 기다리고 있고, 민족의 구원이라는 주제까지 연결되어 있다. 우리가 어쩌다 전도한 한 사람이 선교사가 되어 어느 한 부족 전체를 구원하는 자가 될 수도 있고 그 사람을 통해 또 다른 사람이 구원되어 놀라운 역사가 이어질 수 있다. 누구도 예측하기 힘든 평범함 속에 비범함이 있고 그 속에 역사하시는 하나님의 놀라운 손길이 있기에 우리는 날마다의 삶에서 최선을 다해야 한다. 일상생활에서 하나님의 원리와 말씀의 요구를 실천하며 사는 것이 중요하다. 우리가 모를지라도 그 안에 기적과 구원과 비범이 숨어 있기 때문이다. 그 속에 하나님의 진정한 보이지 않는, 소리 없는 역사가 있다. 그러므로 각자의 일상을 소중히 여겨야 한다.

넷째, 파트너십의 중요성을 배워야 한다. 성경에 나온 여성 중에서 모세 오경을 벗어나 절기를 제정함에 있어 에스더만큼 권위를 행사한 여인은 없다(32절). 그녀는 도성 수산의 추가적인 도륙도 지시한다. 이방 땅에서 왕후의 위치까지 오르고 정치적인 영향력도 확보한다. 실로 대단한 여인이다. 그러나 모르드개가 없었다면 그렇게 되지 못했을 것이다. 모르드개 또한 에스더 없이는 아무것도 성취하지 못했을 것이다. 9장에서 두 사람이 파트너를 이루어 함께 일하는 모습은 하나님 나라의 좋은 본보기이다. 더 이상 우리는 비성경적인 남성 우월 의식이나 극단적인 페미니즘의 시각으로 소모적인 갈등을 피하고 종말을 향해서 함께 손을 잡고 일해야 한다. 서로 존중하고 각자의 역할이 절대 필요함을 인정하고 파트너십을 이루어야 한다. 그렇게 하라고 신앙 공동체를 만드신 것이다.

모르드개의 명성

에스더 10장 주해와 적용

본문 주해

에스더서의 끝부분인 10장은 1장의 시작 부분과 내용이 비슷하여 서로 '봉합 구조'(inclusio)를 이루고 있다. 1장에서는 바사 왕국의 위대함을 언급했다면 이 부분에서도 역시 바사 왕국의 위대함을 다루고 있다. 이번에는 1장보다 오히려 더 확대된 영역을 자랑한다. 1장에서는 "인도로 구스까지"(1:1)라는 지리학적으로 구체적인 국가들의 경계가 나와 있는데, 10장에서는 "본토와 바다 섬들"(1절)이라는 구절로 '이분법적 유의어'(merism)를 사용하여 그의 영토의 방대함을 '총체적'으로 표현하고 있다.

본토뿐 아니라 바다와 섬 같은 이러한 광대한 영역에서 '공을 바치게 하였다'라는 기록이 나오는데 이 구절의 의미에 대해서는 다양한 의견이 제시되고 있다. 다우브(Daube)는 이것이 하만이 유다인에게서 착취하여 왕에게 주기로 한 은 일만 달란트에 대한 대처로 본다.[1] 유다인을 도와준 대가로 왕이 받은 일종의 보상이자 축복이라 할 수 있다. 폭스(Fox)는 에스더가 왕후로 발탁되어 왕이 각 도에 면제해 준 세금(2:18) 덕분에 백성들이 이득을 보았듯이 이번에는 모르드개의 등극으로 왕의 국고가 윤택해지는 혜택을 본 것으로 해석한다.[2] 부시(Bush)는 '공'이라는 단어를 "역군"(forced labor; 왕상 5:13)으로 해석하고 제국의 먼 곳까지 영향을 미쳐 그곳에 있는 자들을 역군으로 부리는 왕의 능력을 보여 주는 것으로 풀이한다.[3] 이러한 해석들은 나름대로 장점이 있다. 하지만 여기에서는 '공'이든 '역군'이든 관계없이 1장과의 봉합 구조의 연결성 속에서 살펴볼 수 있는데, 바사 왕국의 영토의 확장과 세금 또는 역군의 풍부함은 이 왕국의 더욱 '영화로움과 강성함과 부함과 위엄의 혁혁함을 보여 주기 위한 것'이다. 궁극적인 목적은 그것을 통하여 모르드개의 위치가 하만의 것보다 훨씬 더 큼을 강조하기 위한 것이다.

"왕의 능력의 모든 행적과 모르드개를 높여 존귀케 한 사적이 메대와 바사 열왕의 일기에 기록되지 아니하였느냐"고 하는 2절의 표현은 마치 열왕기나 역대기에서 왕들의 기록을 언급할 때와 비슷한 양으로 쓰였다('유다 왕 역대 지략에 기록되지 아니하였느냐.' 비교 왕상 14:19; 15:7, 23, 31; 대상 27:24). 여기에 왕과 함께 모르드개도 언급하면서 그를 이스라엘 역대 왕들과 비슷한 위치로 디아스포라의 유다인들에게 부상시키고 있다. "모르드개를 높여"(2절)와 '왕이 하만의 지위를 높였다'(3:1)는 표현에서 동일한 동사가 사용되는데, 다시 한 번 모르드개가 하만의 위치를 대치한 것임을 강조하고 있다.

드디어 10장의 핵심인 모르드개의 행적에 대해 언급한다. 그는 아하수에로 왕의 다음가는 위치를 차지했을 뿐더러 유다인 중에 존귀한 자며, 허다한 형제에게 '굄'(popular) 즉 인기를 얻는다. 그 이유는 그가 백성의 이익을 우선순위로 하고 유다인의 평화와 안녕을 도모했기 때문이다. 다시 말하면, 그 때문에 유다인에게 평화와 안녕이 찾아왔다는 말도 된다. 그러기에 에스더서는 포로 생활 이후 흩어져 살고 있는 유다인들에게 필요한 메시지를 제공해 주고 있다. 그들이 어려움을 겪을 때에 누구에게 부르짖어야 하며 어디에서 구원이 오는가를 잘 가르쳐 주고 있다. 그들이 부르짖고 금식하며 하나님을 신뢰할 때, 그분은 여전히 자기 백성을 구원하고 지키는 분이시다.

이렇게 하여 에스더의 이야기는 끝난다. 그것도 해피엔딩으로 끝난다. 에스더는 어떤 책인가? 하나님의 이름이 언급되지 않는 책이다. 그렇지만 과연 이 책에 하나님의 흔적조차, 존재조차 없는가? 결론은 내려졌다. 구약의 다른 어느 책들보다도 침묵에서 오는 더 강력한 메시지가 숨어 있다. 성경의 다른 어느 책보다도 인간들의 '우연'처럼 보이는 사건 속에서 그분의 지문과 흔적이 더 뚜렷이 남아 있다. 겉으로 보면 순수하게 인간들만의 이야기인 듯한 책이다. 그것도 드라마틱하게 쓰인 이야기로 진행된다. 왕궁, 왕후, 왕, 내시들, 대신들, 악당, 권력, 음모, 술수, 모반, 궁중의 하렘과 여인들, 조서, 역졸들, 시종들, 잔치, 초대, 역전, 반전, 명예와 수모, 설득, 긴장, 도륙, 살육, 처형, 축제, 절기 등 재미있는 요소들로 가득하다. 에스더서 자체의 반전은 너무도 인간적인 책인 것처럼 보이나 처음부터 끝까지 하나님의 섭리 속에서 진행된 사건이라는 점이다. 그분의 구원의 역사는 계속될 것이다. 현재에도 진행 중이시다. 메시아가 다시 오시는 그날까지!

설교를 위한 적용

첫째, 인간의 역사를 주관하는 분은 하나님이시다. 에스더서에서 가르쳐 주는 중요한 원리 중의 하나는 하나님이 역사의 주권자가 되신다는 사실이다. 하나님의 백성의 구속사와 세속사가 분리될 수 없음을 보여 준다. 21세기를 살아가는 우리에게도 이러한 역사관이 분명히 있어야 한다. 세계사는 결국 하나님의 계획 속에서 움직일 것이기 때문이다. 그러므로 우리는 세상 지도자들을 바라보지 말고 하나님의 얼굴을 바라보아야 한다. 남북통일 문제뿐 아니라 북핵 문제도 하나님께서 풀기로 작정하셔야만 풀릴 것이다. 국가의 위기에 우리는 금식하며 하나님께 부르짖어야 한다. 그러면 그 속에서 6자 회담을 통해서든, 김정일을 통해서든, 하나님의 방법으로 해결하실 것이다. 하나님은 지금도 여전히 역사를 주관하고 계신다. 그리고 그 역사는 계시록의 종말의 시간을 향하여 달려가고 있음을 명심해야 한다.

둘째, 그리스도인들이 세상에서 많은 역할을 해야 하는 것이 사명이다. 우리는 늘 '빛과 소금'을 이야기한다. 그러나 이것을 실천하는 것이 관건이다. 그러기 위해서는 그리스도인들이 세상의 각 영역에서 역할을 열심히 해 주어야 한다. 정치계, 법조계, 교육계, 경제계, 의학계 등 모든 영역에서 성경적인 정의를 세우고 하나님의 원리를 세워 갈 때에 세속적인 세상이 그리스도인들로 인하여 축복과 혜택을 누릴 수 있다. 모르드개도 왕에 대한 모반을 고발함으로 자신이 속한 바사 왕국에 충성을 다했다(2장). 아하수에로 왕도 모르드개로 인하여 국가가 더욱 부강해지는 덕을 보았다. 그리스도인들은 자신의 국가와, 속한 직장에 성실을 다해 충성해야 한다. 그들로 인하여 가는 곳마다 축복이 넘치고 그로 인하여 안 믿는 자들이 하나님의 역사하심을 볼 때에 복음은 더욱 편만하게 전해질 것이다.

셋째, 천국의 상급을 바라보며 살아야 한다. 본문은 대궐 문에 있었던 모르드개가 얼마나 큰 영광과 명예를 얻게 되었는지를 잘 보여 준다. 이 모든 것은 그가 권모술수를 썼거나 출세하기 위한 목적만으로 노력을 했거나 이런 높은 자리 얻기를 소망해서 이루어진 것이 아니다. 그는 하나님의 백성의 원수인 아각 사람 하만의 정치적인 위협을 무릅쓰면서도 굴하지 않고(이것이 세속적으로 지혜로운 것은 아닐지라도), 자기 백성이 위험을 당했을 때에 자신과 에스더만 살아남기를 꾀하지 않고 민족과 운명을 같이하며 위기 상황에서 언약의 하나님을 신뢰했기 때문에 얻은 영광이다. 이것은 천국에서 일어날 모습에 대한 실례를 우리에게 제시해 준다. 우리가 이 세상에서 어떻게 사느냐가 바로 천국에서 어떠한 영광과 명예를 얻을지를 결정하기 때문이다. 천국에서의 보상을 바라는 것은 이기적인 욕심이 아닌 '신령한' 소망이다(히 11:6). 사도 바울도 부끄러움 없이 "내가 선한 싸움을 싸우고 나의 달려갈 길을 마치고 믿음을 지켰으니 이제 후로는 나를 위하여 의의 면류관이 예비되었으므로"(딤후 4:7~8)라는 말로 그가 천국의 상급을 바라보고 살았음을 가르쳐 준다.

주(註)

1부

1장

1. 이 부분은 Karen H. Jobes, *Esther*, The NIV Application Commentary (Grand Rapids: Zondervan, 1999), 26~28을 참고함.
2. 페르시아 그리스 원정 부분은 위키피디아를 참고함.
3. Adele Berlin, *Esther*, The JPS Bible Commentary (Philadelphia: The Jewish Publication Society, 2001), 44~45.
4. Joyce Baldwin, *Esther*, Tyndale OT Commentaries (Downers Grove, IL: Inter-Varsity Press, 1984), 51~52.
5. Baldwin, 앞의 책, 51~52.
6. David M. Howard Jr. *An Introduction to the Old Testament Historical Books* (Chicago: Moody Press, 1993), 319~22.
7. A. R. Millard, "The Persian Names in Esther and the Reliability of the Hebrew Text," *JBL* 96(1977), 481~88.
8. Howard, 앞의 책, 319~22의 내용을 참고함.
9. 헤로도토스(주전 484~424년)는 아하수에로 왕과 동시대 사람이며 *History of Persian Wars*를 썼다. 테시어스는 *History of Persia*라는 저서를 주전 약 398년에 완성했다.
10. Wright J. S. "The Historicity of the Book of Esther," *New Perspectives on the Old Testament*, Ed. J. B. Payne (Waco, Tex.: Word, 1970), 41.
11. 그러나 클라인은 이런 가능성에 의문을 던진다. D. J. A. Clines, "In quest of the historical Mordecai," *VT* 41(1991), 129~36.
12. 구약 전체에서는 이 단어가 에스더서를 포함하여 46회 나온다.
13. Jobes, 앞의 책, 155; 약간의 변화된 구조는 Michael V. Fox. *Character and Ideology in the Book of Esther*, 2nd ed.(Gran Rapids: Eerdmans, 2001), 156~58을 참고하라.
14. Jobes, 앞의 책, 156; Fox, 앞의 책, 159~63.
15. Jobes, 앞의 책, 157.
16. Fox. 앞의 책, 246~7.
17. D. J. A. Clines, *The Esther Scroll: The Story of the Story* (Sheffield, England: JOST Press, 1984), 154.

2장

1. 이 약속은 헤롯이 헤로디아의 딸에게 한 약속과 평행 과정을 이룬다. 헤롯은 술기운에 충동

적으로 약속하지만 아하수에로 왕은 멀쩡한 정신으로 약속한다. 이것은, 이러한 그의 성격을 사용하여 에스더의 간청을 듣게 하시는 하나님의 보이지 않는 손길을 또한 보게 한다.

2. 아하수에로 왕의 결정 스타일은 매우 빨라서 충동적으로까지 보인다. 그는 심사숙고형이 아니며 인식형(perceiving)에 가깝다. 기분파이며 그때그때 순발력 있게 처리하지만 앞뒤를 고려하는 왕은 아니라고 보인다.

3. 니디치는 아하수에로 왕이 주로 조종당하며 수동적인 역할로 묘사되는데, 이는 마치 에스더의 초기 모습과 비슷하다고 지적하였다. 아하수에로의 모습은 왕의 권위를 스스로 행사할 수 없는 것처럼 보인다. 주변 사람들이 먼저 행동을 시작하며 조언을 하면 따라가는 면을 보이고 있다. 눈치를 많이 보는 듯한 모습이다. 자기 개별화의 수준이 낮다. 이런 아하수에로가 에스더에게 반했다는 것은 에스더의 심리적 수준이 그리 높지 않음을 추정하게 한다. Susan Niditch, "Esther: Forklore, Wisdom, Feminism and Authority," in *A Feminist Companion to Esther, Judith and Susanna*. Ed. Athlay Brenner (Sheffield, England: Sheffield Academic Press, 1995), 26~46.

4. 하만을 왕의 대적, 악한 자라고 하며 에스더는 정면으로 승부를 건다. 이때 아하수에로가 느꼈을 반응이 다윗이 아히도벨에게 느꼈을 반응과 연결될 수 있다. "나를 책망한(모욕을 준)자가 원수가 아니라 원수일찐대 내가 참았으리라 자기를 높이는 자가 나를 미워하는 자가 아니라 미워하는 자일찐대 내가 그를 피하여 숨었으리라 그가 곧 너로다 나의 동류, 나의 동무요 나의 가까운 친우로다"(시 55:12~13). 아하수에로 왕에게 있어서 하만은 자신과 비슷한 면이 있을 뿐 아니라 신뢰해서 가장 가까이, 가장 높은 위치에까지 올린 사람이다. 그런데 그자가 바로 자신의 적이라는 사실을 깨달았을 때 충격에 빠졌을 것이다. 그래서 그는 그 잔치자리를 박차고 밖으로 나간다. 생각을 정리할 시간이 필요했을 것이다.

5. 왕의 호출 없이 왕에게 나아가면 사형시키는 규정이 있다는 에스더의 표현에서, 왕이 호출할 때 가지 않는 것은 사형에 준하는 행동이었을 것이라고 추정할 수 있다.

6. 와스디가 사형에 처해졌을 것이라고 추정하는 주석가들이 많다. 왕의 허락 없이 다가가도 죽는 법령이 있는 것을 볼 때, 불러도 오지 않는 것은 사형에 해당하는 죄였을 것이다.

7. 빌도 와스디와 모르드개의 닮은 역동성을 언급하였다. Timothy Beal, *The Book of Hiding: Gender, Ethnicity, Annihilation and Esther* (New York: Rouledge, 1997), 55.

8. 모르드개가 하만에게 절하지 않은 이유에 대해 레이드는 아말렉 족속과 유다인 사이의 역사적으로 뿌리 깊은 적대감이란 틀 속에서 이해될 수도 있다고 보았다. 모르드개가 다른 신하들에게 자신이 유다인임을 밝히고 있는 데서 이 사실을 엿볼 수 있다고 지적하였다. 레이드는 모르드개의 동료들이 하만에게 경의를 표하라고 매일 졸랐지만 모르드개가 거절했다는 표현의 히브리어 본문에서 창세기 39:10에 나오는 보디발의 아내가 요셉에게 동침하자고 졸랐을 때 거절한 것을 연상케 한다고 보았다. 그는 이 평행 과정은 설득력이 있다고 보았는데 거절했을 때 나타나는 반응이 분노였다는 점이다(참고 창 39:19; 에 3:5). 요셉과 모르드개는 나중에 존경을 받았고 하나님의 백성을 구원하는 도구가 되었다는 점에서도 유사점이 있다. Debra Reid, *Esther: An Introduction and Commentary* (Downers Crove, IL: IVP, 2008), 90~91.

9. 이방인과 결혼해야 하는 상황은 모르드개와 에스더에게 내면적 갈등을 야기했을 것으로 추정할 수 있다. 에스더서의 관심은 아니겠지만 이러한 있을 수 있는 갈등은 표면에 잘 드러나

지 않는다. 정경에 포함되지 않은 에스더서는 이런 갈등을 묘사하면서 에스더가 뽑혀서 궁궐로 들어가지 않기 위해 숨어 지냈다는 내용이 나오며 에스더의 갈등하는 기도문도 포함되어 있다. 그러나 이것은 아마도 유대 랍비들이 모르드개와 에스더의 신앙적 인격을 보호하기 위해서 추가한 것으로 보인다.

10. 성경적으로 볼 때, 하만의 배후에서 역사한 마귀의 조종을 받은 추종 세력을 전멸시키는 에스더의 행동은 마치 암세포를 완전히 없애는 것과 같은 치료 행위로 볼 수 있다. 레이드는 에스더가 왕에게 다시 간청하여 도성 수산에서는 하루 더 연장해서 남은 대적자들을 살해할 수 있도록 하고 하만의 열 아들을 나무에 매달게 해 달라고 하는 것은 그녀의 피에 굶주린 모습이라기보다는 이미 주어진 법령 속에서 마지막 남은 잔당을 처리하고자 하는 그녀의 결심으로 보아야 할 것이라고 주석하였다. Reid, 앞의 책, 142.

11. 브로너는 에스더의 이름이 두 개였다는 사실에서 랍비들이 에스더의 성품에 다면성이 있었다고 본 사실을 인용하였다. Leila L. Bronner, "Esther Revisited : An Aggadic Approach." in *A Feminist Companion to Esther, Judith and Susanna*. Ed. Athlay Brenner (Sheffield, England : Sheffield Academic Press, 1995), 176~97.

12. 월크스타인이 쓴 *Esther's Story*는 에스더가 일인칭 화법으로 서술하는 식으로 쓴 동화인데 창의성이 뛰어나다. Dianne Wolkstein, "Esther's Story." in *A Feminist Companion to Esther, Judith and Susanna*. Ed. Athlay Brenner (Sheffield, England : Sheffield Academic Press, 1995), 198~206.

13. 레이드는 아하수에로 왕을 둘러싸고 있던 충성스럽지 못한 신하들과 대조적으로, 에스더에게는 모르드개와의 사이에서 의사소통을 있는 그대로 전달하는 충성스러운 내시 하닥의 모습이 두드러진다고 지적하였다. Reid, 앞의 책, 102.

14. 폭스는 에스더에 대한 분석에서 그녀의 삶의 단계를 세 가지로 규명한다. 수동성→능동성→권위. Michael V Fox, *Character and Idealogy in the Book of Esther* (Columbia, S. C. : University of South Carolina, c1991), 196.

15. 에스더의 반어법적인 표현의 지혜는 다음의 말에서 잘 나타난다. "만일 우리가 노비로 팔렸더면 내가 잠잠하였으리이다 그래도 대적이 왕의 손해를 보충하지 못하였으리이다(이와 같은 일로 왕의 심기를 건드리는 것은 정당한 일이 아니었을 것입니다)"(7:4).

16. 폭스는 모르드개와 하만의 갈등을 사울 후손과 아말렉 후손과의 갈등이 주 원인이라고는 보지 않는다. 배경에서 작용할 수는 있겠지만 하만의 개인적인 심리 문제가 더 큰 원인이라고 본다. Fox, 앞의 책, 180~81.

17. 폭스는 하만이 소수 민족이기 때문에 자신의 취약성을 숨기기 위해 더 권력에 집착했다는 해석에 대해서는 동의하지 않았다. 당시 페르시아는 많은 소수 민족들로 이루어져 있었기 때문이라는 것이다. Fox, 앞의 책, 180.

18. 보크햄은 하만의 유다인 학살 계획과 히틀러의 유다인 학살 만행은 평행 과정이 있다고 지적하였다. 그들의 출신과 의도성과 방법에 있어서 닮았다는 것이다. Bauckham, 앞의 책, 121.

19. 폭스는 하만의 성격을 '투명성'(transparency)이란 단어로 표현하였다. 그의 속에서 하고 있는 생각까지 다 노출되고 있다는 점에서 하만은 투명한 사람이었다. 이 모습은 모르드개나 에스더의 생각은 감추어지고 있는 것과 대조적이다. Fox, 앞의 책, 178.

20. 하만이 답변한 것은 아하수에로 왕이 생각했던 것 이상의 내용이었다. 왕의 반응도 전혀 기대하지 않았던 부분이었다. 하만의 제안을 신중하게 생각해 보려고 하지도 않고 곧바로 지시를 내림으로써 하만이 말할 기회를 차단하는 결과를 가져오고 말았다. 그 자체가 일시적이기는 하지만 하만에게는 일단 위기를 넘기는 도움을 주었다.

21. 하만이 요구한 내용이 모르드개에게 이루어졌는데 이것은 요셉이 바로 왕에게 인정받을 때의 모습과 비슷하다고 레이드는 연결하여 주석하였다(참고 창 41:42~43). Reid, 앞의 책, 119.

22. 레이드는 "단 한 사람 모르드개는 다시 하만의 만족감을 순식간에 무너뜨릴 수 있는 능력이 있었다"고 지적하였다. 그녀는 하만의 자기중심적인 육체의 가시는 모르드개였다고 표현하였다. Reid, 앞의 책, 111, 113.

23. 하만은 아부를 잘하는 사람이었을 것이다. 아하수에로 왕의 자기애적인 욕구를 채워 주는 감언이설로 등극했을 가능성이 높다.

24. 레이드는 25m나 되는 나무에 사람을 매단다는 것은 우스꽝스럽고 비실용적(absurd and impractical)이라고 표현하였다. 아내의 과장된 표현은 아마도 수산 궁의 모든 사람이 볼 수 있을 만큼의 높은 위치에 시체를 달아 수치를 주자는 의미였을 것으로 그녀는 보았다. 그녀는 다니엘 3:1에 나오는 느부갓네살의 신상의 높이는 4.5m 정도였고, 고고학적인 증거에 의하면 수산의 궁전은 14m이하였다고 그 이유를 설명하였다. Reid, 앞의 책, 113~14.

25. 하만의 조언자들은 하만에게 직면해서 말한다. "분명히 당신은 망했소." 하만의 모습에서 교만한 자를 낮추시고 낮은 자를 높이 드시는 하나님의 섭리를 분명히 본다. 거름 더미, 재에서 끌어올려 왕의 위치에 올린다고 노래한 사무엘의 어머니 한나의 찬송시가 하만과 모르드개에게 그대로 이루어진 것이다. 한나는 "여호와를 대적하는 자는 산산이 깨어질 것이라"(삼상 2:10)고 노래했는데 하만의 경우가 그러했다. 자식 자랑하던 하만은 그의 열 아들들이 목매어 나무에 달리는 결과를 가져왔다. 이 장면 역시 한나의 기도를 연상케 한다. "전에 잉태치 못하던 자는 일곱을 낳았고 많은 자녀를 둔 자는 쇠약하도다"(삼상 2:5하).

참고문헌

1. Bauckham, R. *The Bible in Politics: How to Read the Bible Politically*. London: SPCK, 1989.

2. Beal, Timothy. *The Book of Hiding: Gender, Ethnicity, Annihilation and Esther*. New York: Rouledge, 1997.

3. Bronner, Leila L. "Esther Revisited: An Aggadic Approach." in *A Feminist Companion to Esther, Judith and Susanna*. Ed. Athlay Brenner. Sheffield, England: Sheffield Academic Press, 1995. 176~97.

4. Fox, Michael V. *Character and Idealogy in the Book of Esther*. University of South Carolina Press, 1991.

5. Klein, Lillian R. "Honor and Shame in Esther." in *A Feminist Companion to Esther, Judith and Susanna*. Ed. Athlay Brenner. Sheffield, England: Sheffield Academic Press, 1995. 149~75.

6. Laniak, Timothy S. *Shame and Honor in the Book of Esther*. Atlanta, GA: Scholar Press, 1998.

7. Magonet, Jonathan. "The Liberal and the Lady: Esther Revisited." *Judaism* 29. 1980. 167~76.

8. Niditch, Susan. "Esther: Forklore, Wisdom, Feminism and Authority." in *A Feminist Companion to Esther, Judith and Susanna*. Ed. Athlay Brenner. Sheffield, England: Sheffield Academic Press, 1995. 26~46.

9. Reid, Debra. *Esther: An Introduction and Commentary*. Downers Grove, IL: IVP, 2008.

10. Wolkstein, Dianne. "Esther's Story." in *A Feminist Companion to Esther, Judith and Susanna*. Ed. Athlay Brenner. Sheffield, England: Sheffield Academic Press, 1995. 198~206.

11. 이관직. 「성경 인물과 심리 분석」. 서울: 생명의 말씀사, 2005.

2부

1장

1. Frederic Bush, *Ruth, Esther*, Word Biblical Commentary Vol. 9 (Dallas, Texas: Word Books, Publisher, 1996), 342.

2. Herodotus, *History of the Persian Wars*, Loeb Classical Library, Trans. A.D. Godley (New York: G.P. Putnam's Sons, 1922), 3.89. 많아야 31개를 넘지 않았다고 한다.

3. 이것을 상징적인 숫자로 본 학자도 있다. 12(이스라엘 지파의 숫자)×10(완성의 숫자)+7(완벽의 숫자). L. B. Paton. *A Critical and Exegetical Commentaryon the Book of Esther*. ICC. (New York: Charles Scribner's Sons, 1908; repr. 1976), 124.

4. 에스라 2:1과 느헤미야 7:6에 보면 같은 단어가 예루살렘 주변의 유다 도를 가리킨다. Karen H. Jobes. *Esther*, The NIV Application Commentary (Grand Rapids; Zondervan, 1999), 58. 비교 다니엘 6:1.

5. Adele Berlin, *Esther*, The JPS Bible Commentary (Philadelphia: The Jewish Publication Society, 2001), 8.

6. 아하수에로 왕은 주전 485~479년 동안 그리스와 여러 번의 전쟁을 치른다. 헤로도토스도 그리스 원정 전에 열린 대회의(the great council)를 언급한다. Herodotus, 앞의 책, 7.8.

7. '마시는 것도 규모가 있어 사람으로 억지로 하지 않게 했다'는 것도 다양하게 해석되어 왔다. 중세의 학자들은 이것을 왕이 마실 때마다 마시도록 했기 때문에 계속적으로 술을 마셔야 하는데 그것을 억지로 마시지 않아도 되도록 했다고 해석했다. 베를린은 어주는 왕만이 마실 수 있는 규율이 있는데 이것을 손님들에게도 마시게 했다고 해석한다. Berlin, 앞의 책, 10.

8. 수산은 바사의 페르세폴리스, 악메다(엑바타나), 바빌론과 함께 4대 수도 중의 하나이며, 겨울 궁전으로 쓰였다.

9. Berlin, 앞의 책, 4.

10. Michael V. Fox, *Characterand Ideology in the Book of Esther*, 2nd ed. (Grand Rapids: Eerdmans, 2001), 17. 그는 이 문장을 "long-exclamation sentence like"로 표현한다.
11. Herodotus, 앞의 책, 17.66; Jobes, 앞의 책, 61.
12. Mervin Breneman, *Ezra, Nehamiah, Esther*, The New American Commnetary Vol. 10(Broadman & Holman Publishers, 1993), 307.
13. Berlin, 앞의 책, 15.
14. Paton, 앞의 책, 156; D. J. A. Clines. *The Esther Scroll: The Story of the Story* (Sheffield, England: JSOTPress, 1984), 32; Berlin, 앞의 책, 17~18.
15. Alice A. Laffey. *An Introduction to the Old Testament: A Feminist Perspective* (Philadelphia: Fortress, 1988), 216. 이러한 이슈의 논의는 Jobes, 앞의 책, 68~75을 보라.
16. Berlin, 앞의 책, 13.
17. Fox, 앞의 책, 253.
18. Fox, 앞의 책, 209.

2장
1. Herodotus, 앞의 책, 9.109~13.
2. 개역한글은 '유다인'이라는 단어로 번역하고 있기 때문에 계속적으로 '유다인'이라는 표현을 쓰고자 한다.
3. Fox, 앞의 책, 29.
4. 참고 Berlin, 앞의 책, 25.
5. 참고 Leland Ryken, *Worlds of Delight: A Literary Introduction to the Bible* (Grand Rapids: Baker, 1987), 77; Jobes, 앞의 책, 97에서 인용.
6. 랍비들에 따르면 에스더는 세계 4대 미녀 중 하나이다. 나머지 세 명은 사라, 라합, 아비가일이다(*Megillah* 15a).
7. Bush, 앞의 책, 364.
8. Breneman, 앞의 책, 316.
9. Herodotus, 앞의 책, 3.92.
10. 아르타크세르크세스 2세(Artaxerxes II, 주전 404~359년)는 360명의 첩을 거느렸다고 한다. Jobes, 앞의 책, 94.
11. Fox, 앞의 책, 40.

3장
1. Bush, 앞의 책, 384.
2. Berlin, 앞의 책, 36.
3. 참고 Berlin, 앞의 책, 38~41.
4. 참고 Fox, 47~51.

202

5. Herodotus, 앞의 책, 3.89~95; Bush, 앞의 책, 382. 왕국 전체의 1년 세입에 거의 58~68%에 해당된다. Fox, 앞의 책, 52을 보라.

6. 반대되는 견해는 Berlin, 앞의 책, 42을 참고하라.

7. Fox, 앞의 책, 54.

8. Herodotus, 앞의 책, 5.52~53.; Berlin, 앞의 책, 42.

9. 참고 Fox, 앞의 책, 57.

4장

1. 바사인들도 그들이 살라미스에서 그리스 군에게 패했을 때에 비슷한 행동을 했다. Herodotus, 앞의 책, 8.99.

2. Fox, 앞의 책, 57; 각 견해를 주장한 학자들은 다음과 같다. (1) Wildeboer, (2) Ringgren, Haller, Anderson, (3) Gerleman, (4) Fox.

3. Berlin, 앞의 책, 44.

4. Fox, 앞의 책, 59.

5. Fox, 앞의 책.

6. 자세한 토론은 Bush, 앞의 책, 396~97을 참고하라.

7. Ronald W. Pierce, "The Politics of Esther and Mordecai," *Bullet in for Biblical Research* 2 (1992), 87; Jobes, 앞의 책, 134에서 인용됨.

8. Jobes, 앞의 책, 140~42.

5장

1. Jobes, 앞의 책, 144.

2. Herodotus, 앞의 책, 9.109

3. Paton, 앞의 책, 235; Breneman, 앞의 책, 339; 참고 1:20; 5:13; 7:7.

4. Fox, 앞의 책, 71~72; Bush, 앞의 책, 405~6을 참고하라.

5. Paton, Dommershausen, Bardtke, Moore 등. Fox, 앞의 책, 71 에서 인용.

6. Paul Haupt, "Critical notes on Esther," *American Journal of Semitic Languages and Literature* 24 (1908), 140.

7. B. Meg. 앞의 책, 15b; Fox, 앞의 책, 72.

8. Berlin, 앞의 책, 55; 1규빗이 45cm 정도이므로 22.5m로 대략 23m의 높이에 해당된다.

9. Jobes, 앞의 책, 146.

10. Jobes, 앞의 책.

6장

1. 70인역에는 더 구체적으로 번역되어 있다. "하나님이 왕에게서 잠을 빼앗아갔다." 참고 Jobes, 앞의 책, 158.

2. 헤로도토스의 기록에도 나와 있다. 참고 Herodotus, 앞의 책, 3.140.
3. 참고 Fox, 76~77. 더 자세한 것은 Berlin, 앞의 책, 59~62을 보라.
4. Fox, 앞의 책, 79.
5. 겔레만(Gerleman)이 지적함. Fox, 앞의 책, 80에서 인용.

7장

1. Fox, 앞의 책, 85.
2. Lewis Paton, *The Book of Esther*, ICC (Edinburgh, 1908), 264.
3. Berlin, 앞의 책, 71.

8장

1. Herodotus, 앞의 책, 3.128~29; Josephus, Ant. 11. 17. 비교 왕상 21:7~16; 스 6:11; C.
   Moore, *Esther*, The Anchor Bible (Garden city: Doubleday, 1971), 77.
2. 이 단어(זעק하난)는 절망적인 상황에서 간청할 때 쓰였다. 예를 들면 요셉이 구덩이에서(창
   42:21), 욥이 고통 속에서(욥 8:5; 9:15) 부르짖을 때에 사용되었다.
3. Fox, 앞의 책, 94.
4. Berlin, 앞의 책, 75.
5. 참고 Gerleman, Dommershausen, Moore 등; Bush, 앞의 책, 445.
6. Bush, 앞의 책, 442~43을 참고하라. 9절은 성문서에서 가장 긴 구절로 43개의 단어와 192
   개의 글자를 포함하고 있다. Brenemen, 앞의 책, 354. 이러한 관찰이 저자의 의도와 관계
   가 있는 것인지는 확실치 않다.
7. Berlin, 앞의 책, 76; Clines, 앞의 책, 316.
8. 이러한 견해를 옹호하는 학자들은 다음과 같다. Bush, 앞의 책, 443~47; Fox, 앞의 책,
   99~100; Jon D. Levenson, *Esther: A Commentary* (Louisville, Ky.: Westminster /
   John Knox, 1997), 110~11; Moore, 앞의 책, 76, 80; Paton, 앞의 책, 274. 또한 NRSV,
   NKJV, NCV, NAB. 이와 다른 견해, 즉 '유다인들과 유다인의 처자들을 공격하는 자들'에 대
   해 방어하라는 내용으로 보는 학자들은 Joyce. G. Baldwin, *Esther: An Introduction and
   Commentary*, TOTC (Downers Grove, Ill.: Inter Varsity, 1984), 97; Robert Gordis,
   "Studies in the Esther Narraive," *JBL* 95 (1976): 49~53; NIV, NLT가 이러한 해석을 따
   른다. 참고 Jobes, 앞의 책, 180. 자세한 설명은 생략한다.
9. Clines, 앞의 책, 41.
10. Berlin, 앞의 책, 80; Bush, 앞의 책, 449.

9장

1. Fox, 앞의 책, 108.
2. Raymond Dillard, *Jobes*, 198, n. 2을 보라.

3. Paton, 앞의 책, 284.

4. 이것을 반대하는 의견으로는 Berlin, 앞의 책, 85 ; Bush, 앞의 책, 476~7을 보라.

5. 너무 많은 숫자가 죽은 것에 대해 부담이 되었는지 아니면 다른 역본이 있었는지 알 수는 없
지만 70인역에서는 15,000으로 기록하고 있다.

6. Fox, 앞의 책, 115.

7. Fox, 앞의 책 ; Levenson, 앞의 책 ; Berlin, 앞의 책, 89를 보라.

8. Clines, 앞의 책, 201, n. 43.

9. Jobes, 앞의 책, 98.

10. Fox, 앞의 책, 126~7 ; Berlin, 앞의 책, 93.

11. Jobes, 앞의 책, 214. n.1.

12. Jobes, 앞의 책, 220.

13. Karen Armstong, *A History of God* (New York : Ballantine, 1993), 376 ; Jobes, 216에
서 인용.

14. *Megillah* 7b.

15. Fox, 앞의 책, 247.

10장

1. D. Daube, "The Last chapter of Esther," *Jewish Quarterly Review* 37 (1946~47),
140~46.

2. Fox, 앞의 책, 129~30.

3. Bush, 앞의 책, 494~95.

원어 일람표(히브리어/헬라어)

P. 186

샬롬 שָׁלוֹם
에메트 אֱמֶת

P. 204

하난 חָנַן

---

* ח, ס, צ, ו는 원칙적으로 'ㅎ', 'ㅆ', 'ㅊ', '부'로 음역했으나, 필자가 'ㅋ', 'ㅅ', 'ㅉ', '우'를 선호한 경우 필자의 의견을 존중했습니다.

* יהוה는 필자에 따라 '야웨'(혹은 '야훼')나 '아도나이'로 표기했습니다.